羅馬人的故事VIII

危機與克服

塩野七生 著
鄭維欣 譯

三民書局

作者介紹

塩野七生

一九三七年七月生於東京，畢業於學習院大學文學部哲學系，一九六三～一九六八年間遊學義大利。一九六八年開始寫作，於《中央公論》發表〈文藝復興的女性〉。一九七〇年，首部長篇作品《凱撒波吉耳抑或優雅的冷酷》獲頒每日出版文化賞，之後長住義大利。一九八二年以《海都物語》得到三多利學藝賞。一九八三年，獲頒菊池寬賞。自一九九二年起，以羅馬帝國千年興亡為題，著手寫作《羅馬人的故事》系列，並以每年一部作品的速度發表。一九九三年《羅馬人的故事I》獲頒新潮學藝賞。一九九九年再獲司馬遼太郎賞。二〇〇一年發行《塩野七生文藝復興著作集》共七冊。二〇〇二年榮獲義大利政府頒授國家功勞勳章。二〇〇五年獲日本政府頒贈紫綬褒章，二〇〇七年再獲文部科學省評選為文化功勞者。

三十周年經典紀念版序

《羅馬人的故事》新版發售之際，作者送給臺灣讀者的話

這部既不算是研究歷史的專業書籍，也不是歷史小說，在歐洲稱之為「歷史散文」的作品，我持續執筆了半世紀多，最在意的其中一件事情就是，為什麼這個國家能在完全認同個人思想與表現的同時，維持歷時長久的獨立與繁榮。

因而執筆了《羅馬人的故事》與《海都物語》兩部作品。《羅馬人的故事》是為了想知道大國發生過什麼事。另一部《海都物語》則是因為想了解，為何即使是小國，在確保個人思想與自由表達下，同時也能達成國家的獨立與繁榮。

其次，舉例古羅馬帝國與中世紀文藝復興時期的威尼斯共和國作為代表大國與小國的典範，也是有原因的。因為這兩國即使國家規模大小有所不同，卻都有能享逾千年長壽的共同點。

有些國家在鎖國的情況下也維持了長治久安。像是古希臘的斯巴達或江戶時期的日本。然而，持續開國方針而能長命百歲的國家卻很少。羅馬與威尼斯在這部分也有相同點。

我同樣建議目前居住在臺灣的各位讀者也務必閱讀《海都物語》。因為日本也是小國，而

臺灣也是小國之一。小國自有小國的生存之道，只要正視這個事實，也有付諸實行的強烈意志，就會讓國家邁向獨立與繁榮。

還有，如果可以的話，再推薦各位閱讀我的另一部「文藝復興小說」（暫譯，原名「小説イタリア・ルネサンス」）全四集，我會感到十分榮幸。在這部作品中我創造了兩位虛構的主角穿插在這段真實的歷史中。希望能讓讀者領會，個人的思想與表達的自由如何能成為創新的泉源。幾乎也可以換句話說，在那種無法保證絕對自由的社會下不會產生創新。因為正是這種自由，誕生了達文西與米開朗基羅為首的義大利文藝復興。而佛羅倫斯、威尼斯，無論在地理、人口規模上都只能算是小國。

儘管如此，大國的磨難也並未比小國少。羅馬與威尼斯相比的話，無論「磨難」的種類或數量，都令人感到十分類似吧。我覺得這才是閱讀歷史真正的樂趣。因為畢竟可以說「歷史總是一再重演，只是表現的型態不同」。

二〇二二年春天，於羅馬

塩野七生

修訂二版說明

《羅馬人的故事》不是一部正統的羅馬史。

塩野七生說：

我以「羅馬人的故事」為題，如果將日文的書名譯為拉丁文，故事與歷史的意義幾乎是相通的。……使用“Gestae”這個字，所謂“RES GESTAE POPULI ROMANI”，可直接翻譯為「羅馬人的各種行徑」。

換句話說，這是一部詳盡蒐羅史籍與資料，進而細膩描繪人物的經典作品。當我們隨著作者富有文學性的筆調，逐冊閱讀《羅馬人的故事》時，便會發現比起事實的陳述討論，塩野七生在這部作品裡更著重於「人」的故事。羅馬人在面對各種挑戰時如何解決？在面對強敵的進逼時，羅馬人是如何逆轉取勝？平息內憂與外患後，又如何迎向和平？羅馬著名的公共建設，其目的是「使人過得像人」？偉大的建築背後，隱含怎樣的思考邏輯？

無論思想或倫理道德如何演變，人類的行徑都在追求無常的宿命。

隨著作者的引導，我們得以像羅馬人一樣思考、行動，了解身為羅馬人，言行背後的思想與動機。羅馬從義大利半島上的一個小部族發跡，歷經崛起壯大，終致破滅衰亡的過程，不僅是歷史上一個橫跨歐亞非三洲的輝煌帝國史，或許也可在其中發現「羅馬人」的群體生活史。

在《羅馬人的故事VIII——危機與克服》，我們看到羅馬在尼祿死後陷入多重危機，軍事將領為爭奪帝位而殺紅了眼，短短一年內就有三位皇帝倒臺、死亡，邊疆民族亦趁機發起叛變以求獨立，戰亂接踵而來，帝國瀕臨潰亡。戍守東疆的維斯帕先沒有一頭栽進血腥政爭，而是養精蓄銳，在兒子和幕僚的輔佐下，於重要的糧食產地埃及稱帝，隨即獲得不少軍團支持，不但弭平本國內亂，更在與猶太人的戰爭中搶占先機。維斯帕先做到羅馬皇帝的重要職責——確保糧食供應和國家安全，更在凱旋歸國後穩健重建國家，讓羅馬浴火重生，先後繼位的兒子提圖斯和圖密善亦勵精圖治，為後來的五賢君盛世打下穩固基礎。

希盼本系列能與您一同思考：羅馬何以成為羅馬？羅馬的千年興衰，對世界有何影響？更重要的是，羅馬人留給現代哪些珍貴的遺產？期待在讀完本書之後，能帶給您跨越時空的餘韻。

編輯部謹識

序言

本書將探討的內容，是從皇帝尼祿逝世到圖拉真出現為止，不到三十年的歷史。正確地說，是從西元六十八年夏天到西元九十七年秋天為止共二十九年間的故事。在這期間登基的皇帝共有七人，分別是噶爾巴、歐圖、維特里斯、維斯帕先、提圖斯、圖密善以及涅爾瓦。

而被譽為帝政羅馬時期最偉大史學家的塔西圖斯，便有一本著述這個時期的著作"*Historiae*"。就像英文的"History"，除了「歷史」的涵義之外，還帶有另一個意義是「值得記述的事物」。塔西圖斯在這段時期中，渡過他十三歲到四十一、二歲的年月。毫無疑問地，塔西圖斯可說是以記錄「當代人物的證言」的心態在著作這本書。因此國原吉之助副教授在翻譯這本書時，將日文版的譯名訂為《當代史》（《歷史》），可說是精確掌握了作者的心意。

而塔西圖斯的另一本著作"*Annales*"（《編年史》），就比較接近我們這些後人觀念中的「史書」。書中記述的是從臺伯留登基到尼祿逝世為止的歷史。正好是塔西圖斯出生前四十年到他青春期前半的事蹟。簡單來說，這本書所記錄的就是塔西圖斯觀念中的「近代」。

那麼讓我們來看看塔西圖斯是如何在《歷史》中描寫他所處的時代吧！在該書的開頭，塔西圖斯便為這書中的三十年做了總結。也就是說，這本書一開頭寫的是他對這個時代的看法。

在此，將這段文章翻譯如下：

我現在要敘述的，是對羅馬帝國而言充滿苦惱與哀怨的時代。我們與敵人間一再重複殘酷的戰鬥、同胞之間反目成仇、行省人民聚眾作亂，連本國的和平都是在許多鮮血洗滌之下勉強保住的。四名皇帝死於非命（此指噶爾巴、歐圖、維特里斯、圖密善），而羅馬公民相互戰鬥便有三次。與行省民眾和外敵的作戰次數雖然在這之上，但不過是羅馬人內鬨的餘波而已。

在帝國東方的戰役（此指猶太戰役）雖然以對羅馬有利的結果收尾，但在帝國西方的戰爭卻無法如此順利。我們苦於思索如何對付越過多瑙河犯境的蠻族；高盧行省的民眾對帝國的忠誠開始動搖；征服了不列顛卻又宣告放棄；薩爾馬塔族與蘇威比族對我們的軍團造成損害；達其亞族敗給了羅馬卻聲勢高漲；而幾乎整個帕提亞王國都打算擁立僭稱皇帝尼祿名號的人，群起反對羅馬。

再加上本國義大利也苦於應付接連而起的災禍。坎帕尼亞地方富足的城鎮遭到掩埋（此指維蘇威火山爆發掩埋了龐貝城等地）。首都羅馬遭大火侵襲，多年經營的神殿遭到破壞。連建於卡匹杜里諾丘陵的最高神祇朱比特神殿，都被羅馬人親手燒毀。

獻祭諸神的祭典遭人視若無物，民眾將通姦當成風流。海上充滿了流放可憐人到遠方的船隻；岩礁上流滿了這些犧牲者的鮮血。

首都羅馬裡小人跋扈的模樣，勝過帝國內部任何地方。不管是身世高貴、富有或是有功勞，甚至拒絕就任公職，都被視為罪行。即使付錢給告發者，想要躲過他們的攻擊，也只是助長更重大的惡行而已。因為這些告發者不只追求祭司或執政官等名譽職，甚至覬覦皇帝財務官等掌握實權的職位，藉此在社會散播憎惡與恐懼。奴隸受人收買，出賣服侍多年的主人；被解放奴隸起而反抗他們的舊主；就連沒有樹敵的人，也被自己的朋友毀滅。但話說回來，儘管在這個小人跋扈的時代裡，也並非沒有德行高貴的人存在。有母親追隨遭流放的兒子；有妻子不願捨棄被流放的丈夫，拋棄自己在母國安逸的生活；有表現勇氣的親戚；有岳父失勢卻不與妻子離婚的丈夫；有受到拷問卻堅持對主人忠誠的奴隸。就連遭賜死的人們，也表現出不輸給古人的膽識，親手結束了自己的人生。然而上蒼在這時代顯現的預兆與警告之多，可見諸神確實有意懲戒羅馬人重於保障羅馬人。而這個傾向之明確，勝過以往任何一個時代。

如果只閱讀這篇文章，相信大家都會認為羅馬帝國在西元一世紀的最後三十年裡，實在是個民不聊生的時代。而且塔西圖斯另外在《編年史》中，描寫他的「近代」時，也大肆批判從臺伯留到尼祿為止的羅馬帝政。如果他的指責都正確的話，羅馬帝國可說讓小人得志了整整八十二年。而且從塔西圖斯字裡行間透露的訊息可以得知，他認為讓羅馬帝國脫離這種令人絕望的困境的，正是涅爾瓦與其後的圖拉真。

而塔西圖斯的史觀也決定了後代對羅馬帝國的評價。後世的人將涅爾瓦、圖拉真、哈德良、安東尼奧・派阿斯、馬庫斯・奧理略稱為「五賢君」，可見塔西圖斯史觀影響之深遠。

確實這五個人都具備足以被稱為「賢君」的氣度。然而，難道只有這五個人是「賢君」，而前後的每個皇帝不是邪惡就是愚蠢嗎？如果真是如此，為何羅馬帝國沒有更早瓦解呢？五賢君的統治期間長達八十三年，然而羅馬從開始施行帝政到崩潰，前後共有五百年的時間。中間的八十年善政，是絕不可能支撐前後四百二十年的。

至於羅馬雖然放棄征服卡雷德尼亞（今蘇格蘭），但並未從不列顛全面撤退，因此文中的「征服了不列顛卻又宣告放棄」一句不符事實。除了這一句之外，塔西圖斯倒是貫徹了他敘述史實的原則。不過他個性上具有注意事物陰暗面的特質。與他同時代的好友小普林尼便沒有這種憤慨與絕望。只可惜小普林尼雖然留下了書信集，但並未留下史學著作。

而另一個讓人感到疑問的，就是危機是否一定是負面的事物。原本人類就有將當代的危機，視為嚴重於其他時代危機的傾向。然而羅馬並非因為萬事順遂而步向繁榮，然後再因諸事不順而走向下坡的國家。羅馬是從西元前七五三年建國以來，渡過無數危機走向繁榮的國家。

西元前三九〇年，羅馬首都曾經一度遭凱爾特人占據，難道這不是危機嗎？而之後羅馬人不是苦於貴族與平民間的抗爭嗎？還有與薩謨奈族之間長達四十年的戰亂呢？當遭到塔蘭托王皮拉斯侵略時的苦難呢？（見第I冊）

與強國迦太基間長達百年的戰爭，尤其與名將漢尼拔為敵後，為第二次布尼克戰役整整花了十六年的光陰，難道不算是危機嗎？（見第II冊）

擊倒迦太基成為西地中海的霸主後，羅馬人的日子也並非一帆風順。

在格拉古兄弟的時代中，羅馬社會的不公開始暴露在陽光下。而在西元前九〇年，義大利半島的各個部族聯合起來反抗羅馬，引發了「同盟戰役」。之後是馬留斯與蘇拉各自領導數千名有影響力者相互肅清的十年內亂期（見第III冊）。這些也都是幾乎動搖羅馬國本的危機。

再加上龐培與凱撒為了羅馬的國體而針鋒相對（見第IV、V冊），才剛以為凱撒獲勝，好不容易可以塵埃落定，卻馬上因為凱撒遭到暗殺，掀起另一股動亂，安東尼與屋大維之間整整權力鬥爭了十四年（見第V冊後半部）。

上述這些「危機」，都逼迫當時的羅馬人面對二選一的局面——選擇隨波逐流步向衰敗，或是克服危機中興國勢。而這個「危機」與「克服」的循環，即使是經過五賢君時代，羅馬步上衰退期之後，也依然不變。筆者認為羅馬的歷史可說是「危機與克服的歷史」。

不過在羅馬國勢興盛時，克服危機後可以步向更繁榮的時代；而進入衰退期之後，儘管克服了危機，卻不能帶來繁榮。筆者認為探索其中的差異，也正好能說明羅馬帝國滅亡的原委。

接下來筆者將敘述西元一世紀最後三十年羅馬人面臨的危機。在此有一點是塔西圖斯也必須同意的，緊接在這之後的時代，確實是過去羅馬未曾經歷過的繁榮時光。

但若僅將探討範圍限定在西元六十九年，也就是這個時代的初年的話，羅馬帝國也確實是混亂至極。讓人認為塔西圖斯在評斷這一年時，理所當然會帶著怒氣與絕望寫下這句「差點成了帝國最後的一年」。即使在兩千年之後的現在，要是一年之內政府倒臺三次，就算不是悲觀主義的人，只怕也會感嘆自己活在一個艱辛的時代吧！

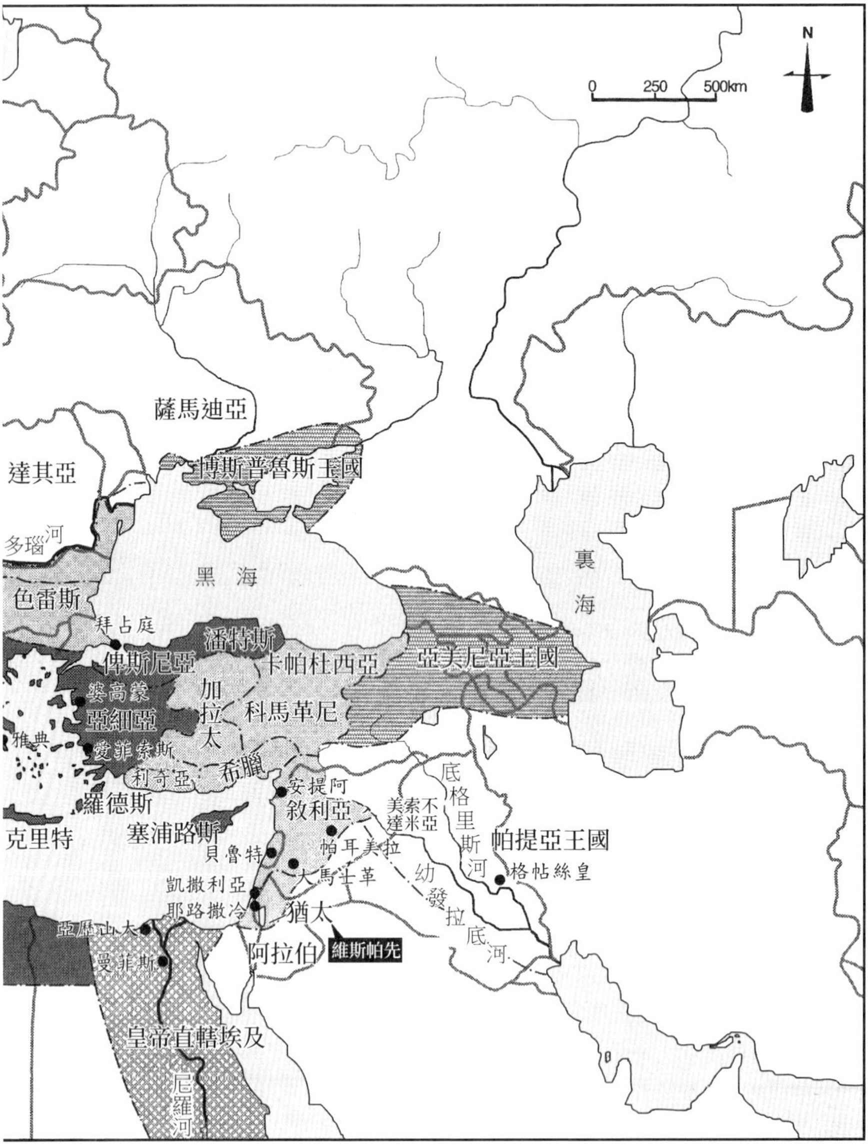
N
0
250
500km
薩馬迪亞
達其亞
博斯普魯斯王國
多瑙河
黑海
裏海
色雷斯
拜占庭
潘特斯
俾斯尼亞
卡帕杜西亞
亞美尼亞王國
婆高蒙
亞細亞
加拉太
科馬革尼
雅典
愛菲索斯
希臘
利奇亞
安提阿
羅德斯
敘利亞
美索不達米亞
底格里斯河
克里特
塞浦路斯
帕提亞王國
貝魯特
帕耳美拉
大馬士革
幼發拉底河
格帖絲皇
凱撒利亞
耶路撒冷
猶太
亞歷山大
維斯帕先
阿拉伯
曼菲斯
皇帝直轄埃及
尼羅河

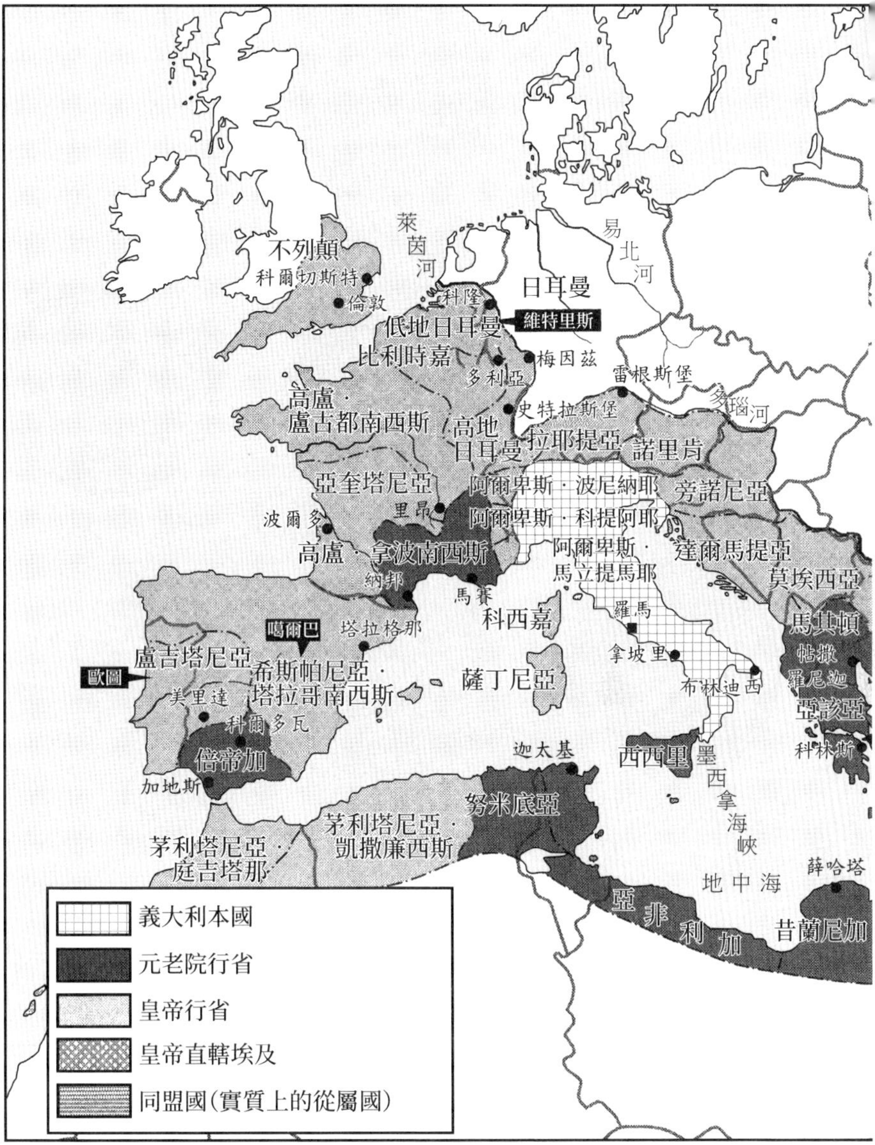

羅馬帝國疆域略圖（西元68-69年，——代表現代的國界）
與四名皇帝即位前的任職地點

尼祿 (54-68)

噶爾巴 (68-69)

歐圖 (69)

維特里斯 (69)

維斯帕先 (69-79)

提圖斯 (79-81)

圖密善 (81-96)

涅爾瓦 (96-98)

目次

第三章　皇帝維特里斯　57

第四章　帝國邊境情勢　115

第五章　皇帝維斯帕先　197

第六章　皇帝提圖斯　257

第七章　皇帝圖密善　283

第一章

皇帝噶爾巴

尼祿的死為羅馬人帶來的問題

西元六十八年六月九日，皇帝尼祿駕崩。主要原因在於，元老院一聽說西班牙駐軍團推舉繼位的噶爾巴揮軍前往羅馬，便立刻承認噶爾巴為「第一公民」；而羅馬公民雖沒有表態支持，但也沒有反對，顯示羅馬帝國的兩大主權者「元老院」以及「羅馬公民」，都表示對皇帝的不信任。年僅三十歲的尼祿走投無路，只有選擇刺胸自殺一途。由於從軍者必須具備羅馬公民權，換句話說，所有的軍團兵和近衛軍的士兵都是「有權者」。

然而，即使成功排擠了尼祿，元老院和公民們似乎並沒有充分正確地認識現實。也許他們認定，只要噶爾巴取代尼祿，羅馬帝國的政治前途就會一帆風順吧！但事實並沒有這麼簡單。

至今為止，人類發展、實施了各種的政治制度。從君主制、共和制、民主制甚至於共產制，但是仍然無法打破統治者與被統治者之間的階級隔閡。有不少人夢想著打破階級隔閡，但這究竟不過是個理想，不適於現實的人類社會運作。

換句話說，不論任何政治制度，統治者與被統治者之間仍然會有階級隔閡。既然這是不可避免的現實，被統治者於是要求統治者滿足其下列三個條件：

統治者應擁有「正當性」、「權威」和「力量」。

在奧古斯都創設的羅馬帝政之下，「正當性」即是元老院和羅馬公民的承認；「權威」則是奧古斯都的血統；而「力量」則意味著經營帝國諸事的能力，尤其以羅馬帝國皇帝的兩大責任「糧食」與「安全」為主。儘管尼祿擁有「權威」，但被認定缺乏「力量」之後，也隨之失去了「正當性」，因此被逼上絕路。在尼祿之後的皇帝，和尼祿之前的皇帝一樣，必須滿足三大條件的要求。尤其，除了正當性和力量之外，還必須創造出足以代替奧古斯都血統的權威，因而問題更加沉重。

然而，稱帝的西班牙東北部行省總督噶爾巴，只怕是最沒有認清事態嚴重性的人。

他受到軍團擁戴的時候，正值西元六十八年初夏，隨即收到尼祿自殺的消息。原本他應該立即揮軍前往羅馬，進入帝國首都，確實掌握住帝位才是。一來他已經得到元老院承認，登基一事又獲得可與公民畫上等號的近衛軍支持，「正當性」的問題已經克服了。雖然他並沒有奧古斯都的血統，因此缺乏「權威」，但是最後一個條件「力量」，則是他自己可以掌握的，所以他應該儘早進入羅馬，展現符合皇帝稱號的能力才對。他即位前的任職地點在伊比利半島東北部，名為塔拉哥南西斯行省。如果從總督官邸所在地塔拉科（今塔拉格那）直航羅馬外港奧斯提亞，順風時只需在海上航行五天。即使為了避免航海的風險，改採陸路的話，經由南法沿海走到義大利，再南下到羅馬，頂多也只要一個月。羅馬人稱呼從北義大利到南法之間的地帶為「海濱阿爾卑斯」。在百年前這個地帶的道路尚未充分整頓時，朱利斯．凱撒從羅馬到馬賽只花了十二天，而從馬賽到西班牙北部山中的雷里達也只花了十七天。百年來羅馬的道路網一直陸續在進行整頓，只要噶爾巴有這個意願，大可經由幹道從塔拉科直達羅馬。

然而噶爾巴到達羅馬時，已經入秋了。雖然無法得知他確切的到達的日期，但似乎浪擲了七、八、九月三個月的時光。而他之所以這麼晚才到達，只因為他在途中悠哉地旅行罷了。他甚至沒有想到要利用從西班牙移動到義大利的這段時間，為今後的事務做出應有的指示。正當要為持續一個世紀以上的「朱利斯．克勞狄斯王朝」收拾殘局的時候，噶爾巴卻無異於將權力懸空三個月。

也許賽爾維斯．斯皮裘斯．噶爾巴 (Servius Sulpicius Galba) 過度評價元老院早已承認的「正當性」了吧！或許他認為既然受到元老院承認，之後他的帝位就穩若泰山

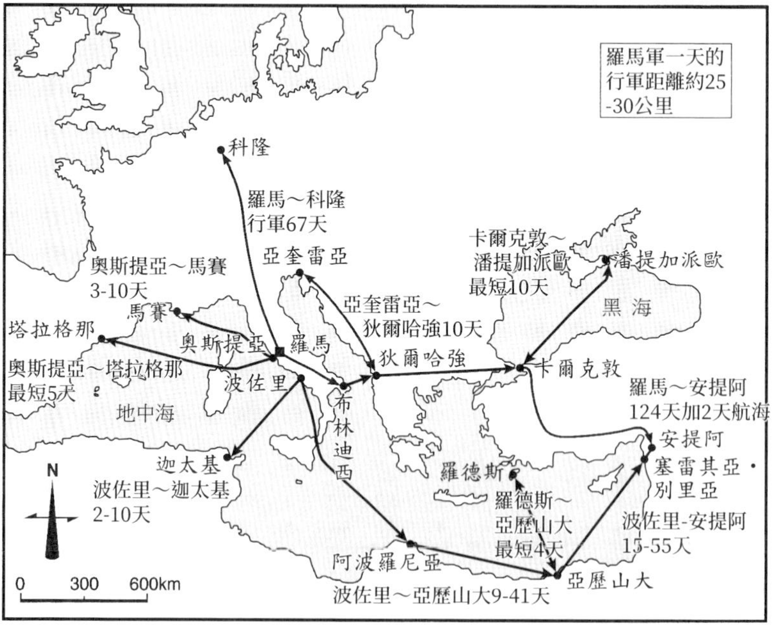

連絡帝國各地所需的時間（出處：E. N. Luttwak 的調查）

了。而他的出身也讓他認為尼祿之後的皇帝人選非他莫屬；而七十二歲的高齡只怕也削弱了他面對這個事態時最需要的決斷力。

自從羅馬施行帝政之後，想要成為帝國的最高掌權者有個不可忽視的條件，就是當事人必須出身首都羅馬並名列貴族。這是因為當面對受統治的民眾時，出身可以發揮極大的效用。出生地點即使偏僻也無所謂，例如卡利古拉與尼祿是生於羅馬附近的小城市安其歐；或像克勞狄斯一樣生於高盧行省的主要都市里昂。重要的是「籍貫」必須設在首都羅馬。因此最初提出帝政構想的朱利斯．凱撒，在指定出身於地方、籍貫威雷特利的奧古斯都做繼承人的同時，還收他作為養子。其中的主要原因，就是因為凱撒家是世代在羅馬經營的名門貴族。

建國八百年以來，經歷自然衰敗與權力鬥爭的消耗，羅馬出身的名門貴族數量愈來愈少，而噶爾巴家正是這少數名門之一。另外，羅馬步入帝政時期之後，統治者想要讓被統治者接受時，除了名門貴族的頭銜之外，還必須滿足一個重要條件，那就是當事者必須有擔任國家要職的經驗。而噶爾巴在這方面也符合資格。進入帝政時期後，羅馬有以實力取向任用官員的風氣，因此任用總督與司令官等要職時往往不拘是義大利或是地方、行省出身。沒想到這時竟然有噶爾巴這樣一個人物，既是出身羅馬的名門貴族，又有行省總督經歷。套句史學家塔西圖斯的話，這是全民公認唯一適合帝位的人選了。

就連帶頭反抗尼祿的高盧總督維恩德克斯，也指名支持噶爾巴作為繼任的皇帝。維恩德克斯雖然擔任行省總督要職，但出身高盧民族，因此即使帶頭反抗尼祿，他也不認為自己能成為下一任皇帝。而擔任萊茵河防衛任務的軍司令官魯夫斯，在當時也曾受到部下鼓勵，願意支持他爭取帝位。然而他卻拒絕了。魯夫斯雖然是個優秀武將，足以擔任羅馬軍中最精銳的萊茵河防線司令官，但他的出身是在義大利北部的科摩，而且在社會上屬於第二級的騎士階層（經濟界）。這些人條件和尼祿都不相同。尼祿的母親擁有奧古斯都的血統，親生父親艾諾巴爾部一家是從共和時期就在羅馬享譽盛名的名門貴族。儘管時代漸漸在轉變，但當代人的想法卻不是那麼容易跟著變化的。在尼祿死後，噶爾巴之所以能僅憑著首都貴族與歷經要職兩項條件，就讓羅馬人接受他的登基，以當時的民眾設身處地來想，這或許是在不急遽斷絕傳統的狀況下，較不突兀的一個選擇。而在這種情形之下，帝位能不能安穩，端看噶爾巴個人的「力量」而定。筆者在此敢斷言，如果在西元六十八年夏天時，維斯帕先膽敢起兵稱帝，結果絕對不會成功。這個人的出身地雖然在義大利，不過是在地方都市列提。父親不但沒有元老院席位，在軍團退伍後還移居到瑞士改行當貸款業者。他的哥哥在首都羅馬擔任行政官，以今天的角度來說，是在擔任公職的同時尋求出頭機會。而維斯帕先則選擇從軍這條路。我們可以說，這是個典型地方出身的義大利中流家庭。

相對地，噶爾巴則是首都羅馬的上流階層出身。出生年份不詳，一般推論為西元前三年，因此他是在奧古斯都取得和平後的羅馬度過性格形成期。在滿三十歲獲得任職公務資格後，受臺伯留任用，以高盧的亞奎塔尼亞行省作為公務生涯起點。任期後回到臺伯留身邊初次擔任執政官。西元三十九年時，接受卡利古拉任命為萊茵河防衛軍指揮官之一。並在他結束四年任期，回到首都時，立刻接獲克勞狄斯任命隨行前往不列顛稱霸戰場。當時不列顛征服戰實際上正由普勞提斯及維斯帕先等專業軍官執行，因此出身名門的噶爾巴也只適合擔任皇帝的隨扈人員吧！這一年噶爾巴四十七歲。之後又獲選為非洲行省總督，到迦太基赴任。麾下有一個軍團，待滿了一年任期。由於非洲行省為屬於元老院的行省，因此任期與共和時期一樣以一年為限。之後歸國擔任了一陣子的元老院議員，直到西元六〇年時，皇帝尼祿任命年過六十的噶爾巴擔任皇帝直屬行省之一的西班牙東北行省總督。從那年起到尼祿過世為止，噶爾巴在西班牙執行了八年的勤務。

行省總督為行省的最高行政首長，而噶爾巴在非洲與西班牙共累積了九年的經驗。在他的任期之中，從未遭到行省民眾控告。由於羅馬承認行省民眾對總督的訴訟，作為審視總督統治效果的手段，噶爾巴能不遭民眾控告，表示他至少在行政技術上還能讓民眾滿意。其實在他稱帝之後，能迅速在西班牙組成一個軍團，也是因為有不少西班牙民眾願意應噶爾巴的呼籲去從軍。

不過北非與西班牙實在算不上羅馬防衛戰略上的「最前線」。噶爾巴管理的「塔拉哥南西斯行省」建制上應該有三個軍團，但其中兩個軍團被抽調參加不列顛戰役，因此實際上伊比利半島上長年只有一個軍團。噶爾巴在經歷上只有統治過問題不多的行省，當他即帝位時沒有獲得前線官兵熱烈支持，原因也在這裡。因此噶爾巴才有必要儘早確立自己的帝位。

然而，跟著壯麗的行伍慢慢進入羅馬的噶爾巴，不但沒有做他這時該做的事，反而犯下不應當犯的錯誤。

掌握人心的措施

自從羅馬進入帝政時期以來，遇有新皇帝登基或是舉國歡慶的事情時，按例會發放獎金給首都平民和擔任行省勤務的軍團兵。表面上說是要與民共享喜樂，實際上當然是要藉此掌握人心。每個人每次的獎金金額，大約是軍團兵年薪的三分之一左右。一旦獎金高達這個程度，自然有益於促進經濟活力。這項掌握人心的措施自帝政創始人奧古斯都開始，連施行財政緊縮策略的臺伯留也照做不誤。各位可別以為五賢君時代就不需要玩這種把戲，也不要以為承認基督教的君士坦丁大帝便不會想花錢去買「有權者」的心。除了西元四世紀之後，由於帝國經濟衰退，苦於通貨膨脹，使得這項措施較難施行之外，在發放獎金上，皇帝信不信基督教其實沒什麼兩樣。根據德國學者卡爾·W·韋伯 (Carl W. Weber) 的研究著作所載，歷任皇帝發放的獎金如下表。

這是在羅馬帝國登基稱帝的人，即使視為必要之惡也「應當做的正事」。然而噶爾巴卻說：「對我而言，士兵不是花錢買來的，而是以自由意識追隨我的人。」因此他登基時沒有發放獎金。也許他所言不虛，但是政治並非光靠理論就能順利執行的。史學家塔西圖斯對噶爾巴就只有這麼一小段評語：「要說他有什麼天賦異稟，不如說他完全沒有不良的資質。總之他是個平庸的人物」。

歷代皇帝發放獎金表（單位：狄納利斯銀幣）

	皇　帝	在位（年數）	次數	總金額
朱利斯・克勞狄斯朝	奧古斯都	前 31- 後 14 (44)	7	139,950,000
	臺伯留	後 14-37 (23)	4	52,000,000
	卡利古拉	37-41 (4)	2	30,000,000
	克勞狄斯	41-54 (13)	2	30,000,000
	尼祿	54-68 (14)	1	20,000,000
	噶爾巴、歐圖、維特里斯	68-69	-	-
弗拉維斯朝	維斯帕先	69-79 (10)	1	15,000,000
	提圖斯	79-81 (2)	-	-
	圖密善	81-96 (15)	3	50,000,000
五賢君時代	涅爾瓦	96-98 (2)	1	15,000,000
	圖拉真	98-117 (19)	3	130,000,000
	哈德良	117-138 (21)	7	195,000,000
	安東尼奧・派阿斯	138-161 (23)	9	160,000,000
	馬庫斯・奧理略	161-180 (19)	7	250,000,000
	康莫德斯	180-192 (11)	6	170,000,000
謝維勒朝	塞埔提謬斯・謝維勒	193-211 (18)	6	220,000,000
	卡拉卡拉	211-217 (6)	4	80,000,000
	亞歷山德爾・謝維勒	222-235 (13)	5	120,000,000
				（之後苦於通貨膨脹）
	戴克里先	285-305 (20)	?	310,000,000
	君士坦丁大帝	306-337 (31)	?	300,000,000

要噶爾巴繼承長達百年的朱利斯・克勞狄斯王朝，負擔也太大了點。而他所犯的錯誤，還不只沒發放獎金一項而已。

副手人事

既然政治不是一個人玩得起來的，副手的人事問題便成為十分重要的課題。而且受統治的人民也往往拿副手的人選當作「石蕊試紙」，用來測試統治者的力量。噶爾巴應當指名的副手首選，原本理應是在他起兵稱帝時，首先表明支持他的行省總督歐圖。實行這項人事措施有下列三大好處：

一、馬爾克斯・薩爾維斯・歐圖 (Marcus Salveius Otho) 雖然不像噶爾巴一樣出身名門，但也是「設籍」羅馬的元老院階級出身。換句話說，噶爾巴想要在血統高貴的尼祿之後登基，讓歐圖擔任次席執政官是比較不會引起民眾反感的選擇。

二、歐圖在盧吉塔尼亞（今葡萄牙）行省擔任十年的總督，政績優異，連在羅馬都廣受好評。

在西元一世紀時，伊比利半島並非羅馬帝國的「前線」。然而行省施政的好壞仍然是帝國的首要事務。因為萬一引起了行省民眾叛亂，帝國就必須抽調部份守衛「前線」的兵力進行鎮壓。如果地方施政能夠讓受統治的民眾覺得還過得去，廣大的伊比利半島便只需要六千名駐軍。羅馬帝國之所以承認行省民眾對總督的訴訟權，與其說是期待公平施政的效果，不如說是希望能因此節約帝國整體的國防費用。

如果噶爾巴選擇歐圖擔任次席執政官，局勢就演變成兩個具有長年公正行省統治經驗的人，分別擔任帝國政務的第一、二位要角。僅有噶爾巴一個人的話，跟守護帝國最前線的行省總督比起來也許顯得份量不夠，但加上歐圖兩人一起合作的話，這種負面因素也就淡化了。畢竟對羅馬帝國來說，「前線」只有萊茵河、多瑙河與幼發拉底河。

三、歐圖的年齡。當時三十六歲的歐圖是噶爾巴起兵稱帝時最早表態支持的行省總督，這顯示出他雖然有野心，卻不急於立刻實現。面對七十二歲的對手，他還願意暫時合作。事實上，歐圖一路陪伴噶爾巴東行羅馬，一起進入首都。在西元六十八年冬季的此時，他人就在羅馬。換句話說，如果選擇歐圖擔任副手，噶爾巴等於成功拉攏了預期中的競爭對手。

然而噶爾巴在次年西元六十九年發表執政官人選時，選的卻是他在總督任內時麾下唯一一個軍團的軍團長威尼亞斯。儘管他深受噶爾巴信任，但只是派駐在和平行省裡的一個指揮官罷了。對於守護帝國前線的將士們來說，根本是個名不見經傳的小人物。

光是這一項人事措施，噶爾巴就喪失了許多原本可能獲得的支持者。

其一，他讓歐圖覺得自己被出賣了。

其二，讓屯駐在最前線基地中，以守衛帝國自豪的官兵感到失望。

其三，原本因為噶爾巴的家世而支持他的元老院議員，對於他選了沒有來頭的人擔任首席副手，態度轉為不安與不信任。噶爾巴年逾七十的高齡，此時也成了一項令人不安的因素。

其四則是得罪了首都的民眾。對首都的平民來說，不管結果是好是壞，至少尼祿是個舉手投足都像皇帝的人。羅馬的市民會要求皇帝一方面要盡量辦好事，一方面還要有皇帝的樣子。然而噶爾巴所做的每一項措施，卻都像是一個消極老人會做的事。還有，他連一毛錢的獎金都不願意發放。

這下子問題已經不是獲選的威尼亞斯個人能力可以處理的了。尤其威尼亞斯這個人選也有問題。他雖然獲選為執政官，擔任皇帝的同事，但卻是個只懂得滿足私欲的人物。這是噶爾巴在人事上犯的雙重錯誤。

而噶爾巴在帝國財政重整策略上也犯了錯誤。他雖然祭出了重建宣言，但具體政策卻只能引人發噱。財政重建竟然從要求歸還尼祿送出的禮物開始。尼祿雖然是個喜好送禮的皇帝，但並非在討好有錢有勢的人。他喜歡送禮給羅馬社會的下層人物，例如歌手、演員、騎師、鬥劍士等等。而且尼祿統治期間長達十四年，被人上門追討多年前收到的禮物，有誰不會感到困擾的？何況就算成功追討回來，這點程度的錢只怕對羅馬國庫也是杯水車薪。因此噶爾巴的財政重建政策，也不過是個茶餘飯後的話題罷了。總之噶爾巴即位三個月以來，只做了這麼點事情。

儘管如此，位居「前線」的司令官們，依舊對噶爾巴傳送著效忠宣誓書。之所以說「傳送著」，是因為西元六十八年底時，成功將宣誓書送到噶爾巴手上的，只有距離最近的萊茵河防衛軍司令魯夫斯。在遠方的敘利亞以及交戰中的猶太司令宣誓書還在地中海上向西航行中。

相信這些擔負前線防衛責任的司令官們，並非是折服於噶爾巴的力量而宣誓效忠。畢竟他們是在第二代皇帝臺伯留徹底的實力主義下抬頭的人。亦即不論身世或出身地，只要有實力就能出頭；這個傾向在實力容易受肯定的軍事領域中特別明顯。同時他們都具有元老院席位，符合擔任帝國要職的資格條件。只不過他們是所謂的「新進門派」，既不是出身代代擔任元老院議員的家族，籍貫也不在羅馬。儘管有守衛帝國的強烈自覺，但畢竟是新來的人。因此對於既有體系的象徵——元老院，會比其他人更加尊重。而噶爾巴正是元老院表示支持的人選。

前線司令官對噶爾巴表達善意的另一個原因，可能在於對先帝尼祿的失望，以及相對的期待感吧！史學家毛姆森筆下的「臺伯留門生」中，誕生了許多職業軍人，為帝國國防做出不少貢獻。其中最有名的，就是與羅馬史上的頭號假想敵帕提亞建立長期友好關係的科普洛將軍。科普洛將軍深受實力派的武將尊敬，然而尼祿卻因為毫無證據的猜忌就將科普洛賜死。事發至今才一年，這些武將們可不會那麼容易忘記。

然而噶爾巴卻對這些軍人的善意大潑冷水，將負責守護萊茵河上游的高地日耳曼軍司令官魯夫斯解任歸國。而且並非要他回國擔任要職，只是純粹命令他卸任返國而已。

之後他命令年邁又性格消極的夫拉克斯擔任魯夫斯的繼任人選。也許他認為夫拉克斯不足以威脅自己的地位吧！另外又任命維特里斯遞補低地日耳曼軍司令官的空缺。因為他期待同樣出身元老院階級的維特里斯能一貫支持噶爾巴政權。

然而這個人事案卻激怒了基層士兵。一來魯夫斯相當受基層士兵支持；二來羅馬帝國的前線中，尤其以萊茵河畔的前線條件最為惡劣。屯駐在此的軍人必須要同時對抗惡劣的氣候與地形，以及兇悍勇猛的日耳曼民族。因此萊茵河前線特別受到重視。儘管有時會應需要移出部份兵力，但找遍整個帝國，只有萊茵河沿岸隨時會維持七到八個軍團——即四萬二千到四萬八千人的兵力。而這些被稱為「日耳曼軍團」或「萊茵河軍團」的士兵們，對自己肩挑前線任務也感到相當自豪。對他們來說，噶爾巴只統治過和平的西班牙行省，憑什麼來插手前線行政？反噶爾巴的運動會在萊茵河前線爆發，原因也就在此。

西元六十九年一月一日，兩位新執政官在羅馬就職，召開了該年第一次的元老院會議。古羅馬以每年一月一日作為開始工作的日子，不過當天並沒有討論什麼議題，比較像是新任執政官就職儀式。這是皇帝噶爾巴與心腹威尼亞斯同時就任執政官，志得意滿的一天。因為當上羅馬政體最高公職的執政官，也代表噶爾巴體制的正式成立。而奧古斯都之後的歷代皇帝，也通常在登基的同時兼任執政官。然而當天聚集在萊茵河畔梅因茲軍團基地的士兵們，卻以拒絕宣誓效忠皇帝的方式，表達他們反噶爾巴的意志。

維特里斯稱帝

在動盪的時代中，資訊傳達的速度往往左右事態的發展。

古羅馬曾經使用白天燒狼煙、夜晚舉火把的方式，沿著每個要塞依序傳達訊息。然而這個方式只用於傳達外敵入侵的消息，而且僅用於前線。要在廣大的帝國內部傳達資訊，就只有依靠在帝國街道上每隔十～十五公里便會設置的“Mutationes”（驛站）中陸續換馬傳達的方式。

因此，關鍵就在於用馬匹傳達消息的速度了。然而歷史上卻沒有留下正確的記載，我們只有自行設法推論。多數史學家一致同意的數字，只有西元前四十九年，朱利斯·凱撒從羅馬沿奧雷里亞大道北上前往南法的馬賽時的數據。當時凱撒拋棄行李策馬長驅，每天可前進百羅馬里以上。一羅馬里為一千四百八十公尺，因此每天約可前進一百五十公里。雖然凱撒使用的是羅馬街道，不過就算他拋棄全部的行李，命令所有人勁裝上馬，身為最高指揮官的凱撒身邊從參謀到日耳曼騎兵護衛，總有數百人之多，各個驛站不可能準備這麼多馬，因此在這一百五十公里中，騎的是同樣的馬匹，而且和兩千年後的現代不同，當年的羅馬街道沒有照明設備，人馬總不可能連續十幾天不眠不休都在趕路，所以這一百五十公里是白天的數值。

相較之下，我們來看看西元六十九年拒絕向皇帝效忠的消息往羅馬傳送的速度。因為只需派遣數騎傳令兵沿著羅馬街道南下，因此應該能利用到各個驛站的備用馬匹。不過，夜間無法疾行的條件依舊不變。而且當年凱撒從羅馬北上馬賽時是在五月，傳令兵從位於現今德國領土內的梅因茲前往義大利的羅馬時卻在一月。所以我們必須加算穿越隆冬時期的阿爾卑斯山這項不利因素。因此每天前進的距離，應該和凱撒一樣以一百五十公里為極限。

而梅因茲位於今日法蘭克福西南西方三十七公里遠。羅馬時期的摩哥提亞客（梅因茲）是警戒森嚴，讓法蘭克福人不能越境一步的前線基地。至於梅因茲與羅馬之間的距離，由於羅馬時代街道的路線資料並不明確，因此我們無法得知正確的數據。不過史上曾經記載羅馬軍團從羅馬行軍到科隆時一共花了六十七天。以每天二十五到三十公里而言，六十七天能行軍的距離大約是一千八百公里。再減去科隆和梅因茲之間的兩百公里路程，因此大約是一千六百公里。就算傳令兵每天能前進一百五十公里，到羅馬至少也要花上十天。

不過這個數字畢竟只是想像中的產物。既然梅因茲是萊茵河防衛軍的最大據點，通往首都羅馬的道路自然也不只一條。我們大致上可以將其分類為兩個選擇。兩種路線都完全行走於羅馬街道——亦即高速幹道上。

第一條路線是從萊茵河畔的梅因茲通往西南西方的奧古斯塔·特列維羅姆（今多利亞）。由摩澤爾河畔的這個軍事基地轉道南下，前往威棕提歐（今貝桑松）。之後經由列曼湖越過阿爾卑斯山，取道義大利的奧古斯塔·普拉耶特利亞（今奧格斯塔）前往奧古斯塔·陶利諾姆（今特里諾）。然後從特里諾到捷納瓦（今熱那亞）當然是沿著街道前進。離開熱那亞後，只要順著奧雷里亞大道就能到達羅馬了。

另一條路線是從梅因茲順著萊茵河上游，往軍團基地阿爾根特拉屯（今史特拉斯堡）前進的路。由史特拉斯堡繼續沿萊茵河往上游走，到達波登湖。借道今日的瑞士地區穿越阿爾卑斯山，由科摩湖進入義大利。從科摩起依序經過米蘭、熱那亞，最後到達羅馬。

我們無法得知從梅因茲軍團基地出發的傳令兵通過哪些路徑。不過無論如何，軍團兵拒絕宣誓效忠皇帝的重大消息，一月十日左右應該已經傳到首都了。因為從十日到十五日之間，整個情勢有急遽的變化。

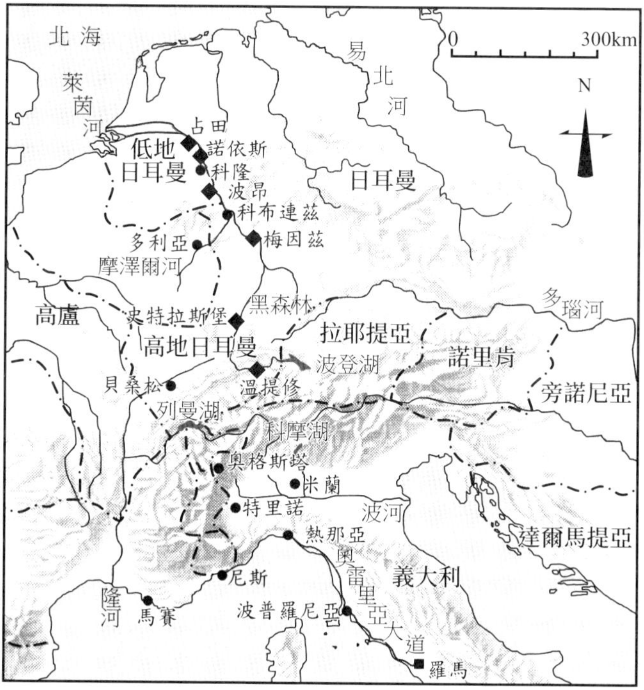

由萊茵河沿岸到義大利的地圖（◆為萊茵河軍團基地所在地）

現在的情勢已經和半年前不同了。半年前只是屯駐在帝國後方伊比利半島上的一個軍團對現任皇帝尼祿表示不滿。半年後卻是帝國最前線的萊茵河防衛軍七個軍團，表示不信任現任皇帝噶爾巴。而且遭不信任的不只皇帝噶爾巴，承認噶爾巴的元老院也同樣遭到握有公民權的軍團兵否決。

一月一日聚集於梅因茲冬季營區內的士兵決議內容，並不只拒絕對噶爾巴宣誓效忠而已。他們在傳往首都的文書中，還以全體軍團兵名義表示，希望元老院能推舉替代噶爾巴擔任「第一公民」（實為皇帝）的人選。因此這時遭不信任的，僅止於噶爾巴個人，並不包括元老院。

不過集會之後，似乎回到宿舍中的士兵們仍繼續在討論對策。身為羅馬士兵，竟然敢拒絕對身兼最高司令官的羅馬皇帝宣誓效忠。以現代的眼光來說，無疑是要受到軍法審判的嚴重違紀行為。因此當士兵們在決議時，想必是在一種亢奮狀態下。然而這種亢奮狀態，往往也伴隨著極度的不安。

次日士兵們再度聚集時，並沒有改變拒絕宣誓效忠皇帝噶爾巴的決議。但撤回了委由元老院決定繼任人選一項，改為擁立低地日耳曼軍司令官維特里斯登基稱帝。傳達這項決議的傳令兵也立即趕往羅馬。

為何士兵厭惡噶爾巴，卻又推舉維特里斯呢？史學家塔西圖斯並未有明確的交代，我們也只有自行推想了。但在此可以推想出幾種可能。

首先，當年噶爾巴麾下的軍團兵雖然同樣也排斥最高司令官尼祿皇帝，擁立噶爾巴登基，不過當時是由高盧出身的總督維恩德克斯率先發難，由噶爾巴呼應反尼祿的呼聲後，軍團兵才表明態度。也就是說，這是由直屬長官噶爾巴主導西班牙駐軍對現任皇帝尼祿表達不滿情緒的結果。

然而不同的是，這次萊茵河軍團兵拒絕效忠，卻是一般士兵在主導。司令官、軍團長、大隊長都未曾積極參與。即使是相當於現代軍隊士官階級的百夫長，似乎也只是順從一般士兵的意願而已。這使得一般士兵的情緒更為不安。而消除這個不安最簡單的方法，當然就是把自己的司令官抬出來做靠山。因為這樣一來，上自司令官下到士兵，每個人都是拒絕宣誓效忠的共犯。

如果他們的司令官是魯夫斯的話，相信所有士兵都會衷心支持長官吧！然而魯夫斯已經遭解職被召回國內。而這想必也是士兵開始對噶爾巴感到不滿的原因之一。

在本書中曾一再強調，守衛萊茵河前線的「日耳曼軍團」又分為萊茵河上游和下游兩個防衛區域。守護上游的稱為「高地日耳曼軍」，守護下游的則稱為「低地日耳曼軍」。兩個軍都是以四個軍團為標準建制。

西元六十九年一月時，高地日耳曼軍司令官是夫拉克斯，低地日耳曼軍司令官為維特里斯，都是新皇帝噶爾巴剛任命的人物。

年老消極又不得人心的夫拉克斯自然得不到士兵青睞，剩下的就只有維特里斯這個選擇了。而士兵對維特里斯其實並不熟悉，只知道他當年五十四歲，剛上任沒多久，還沒做出什麼事情。換句話說，也沒有什麼足以造成負面影響的資料。不過他的父親曾在臺伯留麾下嶄露頭角，也受過克勞狄斯帝重用。也許思想單純的士兵們，就此認定有其父必有其子也不一定。不管怎麼說，反正士兵們也已經鐵了心。既然在西班牙過著悠閒舒適生活的士兵能有決定羅馬皇帝的權力，忍受危險又惡劣的環境，肩挑國防重任的萊茵河軍團當然有更大的權力。抬出來的人物不管是不是維特里斯都無所謂了。而維特里斯也沒有深思熟慮，馬上就接受了士兵的推舉。羅馬人已經遺忘百年的內戰陰影，於是再度籠罩在帝國的上空。

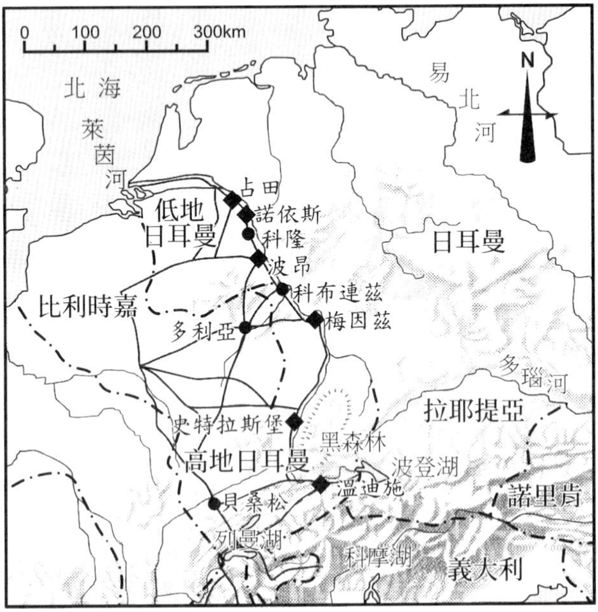

萊茵河沿岸軍團配置（◆為基地）與主要道路網路圖

刺殺噶爾巴

依筆者想像，梅因茲的「日耳曼軍團」反噶爾巴決議，雖然是在一月一日及一月二日短短一天之內急遽轉烈，但傳達到首都的時間卻至少有一天，甚至兩三天的時間差。因為噶爾巴收到消息後所採的對策，似乎都只考慮到一月一日的決議。

一月一日的決議中，雖然拒絕向皇帝噶爾巴效忠，但是替代噶爾巴的人選則委由元老院決定。噶爾巴一定是打算重新確認元老院的支持。而元老院這群既得利益者，當然也不希望內戰開打。在帝位繼承人不明確的狀況下，最容易發生內戰；沒有子嗣的噶爾巴因此緊急宣布收養年方三十的皮索為養子。皮索和噶爾巴同為共和時期以來的羅馬貴族出身。當年在哲學家塞內加也牽連在內的「皮索的陰謀」之名案爆發後，整個家族不論年齡，所有男性都遭流放，前不久才因尼祿自裁而得以歸國。這項人事案不但沒有顧慮到前線官兵的心情，反而很明顯地，是在爭取喜歡名門貴族又討厭尼祿的元老院歡心。對前線的官兵來說，皮索不過是個沒有奧古斯都血統，又完全沒有軍務經驗的上流出身「富家子弟」，絕對不可能獲得全體將士的支持。

如果一月一日和一月二日的兩項決議同時到達羅馬，噶爾巴的繼任人選是否會有所改變呢？既然維特里斯稱帝，表示擁立他的日耳曼軍團已經展開反中央、反皇帝的軍事行動。唯一可能避開內戰的措施，只有將能夠吸引士兵期待的人物立為共治的人選。比方說，具備豐富行省統治經驗、年紀又輕的歐圖；或是極受日耳曼軍團士兵擁戴的魯夫斯將軍；因為原本日耳曼軍團的士兵就不是為了支持維特里斯才起兵造反。只要前線的士兵接受新人事政策、願意放下武器，自認為帝位已經到手的維特里斯當然也就失去了立足點。

不過就算噶爾巴同時知悉了軍團兵的兩個決議，只怕他的人事決策也不會有所變化。資質平庸的人本能上就會避免接觸資質優於自己的人。平庸的人不會懂得吸收自己所缺乏的才能或資質，藉以強化自己的實力。如果真的辦得到，也不叫做平庸了。

總而言之，噶爾巴在人事上又失敗了。然而這次的人事錯誤，使得一直支持他的歐圖再也忍不下去了。

既然噶爾巴和元老院雙方都知道日耳曼軍團的決議，身兼元老院議員的歐圖當然也完全知道決議的內容。原本他認為噶爾巴來日不長，願意暫時合作。沒想到他指定的接班人皮索今年才三十歲，而起兵反抗噶爾巴的維特里斯今年也才五十四歲。這也就難怪將滿三十七歲的歐圖會認為這是自己最後的機會了。

在這半年之中，近衛軍的士兵們也對噶爾巴感到相當失望。年輕充滿活力、性格開放積極又受士兵歡迎的歐圖，自然能輕易的收買近衛軍。至於聽到維特里斯起兵造反的消息後，只知道發愣不懂得尋求對策的元老院則大可忽略不管。而一般市民的反應呢？從噶爾巴入城當時的熱情到現在已經開始出現懷念尼祿的聲浪。因此暗殺皇帝的政變計畫，就在短短數日內成形、付諸實踐。

西元六十九年一月十五日，就在羅馬的中心點羅馬廣場(Foro Romano)，皇帝噶爾巴被人從轎子上拉下當場殺害。兩週前剛就任執政官的威尼亞斯也按照政變計畫，一同遭到刺殺。可憐的皮索只因為身為噶爾巴的養子，同樣躲不過送命的結局。

在首都羅馬郊外的近衛軍營區等待報告的歐圖，一確認結果之後馬上接受近衛軍歡呼「皇帝」，並當場走向位於羅馬廣場的元老院。這時的元老院議員除了追認既成事實外，已經別無選擇了。因此當場承認歐圖為「第一公民」。

第二章

皇帝歐圖

帝國最高權力者就在幾乎不流血的狀況下換人了。然而這個時代傳達資訊的速度，看起來又再次成為使事態更為惡化的原因之一。

如果從梅因茲傳達訊息到羅馬需要十天時間，那由羅馬傳輸資訊到梅因茲相對地也需要十天。那麼歐圖取代噶爾巴登基的消息傳到日耳曼軍團士兵耳裡時，也將近一月底了。由於這是足以影響挺身反抗噶爾巴的日耳曼精銳動向的大事，想必歐圖一定是急著傳送訊息。

然而，日耳曼軍團決定擁立維特里斯的時間是一月二日。而得到逼使他們起兵的噶爾巴死訊時，卻將近月底，中間幾乎有整個月的時間。在這一個月之間，日耳曼軍團已經開始準備全體揮軍前往羅馬。這是個包括七個軍團四萬二千名軍團兵，以及幾乎同樣數量輔助兵的大規模軍事行動，一旦開始就不是那麼容易停下來的。維特里斯上任不久就被陌生的部下推舉登基，現在已經得意忘形，眼中只有帝位。新皇帝歐圖因此被迫替被他殺害的噶爾巴承受這些後果。

附帶一提，共和、帝國時期的羅馬有個共通點。就是前線司令官和行省總督、以原住民為中心的地方自治體，以及退役軍人的殖民都市都具有充分的自由裁量權。其自由的程度，足以讓後代的帝國主義國家大吃一驚。這也是軍事家馬基維利 (Niccolò di Bernardo dei Machiavelli) 對羅馬大為讚賞的地方。為什麼這會成為羅馬的傳統呢？筆者認為並非只是像馬基維利所讚揚的，是為了確立責任政治。當然，因為不必事事請示中央，所以前線司令官的行動的確自由得很。就因為如此，行動上才得以隨機應變，發揮個人的才幹。但還有一個原因則是像臺伯留帝堅持的一樣，若沒有這種責任政治，是不可能統理這樣龐大的帝國的。

筆者認為，羅馬人應該是在衡量當時的科技水準與訊息傳達速度之後，才決定給予各階層自由裁量權。畢竟光在歐洲內傳遞訊息就要花上十天，要跟位於帝國東方的中東連絡，至少也要花上一個月。總之，這個方式最後形成了帝國各地的責任體制，各階層負責人的活動也因此能發展出充滿活力的社會。

在此將話題回到西元六十九年一月。由於古羅馬訊息傳輸速度之慢，像這個月一樣造成事態惡化的例子還不少。消息彼此「擦身而過」，而避免這種混亂的方針，只有謹慎行動一途。

次於萊茵河防線，但依舊是帝國重要前線的地方，還包括多瑙河一帶與敘利亞，以及巴勒斯坦。敘利亞總督穆夏納斯與正在巴勒斯坦進行「猶太戰役」的維斯帕先是東方前線的負責人；前者領軍四個軍團，後者統領三個軍團。

之前我們曾敘述過，畢竟這個時代交通速度不及現代，這兩位司令官用來向噶爾巴皇帝表明效忠的宣誓書，現在還在地中海上向西航行。其中，維斯帕先的長子提圖斯身攜宣誓書西航，在到達希臘的科林斯港口時才得知噶爾巴死亡、歐圖繼位、維特里斯起兵的消息。只怕這三個消息是同時傳到他耳裡的吧！

當年三十歲的提圖斯似乎為此猶豫了一陣子。是要繼續旅行到羅馬，對新即位的歐圖表達敘利亞與猶太七個軍團的效忠；還是要另外派使者代表宣誓，自己返回東方去。提圖斯身為維斯帕先的長子，並非一般使者。如果他親自向歐圖傳達效忠宣誓，不啻表示「東方軍團」對歐

羅馬軍團配置表（括弧內為細分）

方面	西曆	前 30- 後 9 *1	後 9-42 *2	43-47 *3	48-68 *4	69 *5
西方	不列顛	-	-	4	2	3
	伊比利半島	4	3	3	1	2
	萊茵河防線 （低地日耳曼） （高地日耳曼）	7 (5) (2)	8 (4) (4)	7 (4) (3)	7 (4) (3)	7 (4) (3)
	多瑙河防線 （旁諾尼亞） （達爾馬提亞） （莫埃西亞）	8 } (5) (3)	7	6	7 (2) (2) (3)	7 (2) (2) (3)
東方	敘利亞	4	4	4	4	4
	猶太	-	-	-	3	3
	埃及	} 5	2	2	2	2
	北非洲		1	1	1	1
總計		28	25	27	27	29

*1　奧古斯都時代（嘗試征服至易北河濱的日耳曼的時代）
*2　臺伯留、卡利古拉時代（放棄征服日耳曼，訂定萊茵河為前線的時代）
*3　克勞狄斯時代（試圖征服不列顛的時代）
*4　克勞狄斯、尼祿時代
*5　內亂期間

圖的積極支持。但若是另外派使者代表，卻又顯得是因為元老院承認歐圖的帝位，所以東方軍團也跟著「消極的支持」。

結果，提圖斯沒有繼續向西航行，選擇向東撤還的路線。而這也使得他的父親維斯帕先躲過了同胞間以血洗血的戰鬥。

既然決定羅馬帝國最高統治者的主導權落在軍團手上，我們在此也將各個軍團的配置整理如上表。表中記載了西元六十九年之前各個時代的配置變化。只要看這張表就能知道，進入帝國時期之後，羅馬是如何隨前線的推移活用他們的軍事力量，又如何在同時設法避免擴軍。而內亂又是如何造成軍備擴張、浪擲國力的。

歐圖其人

馬爾克斯．薩爾維斯．歐圖和噶爾巴不同，他並非出身於共和時期就存在的世家，而屬於新興的元老院階級。直到他的祖父為止，歐圖家都屬於次於元老院階級的「騎士階層」（經濟界）。他祖父能當上元老院議員，還多虧了奧古斯都提拔。而其子，亦即歐圖的父親，則是「臺伯留門生」的一員，歷任非洲行省總督等諸多要職，其中當然也包括元老院議員。而克勞狄斯帝在繼承臺伯留帝的實力主義路線後，還頒給他貴族的榮典。

歐圖出生於首都羅馬的上流家庭。少年時期起便活潑好動，不是讓老師和雙親滿意的兒子，但也因此和小他五歲的尼祿交好。當尼祿登基後，歐圖常常在天黑後陪這個每晚出外發散精力的皇帝出遊。然而尼祿偏偏愛上了這名好友的妻子波貝亞。奧古斯都在二十四歲那年，也曾因為愛上有夫之婦莉薇亞，而去懇求莉薇亞的丈夫成全。尼祿最初也打算仿效古人，請歐圖讓出波貝亞。只不過當年莉薇亞的丈夫，亦即臺伯留帝的生父欣然允諾，但是後世的歐圖卻讓皇帝尼祿碰了釘子。年僅二十二歲的尼祿並未就此收斂，他決定把歐圖調任為帝國最西方的盧吉塔尼亞行省總督。盧吉塔尼亞是元老院行省，依規定必須具有執政官或法務官經驗的元老院議員才有資格擔任總督。當年歐圖才二十七歲，連元老院議員資格都沒有。然而熱戀波貝亞的尼祿哪管這些，硬是央求元老院給予歐圖「前法務官」資格，成功地把他調到偏遠的盧吉塔尼亞行省。

當年由於帝國一片和平，總督在赴任盧吉塔尼亞這種非前線駐地時，通常會帶妻子一起上任，可是波貝亞．莎比娜卻留在羅馬沒有離開。年僅二十七歲就被下放到帝國的西方邊境，再考慮到尼祿當時的年齡，歐圖簡直像是被判處了無期流放刑。如果他自暴自棄，在後方拋棄任務，整天望著大西洋過著自甘墮落又放蕩的生活，相信同情他的人還是會多過指責他的人。然而歐圖的生活態度卻大為轉變，足以讓以前認識他的人驚嘆。

原本首都羅馬的花花公子，竟然搖身一變成了充滿活力的公正行政官員。盧吉塔尼亞行省的總督官邸位於艾美里塔．奧古斯塔（今美里達）。移民退役軍人至地方建造行省統治「核心地」，向來是帝國的方針。與伊比利半島上由北向南的要衝——凱撒．奧古斯塔（今撒拉格撒）、塔拉科（今塔拉格那）、特雷特姆（今特雷德）、科爾多巴（今科爾多瓦）、加太基諾瓦（今加泰海納）、西斯巴黎（今賽比利亞）、馬拉加（今馬拉加）一樣，美里達也是羅馬道路網位於伊比利半島上的「核心地」之一。沿著街道往西行，就能到達歐里西波（今里斯本）。和皇帝直屬行省不同，元老院轄下的行省若不在前線，就沒有軍團駐軍。偏遠地區諸如盧吉塔尼亞行省總督麾下的軍力，大概只在一個中隊左右。在羅馬軍制中，中隊是由八十名士兵組成的隊伍，名為「百夫隊」，直接聽命於百夫長指揮。就連高盧的主

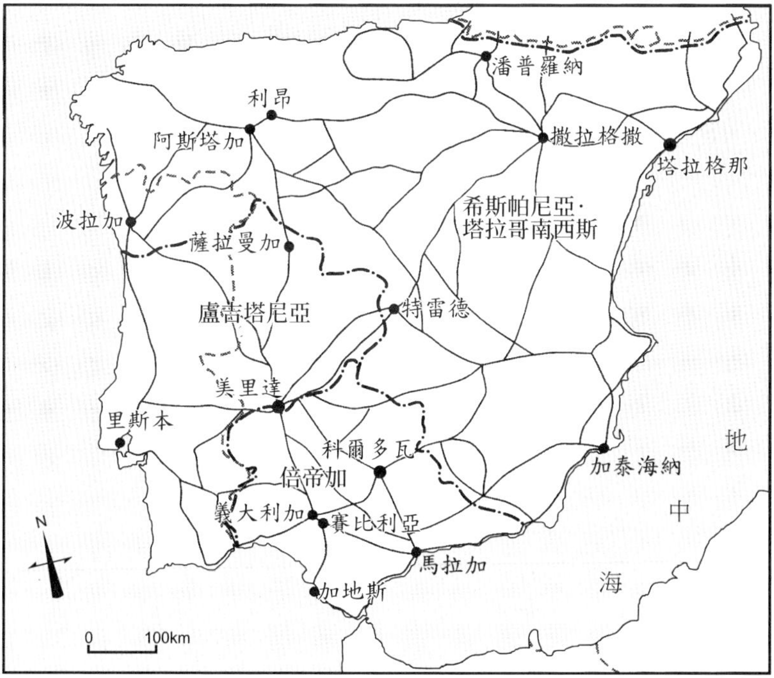

西班牙行省的主要道路網路圖（部份為五賢君時代的街道。---- 代表現代的國界）

要行省「高盧·盧古都南西斯」（里昂行省），也只有派駐一個大隊的千名士兵。這是由於羅馬帝國在國防策略上必須投注兵力於前線，沒有多餘的兵力投入較為羅馬化——亦即局勢較為平穩的行省。然而，名義上前往盧吉塔尼亞值勤的軍團兵當中，沒有幾個人出身義大利。雖說擔任軍團兵一定得具備羅馬公民權，但因為羅馬公民權是世襲制，而退伍後領了土地當退休金的殖民老兵多半與當地女子結婚，他們所生的子孫也一樣是羅馬公民。換句話說，協助歐圖維護盧吉塔尼亞秩序的，可以說幾乎都是在西班牙出生的羅馬人。和前線軍團一樣，這些人數不足百人的軍團兵，同樣配置有人數大致相仿的輔助兵。輔助兵在退伍前還不算是羅馬公民，但是退伍後可以取得羅馬公民權。因此，如果行省民眾有任何反羅馬的動向，負責保護總督的軍團兵由於與當地的淵源太深，難保不會一個不小心轉頭去幫當地人。換個角度來想，這簡直就像是跳傘跳到敵人陣地中央一樣。行省總督之所以努力施行善政，不只是怕卸任後挨告，其實也是為了任期中的自身安全，而最好的辦法就是不要惹火行省民眾。

不管是什麼動機，至少年輕的歐圖總督將行省治理得相當不錯。尤其他並沒有汲汲於觀察、逢迎民意動向，而是貫徹了羅馬式的統治法——視察行省的每一片土地，做出必要的指示並確實付諸執行。這使得他在首都羅馬同樣廣受好評。甚至連首都婦女之間都在訝異，這個花花公子怎麼變得這麼快。

在十年任期之間，歐圖聽到了前妻波貝亞公然成為皇帝戀人，最後終於結婚了的消息，然而他還是維持單身。當他在西斯帕尼亞住滿六年時，知道了波貝亞的死訊。然而尼祿並沒有讓歐圖歸國的打算。又過了三年，里昂行省總督維恩德克斯號召群眾反抗尼祿，塔拉科行省總督噶爾巴隨即起兵呼應。最先以總督身份支持噶爾巴的，就是統治盧吉塔尼亞將近十年的歐圖。在三名行省總督造反、元老院不理不睬、近衛軍棄之不顧的狀況下，尼祿只好於西元六十八年六月自裁。而七個月後，歐圖又使計害死噶爾巴並登基稱帝。

有不少學者表示，如果沒有生在亂世，而是擔任治世的皇帝的話，歐圖倒是個統治人才。然而最不幸的是，在歐圖開始處理國政之前，必須專心對付已經有如弦上箭，開始南下的「日耳曼軍團」。

老實說，歐圖手上並沒有足以仰賴的兵力。儘管如此，遠離首都十年之後，他還是成功的在不花錢賄賂的情況下，招攬了近衛軍至其麾下。如果不是對歐圖心悅誠服，近衛軍又哪會願意聽其命令，犯下刺殺現任皇帝的重罪呢？然而當犯下重罪、殺氣沖天的近衛軍主張殺光噶爾巴派的元老院議員時，歐圖斷然拒絕了。他不但將噶爾巴的遺體交還給遺族，還設法讓火化、下葬順利進行。噶爾巴雖身為前任皇帝，但和尼祿一樣，都未享有入葬皇帝廟的榮典，最後是葬在郊外的別墅中。

儘管歐圖巧於掌握士兵的心，但南下的日耳曼軍團總人數卻將近十萬。於是歐圖設法勸阻日耳曼軍團南下，向維特里斯提出共享帝位的建議。然而在意外得到士兵推舉，並有精銳的「日耳曼軍團」做後盾之後，維特里斯一心一意要完全稱帝，因此拒絕了這個提案。這下明眼人都看得出來，一場羅馬人互相正面衝突的內戰是不可避免的了。

對歐圖唯一的好消息是目前正值隆冬時期，而在二月、三月率領大軍穿越阿爾卑斯山是每個指揮官都想避免的難題。就是因為這麼困難，所以當年漢尼拔成功時，才會令當時的人如此震撼，之後也一直受人討論。然而事隔三百年，就連阿爾卑斯山區的道路也被大幅修整，以確保和其北部的高盧地區之聯繫，不但全線道路整頓完畢，每隔八到二十四公里，平均每十六公里還會有一個備妥穿越阿爾卑斯山必備用品的設施。如果是個人旅行的話，即使想穿越隆冬下的阿爾卑斯山，也只要十天。

不過兵分兩路南下的「日耳曼軍團」，每股勢力依舊有數萬之多。原本按照常識，行軍應當等待春季到來。但是一來維特里斯急著登基，二來日耳曼軍團的將士們也一心前往羅馬。因此他們不顧飄落在道路上的雪花，開始朝南方行軍。

對歐圖來說，這真是要命的消息，不過他也並非完全絕望。因為防衛多瑙河的七個軍團此時表態支持歐圖。而且多瑙河軍團不像「東方軍團」一樣消極支持，他們表示為了讓歐圖的帝位安泰，不惜與「萊茵河軍團」一戰。

「萊茵河軍團」對「多瑙河軍團」

為什麼擔任多瑙河防衛任務的「多瑙河軍團」，會願意支持歐圖，反對維特里斯呢？

筆者認為，多瑙河軍團應該不是承認歐圖在盧吉塔尼亞的政績，認定歐圖比維特里斯適合擔任皇帝才是。如果在遠方的總督打了漂亮的勝仗，還能引起士兵的興趣，但一般士兵是不會注意到行政績效的。而歐圖直到赴任盧吉塔尼亞為止，也不過是皇帝尼祿的玩伴，根本沒有前方作戰的經驗。對於守護前線的士兵來說，只怕要等到歐圖暗殺噶爾巴之後，才有機會聽到這個名字。

因此筆者推測，在這種狀況下還能驅使他們支持新皇帝歐圖的，就是多瑙河軍團兵心中對萊茵河軍團的反感。

自從朱利斯・凱撒征服高盧以來，百年來帝國的「北方防線」就是萊茵河的觀念，已經深植羅馬民心。尤其自從奧古斯都前進易北河岸的意圖最後宣告失敗，臺伯留帝巧妙地撤退後，北方前線就一直固定在萊茵河畔，至今已經過了半世紀。

當年朱利斯・凱撒的先見之明無人可及，他認為羅馬的北方前線並不只萊茵河畔，多瑙河也一樣重要。然而因為凱撒遭到暗殺，多瑙河以南的征服戰便因而順延。

而奧古斯都既然能想到將易北河納入國內，藉以縮短前線長度，當然也能充分了解多瑙河防線的重要性。然而從奧古斯都、臺伯留到尼祿時代為止，羅馬都沒有出現像凱撒一樣能在短期內完成征服戰的軍事天才。雖然羅馬不缺乏優秀的武將，但就是沒有遇上天才。而且多瑙河流域與萊茵河流域不同，並沒有大舉入侵的外族。從奧古斯都時代起，直到尼祿時代為止，多瑙河流域的外族威脅並不足以使羅馬人感到戰戰兢兢。將前線推展到多瑙河的行動，於是呈現遲緩狀態。確立多瑙河為帝國前線的事業，說得好聽一點，也僅止於「緩慢但確實進行中」。

這其中的差異，光是看這時期萊茵河與多瑙河前線的軍團基地所在位置就可明白。萊茵河前線的基地，幾乎完全緊貼著萊茵河而立。而相對地，這個時期多瑙河方面的基地，位置上則偏離多瑙河，較接近內陸。雖說多瑙河沿岸的大城，如雷根斯堡、維也納、布達佩斯、貝爾格萊德，都是以羅馬軍基地為起源的都市，但羅馬在這些地方建立常設基地卻是以後的事情了。

然而，加強了萊茵河防線，也就代表著外族的進攻將轉向尚未強化的多瑙河防線，所以才說需要持續完成萊茵、多瑙河兩道防線。但可惜並非每個皇帝都具有先

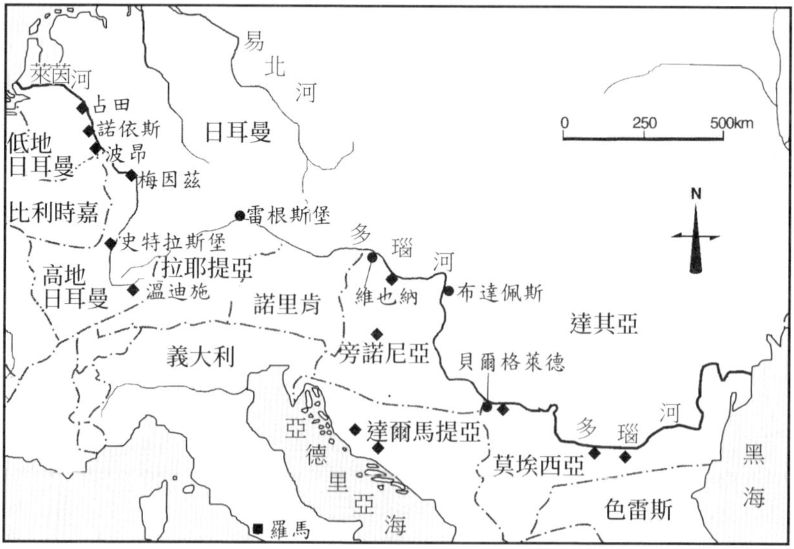

萊茵河與多瑙河軍團配置圖（◆為軍團基地所在地）

見之明。在西元六十九年時，為了帝國國防流下最多鮮血的，並不是萊茵河防線的軍人，而是多瑙河前線的軍團兵。

無奈既成觀念與現實間往往有誤差存在。對羅馬人來說，「北方前線」依舊是萊茵河；守護帝國的精銳部隊，也首推屯駐萊茵河畔的基地，通稱「日耳曼軍團」的士兵。

可是當事者卻是最清楚實情的人。對多瑙河防線的士兵來說，皇帝歐圖還健在，日耳曼軍團兵竟敢推舉維特里斯稱帝，只因為他是直屬的司令官。甚至還向本國進軍，打算用武力來解決事情。這簡直是傲慢跋扈，僭越至極。真正流血守護國家的是戍守多瑙河防線的士兵，萊茵河畔的士兵也只不過躲在建設完好的防線後過著安全舒適的都市生活罷了。也許就是這個想法，帶動他們支持陌生的新皇帝歐圖。

投入多瑙河防禦工作的軍團共有七個。在數量上不會輸給擁立維特里斯的萊茵河軍團。突然有這麼強大的軍隊要支持自己，對手下沒有兵力的歐圖來說真是天大的好消息。然而他還是有不利的地方。一則是沿著萊茵河南下義大利，距離要比從多瑙河流域西進來得短。二則萊茵河軍團在擁立維特里斯的前提下，已經有了統一的行動；而多瑙河軍團卻分屬三個行省，在達爾馬提亞兩個、旁諾尼亞兩個，而在莫埃西亞則有三個軍團。三地三個總督，每個總督對歐圖支持的程度都不同，只有軍團長階級的支持態度明確。

不管怎麼說，歐圖必須設法支撐到多瑙河的七個軍團到達為止。然而敵軍較友軍來得近，而且在寒冬中卻絲毫沒有減緩行軍的速度。

步向武力衝突

在面臨勝負關鍵時，領導者必須親自出現在戰場上。與外敵作戰時，最高指揮官是否在場，對戰鬥人員的士氣影響極大，這點自不待言。而在內戰，亦即同胞之間的戰鬥時，領導者親自上陣的重要性更是明確。

第一，因為是與自己的同胞兵刃相向，敵我雙方士兵心中一定會有糾葛。想要獲勝，就必須擺脫這種糾葛。如果要讓士兵順利擺脫這種糾葛，就必須讓士兵了解，他們之所以挺身作戰，並非因為仇視面前的同胞，而是為了自己的領袖。比方說朱利斯．凱撒在盧比孔河前發表演說時，當他說出那句著名的「骰子已經擲下」之前，他是這樣對士兵說的：「渡過此河將面臨人世間的悲慘；不渡此河將面臨我的毀滅。」此番言論讓追隨他違法渡過盧比孔河的士兵們，有個「讓凱撒免於毀滅」的理由，成功打破心中的糾葛。要讓這個方法生效，最好的辦法就是領導者本人也經常出現在前線，與士兵們頻繁見面。

第二，在獲勝時必須設法控制失控的部下。與同胞兵刃相向，不論會產生多好的結果，畢竟都是違反人性的行為。因此士兵們心中還是不免會有自責的想法。陷入這種狀況下的人，為了脫離負面的感受，往往容易委身於獸性。而只有最高指揮官的嚴命才能抑止士兵的失控。

第三則是決定如何處置戰敗的同胞。這點和控制戰勝的士兵一樣重要。而且這也一樣只能依賴最高指揮官的嚴格規範。事實上，也有人放任失控的部下恣意而為。蘇拉便是這種指揮官的典型（見第Ⅲ冊）。他將敵我徹底區隔，認為只要是敵人，就算同為羅馬人也要徹底毀滅。雖然因為蘇拉徹底排除敵人，讓他自己能安然死在床榻上，但之後戰敗者的恨意，卻深深殘留在羅馬社會，影響長達三十年。

相對地，凱撒則表明自己不是蘇拉。他寬恕每個戰敗的同胞，允許他們有去留的自由。遭釋放的人來日當然可能再度反刃相向，這是一項明知有風險但仍為之的決定。

內亂總有一天會結束。而對戰後亟待重建的社會來說，最有害的就是仇恨。因此，致勝固然重要，但必須以不留下仇恨的方式獲勝，這是內戰最困難的地方。而也只有領導人親臨戰場，才能盡可能消除這種害處。然而在西元六十九年的內戰時，維特里斯卻選擇了由先遣的將士決勝負，他在後方等著驗收成果的方法。

維特里斯將朝著義大利本國南下的「萊茵河軍團」分成三路。

屯駐於低地日耳曼的諾瓦艾西姆（今諾依斯）第四軍團長西西納率領第一軍。軍團兵加上輔助兵，兵力約為三萬。以幾乎呈直線南下的路線，穿越今日的瑞士，到達後世稱為皮克洛·桑·貝爾納峽谷的地方。並由此穿越阿爾卑斯山，由北方進擊義大利。

屯駐於低地日耳曼另一個基地波昂納（今波昂）的第一軍團長瓦連斯率領第二軍。規模雖然不詳，但據說人數多於第一軍，因此第二軍選擇路程較遠，但行軍較為方便的路線。首先繞行高盧地區到達里昂，之後從里昂沿著隆河畔南下。等到達馬賽北方三十公里處的亞奎·賽克斯帖（今艾克桑普洛凡）後轉向東進，直到當年凱撒以退伍軍人建設的海港都市佛姆·朱利（今佛雷朱斯）。之後依序到達安提波利斯（今安提夫）、尼加艾亞（今尼斯）、捷納瓦（今熱那亞），可以從西側的高盧輕鬆進入義大利。

第三軍則由身兼低地日耳曼軍團司令官的維特里斯親自率領。然而第三軍出發時間落後，一來因為維特里斯對指揮官親臨前線的重要性認知不足；二來則是因為招募新兵重組軍團耗費了時間。

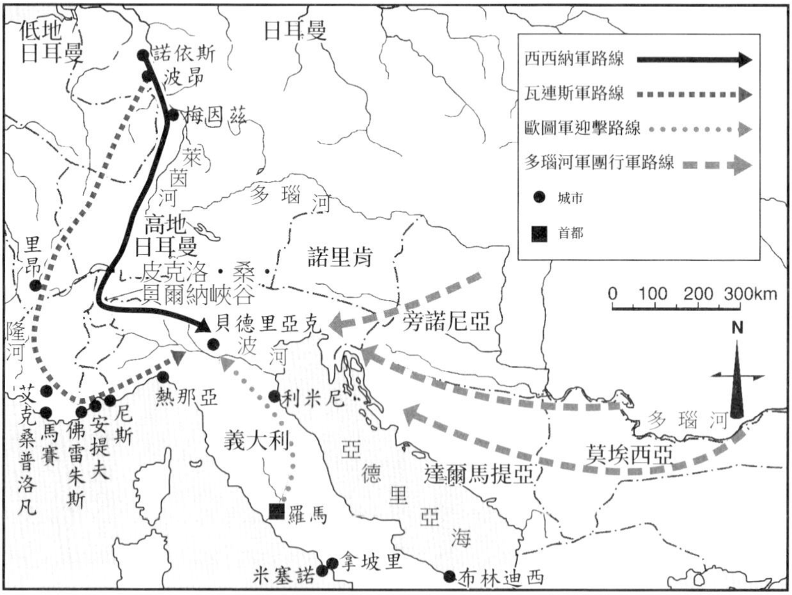

萊茵河軍團與歐圖、多瑙河軍團的行進路線

維特里斯認為，如果要戰勝受到「多瑙河軍團」支持的歐圖，徹底掌握帝位，就必須率十萬大軍進入義大利。然而「萊茵河軍團」總共七個軍團，就算全軍南下，總人數也只有四萬二千人。如果加上人數相當的輔助兵也只有八萬四千人。因此若要湊齊十萬大軍，必須徵召一萬六千到二萬名的新兵。這使得維特里斯進入義大利的時間，較西西納率領的第一軍晚了兩個月。

儘管防禦再怎麼堅強，畢竟萊茵河防線的對岸還是由剽悍的日耳曼各個部族割據的地區，因此就算身為皇帝，也不能做出全軍南下義大利這種不負責任的行為。然而觀察維特里斯之後的行為，總讓人認為他是個視個人野心重於帝國安危的人物。萊茵河畔的士兵，除了老病傷患之外，幾乎全員被派往義大利。也許他認為目前是冬季，外族不會有什麼動靜；等到在義大利的事情解決後將士兵送回來，還趕得上外族行動較活躍的夏季吧！然而這個行為卻使得萊茵河以東的外族開始輕視羅馬軍人。

還有一個問題，讓人懷疑維特里斯對羅馬皇帝一職的認知。他認為若要在隆冬強迫士兵急行軍，攜帶糧食將成為士兵的負擔。因此允許士兵在行軍中各地調度。而三萬大軍過後，沿途位於今日法國與瑞士居民的遭遇，可說是如同碰上敵軍一樣。因為維特里斯捨不得花錢，沒有提供採購軍糧用的資金，而允許士兵沿途搶劫。這也就是史學家塔西圖斯所說的「高盧行省的民眾對帝國的忠誠開始動搖」的原因之一。當初凱撒在征服作戰時，由於考量到日後收編作為國土的可能性，因此極力避免在當地徵調軍糧。真萬不得已時，也會付錢向當地人採購，這已經成為羅馬多年來的傳統。讓人痛心的是，淺薄的思慮往往為後世帶來災殃。

決戰波河

歐圖為了迎擊一路朝義大利行進的維特里斯軍，絞盡腦汁想出了對他而言算是不錯的戰略。首先必須阻止西西納率領的第一軍和瓦連斯率領的第二軍會合。其次則是在波河阻止敵軍的前進。當然主要目的是為了藉由這些行為爭取時間，等待多瑙河軍團到達。

在義大利的河川中，波河算是一等一的大河。然而這條發源於阿爾卑斯山，橫越北義大利流進亞德里亞海的河流，其實小到只需並列小船、鋪上木板，就可以當便橋渡過。就是因為渡河容易，因此波河在戰略位置上才顯得重要。

只要渡過波河，就可以經由幾乎呈直線的艾米里亞大道直達利米尼。從面亞德里亞海的利米尼經由弗拉米尼亞大道，雖然途中經過亞平寧山脈，但可以直通羅馬。另外也可以在渡過波河後，立即由庇亞伽札沿街道走到熱那亞。從熱那亞到羅馬也只需經由奧雷里亞大道。亦或是像當年凱撒追擊龐培時一樣，從利米尼沿著亞德里亞海濱街道南下，先壓制住通往希臘的海港布林迪西。總之，一旦波河落入敵軍手中，歐圖就只有被封死在羅馬和義大利本國。因此死守波河除了爭取時間等待多瑙河軍團到達之外，還有這一層意義。

像羅馬人這樣鋪設隆冬也能行軍的道路網，在這種情況時，對防禦方來說真是相當不利。

然而行政上往往只有兩種選擇，一種是像中古時代的人一樣，畏懼這種風險，將道路闢成又細又扭曲的羊腸小徑。或者是像羅馬人一樣，願意承受可能失利的風險，重視高速道路網的好處。

有了不錯的戰略，實際上歐圖又是採取什麼方法付諸實行呢？

首先，為了阻止西西納軍與瓦連斯軍會合，歐圖命令以拿坡里附近的米塞諾為基地的艦隊，載著士兵登陸南法的佛雷朱斯港，在原地迎擊從里昂南下的瓦連斯軍。苦於無兵可用的歐圖，動員首都的警察、消防隊，編組成一個軍團送往南法。並命令米塞諾艦隊水兵登陸，編入這個軍團。因為本次出擊不以海戰

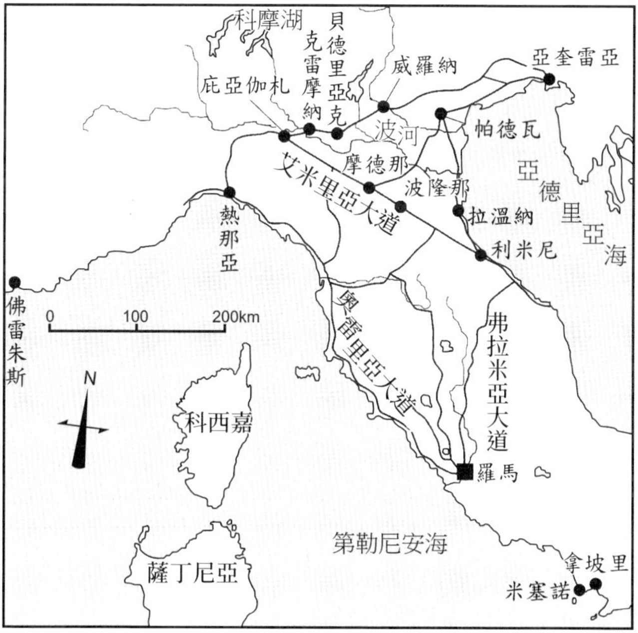

從北義大利往羅馬的主要街道圖

為目的，因此僅採用運輸艦隊。指揮則交由米塞諾艦隊提督負責。由於地中海承平日久，海軍的任務簡直就像是警察。因此理所當然地，提督階級也沒有什麼作戰經驗。

這拼湊而成的六千人，必須要迎擊由高盧南下的四萬瓦連斯軍。當然歐圖從沒想過要他們獲勝。他的戰略是，當這個軍團拖住瓦連斯軍時，由他親自率領的主力打敗西西納軍。因此當主力朝北前進，準備死守波河時，最高指揮官歐圖身邊可有不少名揚疆場的武將。以尼祿時代在不列顛民眾叛亂時迅速肅清叛亂的穗德尼斯·波利納斯為首，外加安紐斯·葛拉斯和馬留斯·瑟爾薩斯，都是長年征戰的老將。這些人當然不是為了支持歐圖才挺身與維特里斯作戰的。他們認為身為羅馬武將，既然元老院承認的皇帝是歐圖，在皇帝命令下作戰也是理所當然，因此才會應聘擔任將領。這三個人都具有執政官經驗，比起

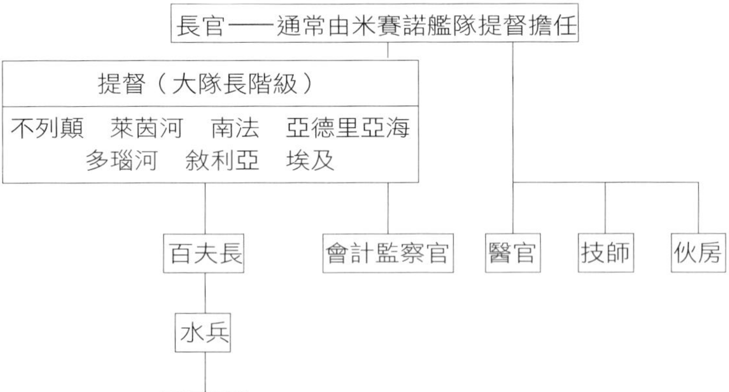

羅馬海軍的組織結構

三十七歲的歐圖要大了十幾二十來歲。相對於只管理過沒有駐軍的盧吉塔尼亞行省的歐圖，這三個人都指揮過兩個軍團以上的戰略單位，尤其波利納斯在不列顛總督任內，更是完成了征服不列顛並納入統治的艱辛任務。

歐圖缺的不是將領，而是士兵。

在獨裁體制的國家裡，軍事力量真正的存在理由在於壓制內部的反對派，而不在於替國民防衛外來侵襲。在這一點上，羅馬帝國還真不是個獨裁國家。羅馬帝國的義大利本國連一個常駐軍團都沒有。國家的主要戰力在軍團，而軍團全都派駐到國境——或說防線上。

義大利本國的常備兵力，只有以維持首都和本國秩序為目的編成的一萬名近衛軍團。九個大隊共九千名重裝步兵，加上各個大隊的附屬騎兵，勉強接近一萬人大關。雖然首都及各地方政府都依照人口規模編有警察與消防隊，但通常不列入軍事力量。負責維持本國秩序，或應該說是維持帝政的兵力，就是這一萬名近衛軍。而這也是歐圖在國內找尋援軍時，最先可以想到的。

其次是尼祿末期利用米塞諾海軍基地的水兵編成的第一亞狄特利克軍團，人數為六千人。目前我們無法得知尼祿為何要編組新的軍團。在學界中有人推測，也許是因為尼祿想模仿亞歷山大大帝東征，但這個推測並沒有任何證據。不管怎麼說，西元六十九年時，有一個軍團駐守在義大利。然而，光是湊足人數還不夠，還必須要訓練他們適應陸戰。可是尼祿不久後就自裁了，而繼任的噶爾巴過度信賴元老院的承認，還沒來得及將注意力集中到軍事訓練時就遇刺。

因此歐圖擁有的，只是一群未曾受過陸戰訓練，勉強可以稱數的士兵。和以解放奴隸為主體的第一軍團相較，近衛軍確實可算是菁英。然而由於值勤地在羅馬，鮮少離開義大利進行作戰；又因為承平日久，平日也沒必要出動，所以近衛軍中多是未曾上過戰場的士兵。也就是說，在實戰經驗上，近衛軍比水兵出身的第一軍團好不到哪裡去。

在這種狀況下，任誰都會感到不安。因此歐圖讓二千名鬥劍士穿上武裝，將其編成兩個大隊。羅馬人最喜歡觀賞的兩種競技，一是四頭馬車賽，二則是鬥劍士決鬥。後世以為這些鬥劍士全都是奴隸，其實是很大的誤會。因為這是種隨時會送命的職業，相對地收入也很可觀，有不少自由民因此選擇鬥劍士作為職業。平均來說，約有三分之一的鬥劍士是自由選擇這個職業的。不僅在羅馬，連地方都市裡都有鬥劍士訓練所。沒有比賽的日子，大家就在訓練所中過著團體集訓的生活。既然鬥劍士天天與武器為伍，當然可以即時成為戰力。因此歐圖不顧元老院的反對，將鬥劍士部隊送上了前線。

前往死守波河的歐圖軍主力，只有二萬不到。不過歐圖還收到了一些已經離開駐軍地點的兵力通報，可以列入戰力計算。

首先是在西班牙，由先帝噶爾巴編成的第七噶爾巴軍團已經朝義大利前進。而不列顛的第十四軍團也正穿越高盧地區朝首都前行。至於表示積極支持歐圖的多瑙河軍團，則因為整體移動需要時間，因此從五個軍團中各抽出二千名士兵，命這萬名先遣部隊趕往義大利。

歐圖的戰略大致上可分成三個部份。第一階段是由羅馬的二萬兵力，加上西班牙與不列顛的兩個軍團，連輔助兵共計二萬。再加上多瑙河軍團的萬人先遣部隊就有五萬人。首先打倒西西納的三萬大軍，接下來擊倒由西方進擊的瓦連斯軍。這時多瑙河軍團的主力一定也到達了，最後要打倒剩下的萊茵河軍團相信是易如反掌。這就是歐圖的如意算盤。

確實，如果萬事順暢，當然會照他的計畫演進。但是人類社會就是會有出乎意料的事情，因此領導者才需要有隨機應變的能力。而沒有實戰經驗，正好是歐圖最大的弱點。如果他有實戰經驗，就不會定下這種一定要凡事按計畫發展才會有效的戰略。

我們首先來看看第一個打破計畫的事情。西西納軍明明在寒冬中行軍，竟然在三月初就越過了阿爾卑斯山。因此歐圖不得不緊急派遣部份兵力迎擊。緊急趕往北方的兵力，為五個近衛軍大隊和附屬騎兵，以及第一軍團，共計一萬一千人。再加上二千名鬥劍士部隊，合計一萬三千。由在多瑙河前線揚名的葛拉斯負責指揮。葛拉斯的任務是確保波河兩岸的「庇亞伽札」和「克雷摩納」兩個都市。

第二個壞消息則是，在南法登陸，負責阻擾瓦連斯軍前進的軍團已遭致命打擊。而且瓦連斯在攻擊這個由警察與消防隊員組成的軍團時，並沒有派遣軍團兵，整場戰鬥都由輔助兵進行。這個部隊純由行省民眾組成，指揮官為地方仕紳出身的朱利斯·克拉西克斯。儘管雙方都屬於羅馬軍團，但依舊造成了行省民眾戰勝羅馬公民的局面。這件事的影響，還不只讓阻止瓦連斯軍前進的計畫失敗而已。克拉西克斯原是出身高盧民族中的特雷威利部族，在這場戰鬥中他開始覺得羅馬軍團不足畏，於是種下了半年後高盧帝國動亂的遠因。舉凡人之所以背叛別人，往往出於藐視的機會要高於恐懼。

不管怎麼說，從西方進入義大利的四萬瓦連斯軍現在已經沒有障礙了。歐圖也被逼得親自出馬。當他從羅馬朝北進軍時，除了四個大隊的近衛軍和附屬騎兵，總計四千餘名之外，還帶著緊急招募的退伍軍人。這個編制可說完全顯露他缺乏兵力的困境，最後的正確人數也無法得知。不過帶隊將領的陣容倒是相當堅實。而且，沿著弗拉米尼亞大道北上的先遣部隊的表現，也足以讓歐圖精神一振。

一萬三千名的先遣部隊，在葛拉斯巧妙的指揮下表現得相當優異。其中最為醒目的就是鬥劍士部隊了。拜西西納軍行動分成三路之賜，不管西西納如何努力指揮，也只能發揮一萬名士兵的戰力。葛拉斯指揮下的歐圖軍因而成功保住波河南方的要地「庇亞伽札」。西西納軍在無奈地放棄爭奪庇亞伽札之後，進駐了在對岸和平占領的要地克雷摩納，以當地為前進基地。這時輪到歐圖軍爭奪克雷摩納了。因為只要克雷摩納在敵軍手上，通過亞奎雷亞由東方接近的多瑙河軍團行進就有障礙。鬥劍士部隊渡過小船搭成的便橋，開始在克雷摩納郊外展開游擊行動。這時鬥劍士部隊的表現同樣令人讚嘆，西西納軍雖然成功整合部隊，卻無法走出克雷摩納一步。

歐圖原本從羅馬強制帶來一批元老院議員，當他受到戰果鼓勵後，也准許元老院議員留在離戰線稍遠的摩德那。之所以帶元老院議員上戰場，一來是表示他和維特里斯不同。維特里斯只受到軍團兵支持，便自命為皇帝；而歐圖則有元老院和羅馬公民的認同，這才是正統的皇帝。二來也有挾持元老院議員為人質的目的。歐圖從羅馬強制帶到摩德那的元老院議員中，有不少人暗中支持維特里斯，其中還包括維特里斯的親生弟弟。

另一方面，攻取庇亞伽札失敗的西西納開始著急了。雖然他目前掌握三萬大軍，但實際上只是個軍團長，地位和指揮四萬大軍接近中的瓦連斯一樣，因此急於在瓦連斯到達戰場前立功。西西納決定設計埋伏渡河北進的歐圖軍。首先是利用騎兵攻擊吸引敵軍，然後埋伏在森林中的步兵部隊再適時現身包圍、殲滅敵人。只可惜率領歐圖軍進擊北岸貝德里亞克的將領，是長年與擅長游擊戰的不列顛人作戰的波利納斯，這點程度的計策對他一點效果都沒有。從森林中露臉的西西納軍反而落入包圍網中。

如果這時波利納斯一聲令下，大可摧毀在此的半數西西納軍。之後回頭攻擊三十公里外的克雷摩納時，兵力減半的克雷摩納守軍只怕無法支撐下去。而歐圖軍也就成功掌握波河兩側的庇亞伽札和克雷摩納。死守波河，等待多瑙河軍團全軍到達的目標也就更容易達成了。

然而波利納斯卻遲遲未能發出縮小包圍網、殲滅敵軍的命令，使得西西納軍趁機成功突圍逃走，也許是因為他無法下令羅馬人殺死羅馬人吧！不過這件事使得波利納斯麾下的士兵開始瞧不起他。

這也是內戰最困難的地方。雖然現在分成敵我兩方，但會想要對同胞寬容一點也是人之常情。可是這些寬容的處置，卻又必須在對我方有利，不會造成利敵的狀況下，尤其是不會引起我方士兵藐視的狀況下執行。如果不能同時達到這三個相互矛盾的目標，便不能完成成功的內戰。凱撒的《內戰記》可說是一本介紹如何克服這種困難、成功完成內戰目的的教科書。然而儘管當時這本書廣為流行，西元六十九年的內戰，沒有任何人能活用凱撒的教訓。不禁令人感嘆，「從歷史中學習教訓」，要求的不是教師的功力，而是學生的資質。

總之，歐圖軍坐失掌握先機的絕好機會，而這件事也使得西西納軍和瓦連斯軍成功會合。

儘管因為西西納的失策，喪失了部份兵力，然而會合後的維特里斯軍至少還有六萬人。因此歐圖軍也展開了軍事會議。目前在波河兩岸的歐圖軍，除了從羅馬出發的二萬人之外，還有一萬名陸續到達的多瑙河軍團先遣部隊。而從不列顛和西班牙長途跋涉的第七、第十四軍團也終於進入義大利了。只要各部隊完成會合，兵力可湊滿五萬。因此兩軍在數量上可說幾乎相等。

在作戰會議中意見分成兩派。有人認為應趁機全力進擊北岸進行決戰；有人認為在多瑙河軍團全軍到達之前，暫時以波河為界相互對峙。波利納斯、葛拉斯、瑟爾薩斯等經驗豐富的武將們主張後者。而歐圖的哥哥提提亞努、近衛軍長官普魯克魯斯，以及態度最強硬的皇帝歐圖主張立即進行決戰。然而歐圖與提提亞努卻都沒有實戰經驗。

在激烈辯論之後，結果在最高指揮官歐圖的壓力之下，採用了立即決戰的方案。當時為四月，積雪已經融化，支流豐富的波河流域因此地表軟化，對部隊來說正是難以進行作戰的季節。

「第一次貝德里亞克會戰」

這場史稱「第一次貝德里亞克會戰」的戰鬥，實在難以描寫。第一個原因在於，對這場戰鬥敘述最詳盡的史學家塔西圖斯本身並「不投入」。要敘述一場未親自參戰的戰爭，如果筆者不投入，敘述的內容便無法顯得清晰。也許是塔西圖斯對於這一年內戰的厭惡，讓他無法投入吧！但「投入」並不是說覺得戰爭有趣，而是指敘述者筆下是否帶有臨場感。比方說希臘史學家修昔的底斯的《歷史》一書，其中最精彩的部份就是遠征西西里的雅典軍慘敗的模樣。儘管他本人並未參戰，但筆下卻充滿了憤怒。那是身為雅典人的修昔的底斯，對於當時那場決定祖國雅典衰亡命運的敗仗所發出的怒火。也正因為那種暗藏憤怒與絕望的人所特有的壓抑感情的冷酷語氣，才使得《歷史》一書成為戰鬥描述的名作。

和修昔的底斯相反地，對於在三十年後書寫這場內戰的塔西圖斯來說，明顯知道這場戰鬥對歷史沒有決定性的影響，所以心中才會只有厭惡。而厭惡與憤怒不同，這也是塔西圖斯的描述如此不明瞭的原因。事實上，我們連第七與第十四軍團是否參戰都不清楚。有些學者認為他們是在戰鬥結束後才到達的。

然而塔西圖斯筆下的第一次貝德里亞克會戰，以及半年後的第二次貝德里亞克會戰之所以模糊不清，可能也不只是塔西圖斯個人的心態，而是其中存在著即使任何人來寫，也無法做出明確敘述的因素吧！

名留羅馬史上的名將指揮的戰鬥，不管事隔十年、百年，要敘述時都很清晰。比方說漢尼拔、西比奧．亞非利加努斯（見第II冊）、蘇拉、魯克魯斯、龐培（均為第III冊）、凱撒（第IV、V冊）。要敘述他們指揮的戰役並不困難，因為對他們而言，戰鬥的目的很清楚，即為獲勝，進而決定全盤的戰局。其手段，也就是戰術，自然是朝合理的方向思考，才能達到勝利。正是因為他們在戰術上投注了全部精力，所以能攻敵不備、出奇制勝。不能在戰鬥時以最小的犧牲換來勝利，是不能被稱為勝利的。歐洲有句諺語「皮拉斯的勝利」，就是在形容雖然獲勝但我方也損失慘重。在第I冊後段曾經提過，希臘的皮拉斯將軍遠征義大利，雖然節節獲勝，但每次都損失慘重，最後只好無功而返。既然在現實中，人類必須發起「邪惡的」戰爭，那麼如何有效運用手上的兵力，便成了指揮官必須面對的課題。效率與合理是相輔相成的，上述羅馬名將中，沒有人在作戰時隨意投入兵力而還能取勝。也就是說，只要抓準了戰術合理性這個要點，即使是敘述幾千年前的戰爭，也會有如正在面前發生一樣，具有臨場感。

然而，在西元六十九年北義大利內戰時上場的這批武將，能力遠不如上述名將。雖然同樣有求勝的欲望，卻缺乏冷靜的執行手腕，浪擲士兵們的鮮血，成了一場標準的「愚人戰爭」。

「第一次貝德里亞克會戰」的戰場貝德里亞克，位於克雷摩納東方三十公里處。兩軍的共同特徵在於指揮系統不統一。攻擊方的維特里斯軍雖然完成會合，但是依舊由西西納與瓦連斯並列指揮官。兩人各自率領手上的軍隊，採取個別行動。而總司令維特里斯還在高盧徵募新

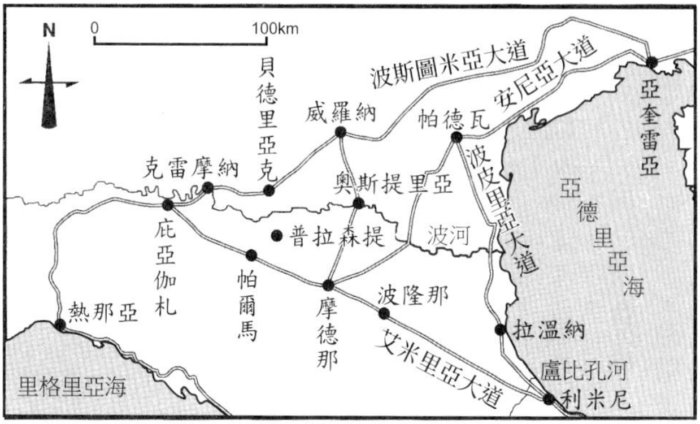

波河流域圖

兵，不在現場。至於防禦方的歐圖軍，同樣沒有統一的指揮。原本應該親臨現場指揮的歐圖，把將士送往波河北岸決戰，自己卻躲在南岸的普利賽姆（今普拉森提）等待戰果。這項決定真是愚蠢至極。普利賽姆是波河前的一個小村落，在村前的河裡有著沙洲，方便渡河聯絡二十公里外的貝德里亞克戰場。然而不管渡河多容易，這畢竟是隔著一條河流的長距離。即使是不擅長指揮作戰的奧古斯都，也不曾把總司令部設在離戰場這麼遠的地方。

這就是歐圖軍戰敗的最大因素。要讓士兵打破與同胞為敵的糾葛，本來就是要讓士兵認為自己在為領袖作戰；而偏偏歐圖本人躲在河的另一頭等待戰果。士兵之間充滿了厭戰氣氛，尤其維特里斯與歐圖達成和解，已經不必再戰的謠言出現後，厭戰氣氛更為濃厚。

歐圖軍的指揮不統一也是戰敗原因之一。由於歐圖本人不參戰，因此指定其兄提提亞努代理，並由近衛軍長官普魯克魯斯擔任副官。這兩個人並沒有實戰經驗。

而經驗老到的波利納斯、葛拉斯、瑟爾薩斯等將軍，則個別指揮不同部隊。然而與西西納一戰後，波利納斯已經失去士兵的信任，葛拉斯則因為落馬受傷無法親自指揮。提提亞努僅憑著元老院議員和皇帝血親的身份，便當上了總指揮官，又如何能期待他根據一貫戰略有效運用兵力呢？歐圖軍在戰鬥中，別說有效發揮力量，根本是在浪費兵力。

西元六十九年四月十五日，整場「第一次貝德里亞克會戰」從頭到尾都是散兵在平原上的混戰。並不是戰場不夠寬敞無法進行統一會戰，而是雙方都欠缺人才——能在避免無謂犧牲的情況下，獲致戰果的戰略與戰術兩方面的人才。雙方都是羅馬軍，身穿同樣的軍服。遠遠望去，軍團銀鷲旗看起來也差不多。因此到處都上演著誤殺父子兄弟的悲劇。

戰鬥之所以有結果，並非維特里斯軍的將軍能力勝過歐圖軍的將軍；也不是「萊茵河軍團」的戰力勝過混編的歐圖軍。而是歐圖軍士兵心中的糾葛強過萊茵河軍團兵。對萊茵河軍團兵而言，遠在高盧的總司令維特里斯不參戰已經是既成事實；而對歐圖軍士兵而言，歐圖不參戰，卻是個突然面臨的打擊。士兵對這兩個指揮官不參戰的印象可是截然不同。因此歐圖軍的士兵必須帶著失望走上戰場。

愚人間的戰鬥，不但戰況混亂，連犧牲者的數量都不清楚。不只戰敗的歐圖方面數字不詳，連戰勝的維特里斯軍也不清楚到底損失多少人。如果是在名將手下展開的戰鬥，至少戰勝方的損失數字會相當清楚。這場戰鬥之所以弄不清楚陣亡人數，主要是因為雙方都隨意投入兵力。儘管如此，因為是歐圖軍先投降，所以獲勝的還是維特里斯軍，而這個消息當天就傳到在波河南岸的歐圖耳中。

歐圖自裁

知道自己戰敗的歐圖接下來做的事很乾脆，讓三十年後的史學家塔西圖斯讚不絕口。雖然身邊的人極力勸阻他，認為現在應該先撤退，等「多瑙河軍團」全軍到達後重新進行決戰。因為這時多瑙河軍團已經到達義大利的入口亞奎雷亞了。不過歐圖心意已決，他將有可能連累他人的文件通通燒毀，並禁止對維特里斯身在摩德那的弟弟進行報復。通令全軍向勝者求饒之後，當晚在自己的營帳內自裁。他在自裁時心意相當堅定，當侍從聽到聲音衝進帳內時，歐圖已經斷氣了。時年三十七歲，在位只有三個月。

筆者認為歐圖似乎放棄得太早。也許是受到斯多噶哲學影響吧！羅馬的菁英階層通常相當具有公德心。而也許如同塔西圖斯所說，可能歐圖認為自己的死會為內戰畫上句點。另外，歐圖之所以能稱帝，並非他多年經營的結果。如果比他小五歲的尼祿能維持善政，只怕他一生與帝位無緣。因為尼祿施政不佳，引起高盧總督維恩德克斯倒戈。歐圖因協助隨後起義的噶爾巴，這才開啟了他稱帝的道路。如果這帝位是長年經營得來，想必他不會輕易放棄。簡單來說，就是因為帝位是偶然得來的，所以放手時也不心痛。

不過，既然連死都不在乎的話，難道他不能在確認將士今後的待遇後才自殺嗎？像凱撒或奧古斯都這種能讓人放心的勝者可是少有的，所以才被稱為偉人。難道歐圖看不出來，直接獲勝的瓦連斯、西西納，以及其上的維特里斯並不足以信賴嗎？也許當歐圖自殺時，心裡只想著不要跟噶爾巴一樣死法吧——被抓、被殺、砍下頭後插在槍尖，士兵持著槍在羅馬廣場遊行，民眾則對著首級丟石頭……。

儘管歐圖死得這樣乾脆，羅馬的內戰卻並未就此結束。原因之一在於，內戰結束後，不能忽略敗軍士兵的待遇。而維特里斯卻在這方面犯下錯誤。

第三章

皇帝維特里斯

西元六十九年四月十六日，前一天貝德里亞克會戰的結果，以及歐圖自裁的消息，已經傳遍了北義大利。同時快馬傳令也開始向帝國的四處前進。目的地包括首都羅馬、已經到達里昂的維特里斯身邊、正在亞奎雷亞集結的多瑙河軍團等。甚至利用海路，將維特里斯軍獲勝與歐圖自裁的訊息傳往敘利亞與猶太地區。

原本位於摩德那的元老院議員，在知道歐圖軍戰敗的消息後，立即避難到波羅尼亞。而當他們接獲歐圖的死訊後，馬上就承認維特里斯為「第一公民」。皇帝的死訊傳到首都羅馬時，正好在舉行競賽。當觀眾聽到新皇帝的名字後，立即報以掌聲與歡呼。維特里斯也自此獲得羅馬公民的支持。在此要重新強調一次，羅馬帝國的正式主權在於「元老院」和「羅馬公民」。因此原本只是萊茵河軍團私自擁立的維特里斯，搖身一變成為正式的「第一公民」，亦即實質上的皇帝。

儘管任期只有三個月，但歐圖畢竟身為皇帝。而知道他的死訊後，首都羅馬卻沒有出現任何亂象；用於維護秩序的近衛軍和警察都上了戰場。首都之所以沒有發生任何混亂，主要有兩個原因。第一個原因在於，警察首長薩比努斯是個賢能的行政官。這個人是駐守猶太地區的司令官維斯帕先的親哥哥。弟弟選擇了從軍的路線，而他的人生規畫則朝行政官前進。能夠任用薩比努斯擔任警察首長，也是歐圖在人事方面的成功例子之一。多虧了薩比努斯盡忠職守，穩住了這個沒有警察的百萬大城。

第二個原因在於首都羅馬的居民們，已經習慣了皇帝短命的現象。尼祿自裁時，是西元六十八年六月，距今才八個月。半年後噶爾巴被殺，又過三個月後歐圖自裁。當時，聚集在競技場的民眾以歡呼和掌聲回報歐圖的死訊及維特里斯登基的消息；但這並不代表他們厭惡歐圖而支持維特里斯，只是大眾對於帝位更替的一種漫不經心的回應罷了。雙方的支持者之所以沒有在首都起衝突，也是因為大眾充滿這種冷淡的情感。

身在里昂的維特里斯知道歐圖的死訊後，第一個反應就是：將他經常舉辦的晚宴改成每天舉行，並將帶有制服日耳曼人之意的「日耳曼尼克斯」稱號賜給他年幼的兒子。這場戰爭的敵手不是日耳曼人，而是羅馬人，使此舉顯得有點不倫不類。不過在朱利斯．克勞狄斯王朝中，有不少皇帝及血親享有「日耳曼尼克斯」的稱號。也許他是想將出身皇室的證明賜給他兒子也不一定。

帶領維特里斯軍作戰的瓦連斯與西西納之後到達里昂，在此進行戰果報告以及祝賀維特里斯正式登基。兩位將軍同時把敗軍之將帶到皇帝面前。敗軍之將波利納斯曾擔任行省總督、完成不列顛征服任務。對瓦連斯與西西納這兩位軍團長而言，波利納斯是老前輩。一路上與其說是押送敗將，不如說是晚輩陪同前輩隨行。

維特里斯一開始似乎對敗將冷嘲熱諷，不過最後還是寬恕了他們。在處置歐圖的兄長提提亞努時，也只表示兄弟同進退原是理所當然的事情。在歐圖派裡，也沒有人遭流放或沒收財產。到此為止，維特里斯表現得其實還不錯。然而在處分歐圖軍的士兵時，維特里斯卻犯了致命的錯誤。

戰敗處分

雖說塔西圖斯並沒有記載，不過我們可以推測在貝德里亞克戰敗後，歐圖軍士兵是什麼心情。這並非一場使盡全力的戰鬥，而是在混戰之中，死傷愈來愈慘重，莫名其妙的就輸了。從頭到尾沒參戰的最高指揮官自裁了，該留下來統理敗軍的指揮官又全到了里昂去。戰勝方的士兵同樣沒有將領指揮，但畢竟勝負雙方立場不同。而這些戰勝方的士兵因為無人看管，便趁機欺侮敗軍士兵。明明雙方同為羅馬軍團兵，只因為戰敗就遭對方虐待，使得多瑙河軍團兵感到屈辱。而更讓他們感到受辱的，就是萊茵河軍團輔助兵高傲跋扈的態度了。輔助兵是由行省民眾組成，而軍團兵則全由羅馬公民擔任。對軍團兵而言，遭輔助兵欺侮是最難以忍受的恥辱。

要避免虐待戰俘的狀況發生，同樣地，還是要由最高指揮官親自參戰。尤其在內戰時，指揮官親自參戰更是絕對必要的條件。

百年前，凱撒也曾與龐培進行內戰。每當凱撒戰勝，敗軍士兵跪地求饒時，凱撒都會命令龐培軍的士兵站起來，並且說：「你們只是在盡自己的義務罷了」。

士兵的義務，就是服從長官的命令。因為他們的長官加入了龐培的陣營，使得這些士兵也不得不與凱撒敵對。同時凱撒還嚴命部下——亦即戰勝方的士兵：不得碰觸戰敗兵的身體、不得侵占戰敗兵的所有物、不得有任何侮辱戰敗兵的言行。

然而事隔百年，凱撒也不在貝德里亞克了。在阿爾卑斯山另一頭的里昂，喝得醉醺醺的維特里斯卻下了一道不當的命令：處決歐圖軍中的百夫長。

每一名百夫長都帶有領導約百名士兵的任務，職位大約相當於現代的中隊長；在階級上來說，約等同於現代兵制的士官階級。不過上級百夫長可參加作戰會議，因此並不能與現代的士官概括畫上等號。百夫長不但戰時帶領士兵作戰，平日也和士兵同吃同住。儘管態度嚴格時這些人簡直是「魔鬼士官長」，但對士兵來說，百夫長既是兄長也是父親。而新皇帝竟然下令要處決百夫長，這聽在歐圖軍士兵的耳裡，又會作何感想？自然地，歐圖軍的士兵心中除了屈辱外，又多了份憎惡的感情。最後，處決的命令還是無情地執行了。

維特里斯似乎是個不在乎人心的人物。他的下一道命令是：由敗軍士兵在克雷摩納市內興建圓形競技場。一方面用於向被捲入戰鬥的克雷摩納市民賠罪；另一方面，則打算在他入境義大利時，就地舉行鬥劍士比賽作為慶祝。

對羅馬軍團兵來說，進行公共建設是項充滿榮譽的工作。遍布羅馬帝國的道路網就是由軍團兵親自鋪設的。而且到現代都還能看到「本道路由某某軍團鋪設」的紀念碑。

這些工作雖然吃力，卻是帝國的重要基礎建設，並不是用來處罰內戰戰敗者的手段。然而在進行工事時，克雷摩納居民侮辱士兵的言行之惡劣，讓人不敢相信雙方都是羅馬公民。在士兵的心中，戰敗的打擊、受辱的痛苦，以及憎惡的思想相互糾結，沒多久就形成了怨恨的力量。

如果從里昂穿越阿爾卑斯山南下，到義大利只要十天。雖然目前的史料無法準確指出新任皇帝維特里斯入境義大利的日期，不過不知道是在里昂耽擱太久，或是一路上太逍遙，維特里斯入境義大利時，似乎已經到了五月中旬。當他到達克雷摩納之後，參觀了瓦連斯與西西納在新建競技場所主辦的登基紀念劍賽。毫無疑問的，被迫參賽的想必都是歐圖軍鬥劍士部隊的生還者。

入境義大利之後，除了戰勝歐圖之外，又獲得元老院及公民的承認，維特里斯成了獨一無二的皇帝。這時環顧四周，並沒有其他的政敵存在。因此能否成功整合內戰後的羅馬帝國，全看維特里斯的政治手腕高下。維特里斯生於西元十五年，當時五十四歲。比起老得讓人擔心的噶爾巴年輕十八歲，又比血氣方剛的歐圖年長十七歲。而且古羅馬正好是以四十出頭到五十多歲為男人的壯年。以出身階層來說，歐圖出身新進貴族，較接近名門出身的噶爾巴。但維特里斯的強處在於其父魯其烏斯名聲顯赫。魯其烏斯受臺伯留帝拔擢，到克勞狄斯時，在政壇地位只次於皇帝。更重要的是，現在維特里斯背後有全羅馬最強悍的「萊茵河軍團」支持。一個人若空有理念與言論，並無法達成改革、革命或是重整社會的目的，因為理念與言論還必須要有權威與權力的支持。而這時的維特里斯手中，已經有元老院承認的「權威」，以及萊茵河軍團作為「權力」後盾。

然而維特里斯卻不懂得如何活用他掌握在手的力量。如果一個人擁有理念，卻處在不能達成理念的立場上，或是實力不足以完成改革，那麼我們不必對他太苛求。但如果一個人條件充足卻不追求理念，則是他精神怠惰。偏偏維特里斯不只精神怠惰，還做了不該做的事情。

新任皇帝維特里斯正式登基後的第一道命令，就是解雇全體近衛軍。因為他沒有支付任何遣散費，或許我們該稱為開除。解雇的理由是因為近衛軍曾經幫助歐圖對抗維特里斯。近衛軍原本就屬於羅馬軍，守護皇帝是他們的最優先任務。而且貝德里亞克會戰時，歐圖是受到元老院承認的正式皇帝。如果按照凱撒的說法，這些近衛軍之所以協助歐圖，也不過是在盡自己的義務罷了。但或許從維特里斯的角度來看，當初就是這些近衛軍受命於歐圖，殺死了皇帝噶爾巴，因此他們已經失去了繼續值勤的資格，如果繼續放在身邊，也對自己的人身安全造成威脅。只不過即使有這一層顧慮，他也應該像當年奧古斯都解散安東尼軍士兵一樣，在解雇前先準備好遣散費、安排好退伍後的出路。在沒有任何安排之下，貿然解除士兵的工作權，當然會使近衛軍士兵心生反抗維特里斯的想法。

更何況維特里斯也並非不了解近衛軍守護皇帝的責任。他雖然將近衛軍悉數解雇，但並未廢除近衛軍。相反地，他還擴編了近衛軍。自從奧古斯都建制以來，近衛軍一直維持為九個千人大隊編制；而維特里斯登基後，則擴編成十六個大隊。如果加上附屬的騎兵隊，原本定額一萬的近衛軍，人數立時膨脹到一萬七千人。而這一萬七千名新任近衛軍，則從支持維特里斯的「萊茵河軍團」中挑選。這件事又傷了遭解雇的近衛軍士兵自尊心。成立一個世紀以來，近衛軍一向是羅馬軍中的菁英。和派在行省的軍團兵相較，不管在薪資或退伍年限方面，都受到相當大的優待。沒想到維特里斯竟然將他們掃地出門，改任用地位低於他們的士兵。這麼一來，士兵的心中立時充滿了反抗維特里斯的思想。

不只在近衛軍方面，維特里斯在處理其他士兵待遇時，同樣是一錯再錯。

這些戰敗士兵多半在戰前擔任戍邊任務，因此處理時不能和當年的凱撒一樣，任他們從回歸原部隊、原地定居、返鄉養老等選擇中自由決定。不管當初是什麼人戰勝，戰後都只能讓士兵們回到崗位上繼續值勤。可是維特里斯將士兵送回崗位的措施做得太差了。完全沒有設法讓士兵紓發心中的屈辱和憤怒，只有一紙回歸崗位的命令罷了。

只有海軍出身的第一軍團並未返回舊崗位米塞諾，而被派到遙遠陌生的西班牙去。

第十四軍團同樣收到返回不列顛的命令。可是在返回崗位的路上，一路受到輔助兵監視，待遇有如戰俘。也就是說，新皇帝讓身為羅馬公民的軍團兵在行省出身的輔助兵監視下行動。這個措施有兩大流弊，一來傷害了軍團兵的自尊心，二來讓行省出身的輔助兵開始瞧不起軍團兵。原本在羅馬的邊防系統裡，必須要擔任主力的軍團兵與支援作戰的輔助兵都盡忠職守才能運作。要是輔助兵開始瞧不起軍團主力，任誰都知道一定會發生問題。

向東返回多瑙河流域的士兵，心中的感受也和西行不列顛與西班牙的士兵差不多。不，應該說他們的怨恨更深、更強烈。因為協助歐圖作戰，而被派去興建圓形競技場的，正是多瑙河軍團的士兵。這些士兵心中的怨恨，也感染了趕到義大利卻不及前往貝德里亞克參戰的士兵。因為多瑙河軍團兵之間的團結意志，並不輸給萊茵河軍團的士兵。

而當歐圖軍的士兵回到崗位上時，歐圖的死訊與維特里斯登基的消息，也已經傳到離帝國中心最遠的敘利亞和猶太地區。

敘利亞總督穆夏納斯

接在噶爾巴、歐圖、維特里斯之後，開始敘述維斯帕先的章節時，不禁讓人有種豁然開朗的感覺。這感覺就像是在說完無能將領的故事後，開始敘述名將事蹟一樣。前面三個皇帝，套用通俗的講法，根本就是亂打一通，毫無章法，讓人很難不認同塔西圖斯對他們的厭惡。

直到一年前，維斯帕先也不認為自己能當上皇帝。在這一點上，他和噶爾巴、歐圖、維特里斯一樣。當他在猶太戰爭中抓到猶太戰俘約瑟夫·弗拉維斯時，約瑟夫·弗拉維斯曾當面預言日後他能當上皇帝。維斯帕先雖然沒有當場爆笑，但事後也沒有汲汲於經營稱帝的計畫。當噶爾巴登基時，他甚至派遣長子提圖斯回羅馬祝賀並宣誓效忠。在噶爾巴遇刺後，因為他正在作戰，所以無法抽調兵力協助歐圖，但依舊向皇帝表達了支持之意。而歐圖在評估自身兵力時，也將維斯帕先麾下的三個軍團列入計算中。

可是當他接獲歐圖自裁與維特里斯登基的消息後，並沒有祝賀或表態支持。因為從這時候起，他開始對自己的稱帝事業展開周延作戰。然而，帝國東半部的軍事力量卻非一開始就聯合擁立維斯帕先稱帝。

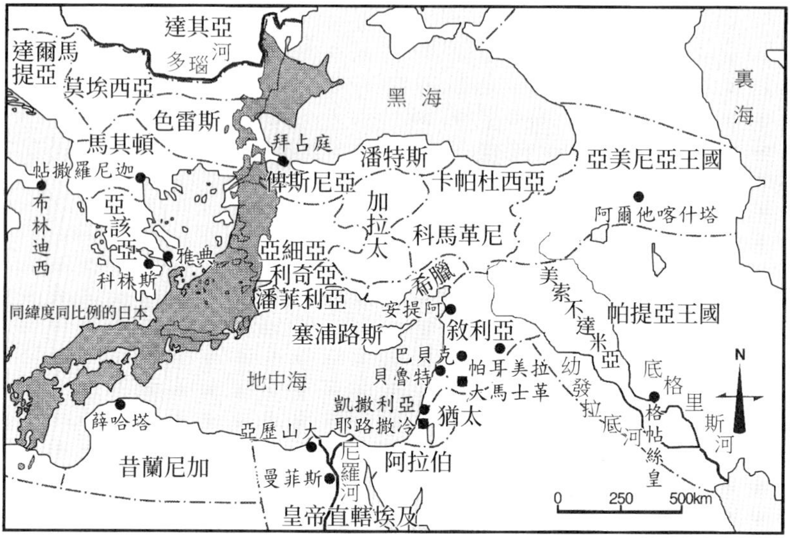

羅馬帝國東方略圖（為協助掌握距離感，加上同樣比例的日本）

滿懷怨恨回到崗位上的多瑙河軍團兵，不消多久就將心中對新皇帝維特里斯的恨意，轉向了另擁皇帝的方向。負責防衛多瑙河的軍團原本就和派駐於達達尼爾海峽對岸，守衛小亞細亞的四個敘利亞軍團關係密切。當東方防線吃緊時，多瑙河軍團往往會派兵協助。其中最常往來的是派駐多瑙河下游莫埃西亞行省的三個軍團。在尼祿時代，面臨亞美尼亞、帕提亞問題時，他們也曾在名將科普洛指揮下協同作戰。如果科普洛將軍健在的話，想必士兵們會毫不猶豫擁立科普洛對抗維特里斯。只可惜科普洛雖然精於戰略、戰術、外交，能在和平之下獲得戰果；但兩年前因為受尼祿猜忌，因而受命自裁。所幸公認為科普洛麾下菁英的穆夏納斯目前正擔任敘利亞總督，麾下有四個軍團。因此多瑙河軍團派出使者前往敘利亞的安提阿，前來打探穆夏納斯的動向。

史學家塔西圖斯表示，穆夏納斯和維斯帕先兩人在政壇是競爭對手，因此雙方感情不好，多虧維斯帕先的長子提圖斯居中協調，兩人才組成了共同戰線。這話言之成理，帝國西方的最高司令官既可說是統理萊茵河軍團的「高地日耳曼」司令官，也可說是「低地日耳曼」的司令官，而帝國公認的東方國防最高司令官一向是面臨大國帕提亞，統理「幼發拉底軍團」的敘利亞駐軍司令官。猶太方面的司令官維斯帕先，在年齡上比穆夏納斯大上一些，但在軍中的地位並不如穆夏納斯。不過，由於名將科普洛在外交上的成果，當時穆夏納斯只需監視帕提亞與亞美尼亞兩國的動態，因此正在進行猶太戰役的維斯帕先較容易揚名立萬。兩年前，亦即西元六十七年發動的猶太戰役，雖然因為皇帝尼祿駕崩而中斷，但羅馬軍已經幾乎占領整片地區，猶太人只剩下耶路撒冷一個據點。

不過，筆者不認同塔西圖斯這種凡是競爭對手必定互相仇視的觀念。因為競爭對手之間有的是競爭意識，但並非互相仇視。而且嫉妒的感情往往起於無意中認為自己能力低於對方，若是雙方都具有優異的才能時，不更能惺惺相惜嗎?觀察穆夏納斯日後一貫熱心協助維斯帕先的態度，讓人實在不認為這層合作關係是靠年輕的提圖斯協調建立的。

多瑙河軍團最先打探的是穆夏納斯的動態，而不是維斯帕先。如果穆夏納斯對維斯帕先瞧不順眼，大可以維斯帕先放棄猶太戰役任務，擅自進軍義大利為由大作文章，藉此剷除維斯帕先登基的可能性。然而，穆夏納斯反而設法將多瑙河軍團對自己的支持轉到維斯帕先身上。這又是為什麼?

筆者認為,穆夏納斯只怕是在西元六十九年時,少數發覺新時代到來的人物之一。這裡雖說新時代,但制度上依舊是帝制。要統治遼闊的羅馬帝國版圖,只有依靠帝制。這點就連支持共和體制的塔西圖斯也不得不認同。所以問題不在於政治制度,而在於最高層由誰掌權。

由凱撒奠基的朱利斯·克勞狄斯王朝有項傳統,必須由設籍羅馬、有奧古斯都血統的名門貴族出任皇帝。然而兩年前尼祿自裁後,這項傳統也就告終了。之後登基的噶爾巴,雖然沒有奧古斯都的血統,但是出身首都的名門貴族。然而噶爾巴的政權實在太短暫。下一任皇帝歐圖雖然不是首都出身,也不是名門貴族,但至少從父親那一代起擔任元老院議員,所以歐圖還能以羅馬社會最上層的元老院階級作為權威的基礎。而取代歐圖稱帝的維特里斯,也是兩代都擔任元老院議員的家族。相反地,維斯帕先其父身世不詳,只知道是個長年服役退伍的軍團兵。出身地雖在義大利,卻是地方都市列提。

是否出身元老院階級,對於軍旅生涯的起點有很大的影響。如果是元老院議員的兒子,在短期實習之後,立刻會被發派擔任大隊長勤務。之所以能讓這些少爺兵擔當重任,是因為其下的十名百夫長都是專業的軍人。當史上出現維斯帕先的記載時,他已經是個大隊長了。雖然不清楚他是否從士兵做起,但至少我們可以推論他擔任過百夫長。因為儘管自從步入帝國時代之後,羅馬軍方也漸漸開始重視實力、輕忽出身,但是如果年輕人沒有一點人事背景,還是沒辦法直升大隊長的。

凱　撒

奧古斯都

而且維斯帕先在軍中升遷的速度，實在稱不上有何特殊。在猶太戰役中的表現，說好聽點叫做紮實，說難聽點則叫做平凡。不論從任何方面來看，在承平時大家絕對不會相信他敢稱帝。

不過，維斯帕先也有他的優點，就是他是個精神健全的人。也許穆夏納斯認為，如果要撫平尼祿死後的內亂局面，必須從恢復舊系統的功能著手，而不是另創新的政治體系。

也就是說，要解決西元六十九年的內亂局面，和一百二十年前新創帝政體系時的要求不同。現在並不需要凱撒或奧古斯都這一類天才問世。現在真正需要的，是精神健全的人。就算思想不夠靈活，只要能冷靜觀察現狀、訂定未來的方針並確實執行即可。穆夏納斯除了家教良好之外，又有多年戍邊的經歷，因此對現狀的觀察力相當敏銳。有趣的是他對重新帶頭凝聚帝國向心力的人選看法，竟然是與其由屬於既有統治階層的自己出面，還不如由其他階層出身的維斯帕先帶頭。因為他判斷地方出身、樸拙堅毅的維斯帕先，比起都會出身、作風容易流於花俏的自己更為適任。另外，這個時期除了穆夏納斯之外，還有一位認為維斯帕先適合撫平內亂的人存在。這個人不是羅馬人，而是猶太人。或說雖然出身猶太民族，但是卻比羅馬人更像羅馬人。

埃及長官亞歷山卓

臺伯留．朱利斯．亞歷山卓出身埃及第一大城亞歷山大，家中經濟寬裕。伯父是被譽為「猶太的柏拉圖」的知名哲學家斐洛，在第VII冊卡利古拉的部份曾經介紹過。除了耶路撒冷之外，亞歷山大是當時猶太人最多的城市。而亞歷山卓家族則是當地猶太社區中最有力的一門。他們的家門名「朱利斯」，應該是凱撒、開國皇帝奧古斯都或者是第二任皇帝臺伯留所賜。第三任皇帝卡利古拉雖然同屬朱利斯家族，但筆者在第VII冊中也曾敘述過，卡利古拉和猶太人的關係相當惡劣。因此不太可能將家門名賜予猶太人——亦即將其納入自己一族。

哲學家斐洛（希臘式發音則為斐隆）雖然為猶太人，但一門中有人選擇成為羅馬公民，例如馬爾克斯．朱利斯．亞歷山卓。馬爾克斯與猶太王阿古力巴一世的女兒成親，因此在猶太戰役中協助羅馬作戰的阿古力巴二世是斐洛的姪子。斐洛的弟弟名叫蓋烏斯．朱利斯．亞歷山卓。從名字我們就可以得知，這也是一位選擇成為羅馬公民的猶太人。蓋烏斯在金融業界成就非凡，擔任埃及等東方國家王室的私產操盤人。至於本節的主角臺伯留．朱利斯．亞歷山卓，則是這個人的兒子。不過身為兒子的臺伯留·朱利斯·亞歷山卓留為了試探自己的本事，並沒有投入猶太人擅長的經濟業界，而是加入羅馬軍團。他是當時極少數加入羅馬軍團的猶太人之一。

儘管臺伯留·朱利斯·亞歷山卓出身猶太民族，但因為家門名為朱利斯，又是亞歷山大的望族出身，因此軍階一下子就竄升到大隊長。這個待遇已經和元老院階級的羅馬人不相上下。當他的伯父斐洛代表亞歷山大的猶太人前往羅馬，向卡利古拉皇帝請願的那一年，臺伯留·朱利斯·亞歷山卓已經在羅馬軍中帶領千名士兵了。

之後他晉升的速度非常驚人，六年後的西元四十六年起，克勞狄斯帝任命他擔任兩年的猶太長官。猶太的阿古力巴一世駕崩時，長子阿古力巴二世才十六歲，因此羅馬的克勞狄斯帝只好將猶太王國重新納入直轄下。臺伯留·朱利斯·亞歷山卓的施政相當優異，在他任內羅馬完全不需要擔心猶太的動向。本來猶太人憎惡改宗的同胞勝於異教徒，而且當年的臺伯留·朱利斯·亞歷山卓才三十出頭。這種狀況下還能不引發任何問題，表示他除了軍事外，在行政方面也相當有才華。

在目前的羅馬史資料中暫時找不到他在西元五〇年代的記載直到西元六〇年代左右，他又出現在當時敵我公認的羅馬第一名將科普洛旗下。這時他的身份不是軍團長，而是科普洛軍四個軍團的補給站負責人。羅馬人相當注意後勤問題，因此有「羅馬人靠補給站打勝仗」的說法。能擔任後勤總負責人，其地位還在軍團長之上。換句話說，臺伯留·朱利斯·亞歷山卓和穆夏納斯是同在科普洛旗下擔任高級軍官的同袍。臺伯留·朱利斯·亞歷山卓雖然是羅馬化的猶太人，但可能是受到伯父斐洛的影響，在文化涵養上不比穆夏納斯遜色。

等到尼祿賜死科普洛之後，帝國東方由穆夏納斯接任敘利亞總督。而臺伯留・朱利斯・亞歷山卓則接任僅次於敘利亞的帝國東方要地「埃及長官」的職位。

埃及的亞歷山大，是由亞歷山大大帝（希臘名亞歷山卓）所建，因此有這名稱。這裡直到克麗奧佩脫拉時代為止，都是希臘後裔的托勒密王朝首都。也理所當然地，住有大量的征服民族——希臘人。即使征服者由希臘人換成了羅馬人，希臘人的比例還是沒變。而和希臘人一樣有遷徙離散習性的猶太人，同樣也是很久以前就移居到這個大城。因此亞歷山大的人口結構，可大分為埃及原住民、希臘後裔、猶太後裔三大系統。經濟方面則是由希臘人與猶太人兩強並列。因為有上述這些複雜背景，因此受皇帝任命、由羅馬至此赴任的長官任務相當艱鉅。在整個帝國之內，只有埃及地位和行省不同，形式上是由公民委託皇帝直接統治。因此最高行政負責人的職稱是「長官」，而不是必須擔任元老院議員、具有執政官經驗才能擔任的「總督」。長官的任命權不在元老院，而在皇帝手上。在所有直屬於皇帝，擔當行政實務的技術官僚中，最高位的也就是埃及長官了。有趣的是，希臘人與猶太人長期對立，而亞歷山大又住有大批的希臘人，羅馬人在選擇埃及長官時竟然會挑選猶太人，更妙的是底下還配屬兩個軍團。這當然是羅馬政治上用人不論出身、只論實力的例證之一了。不過臺伯留・朱利斯・亞歷山卓還是第一個出身埃及的「埃及長官」。而在衣錦還鄉之後，臺伯留・朱利斯・亞歷山卓還真沒讓給他機會的羅馬人失望。在他任內的埃及首都亞歷山大風平浪靜，好像當年卡利古拉帝的焦躁及克勞狄斯帝的苦心都是幾百年前的事蹟一樣。附帶一提，臺伯留．朱利斯．亞歷山卓最後當上了首都警察長官，是維斯帕先坐穩了帝位之後特別將他調任的。而他也是第一個當上這職位的猶太人。

筆者認為，維斯帕先稱帝的作戰計畫，是由其本人及穆夏納斯、臺伯留．朱利斯．亞歷山卓三個人商量出來的。這三個人連多年後的帝位繼承問題都考量在內，因此也將維斯帕先的長子提圖斯列入計畫核心。

當年維斯帕先六十歲，而穆夏納斯和臺伯留．朱利斯．亞歷山卓則坐五望六，再加上三十歲的提圖斯。從維斯帕先的才華和性格來推斷，應該並非由他計畫、指揮其他三個人。而是由經驗豐富、歷經風霜的三個壯年男子冷靜商討完畢、達成結論後，再加上年輕的提圖斯一起執行。因為這四個人的任務分擔實在太明確了。

維斯帕先稱帝

如果考慮到當年資訊傳播的速度，四月十五日貝德里亞克會戰的結果、次日歐圖自裁的消息、幾天內元老院承認維特里斯帝位的消息等，應該在五月中旬，最遲在五月底時就已經傳到了帝國東方才是。而且這些消息應該是分別傳送到派駐敘利亞境內安提阿的穆夏納斯、在猶太

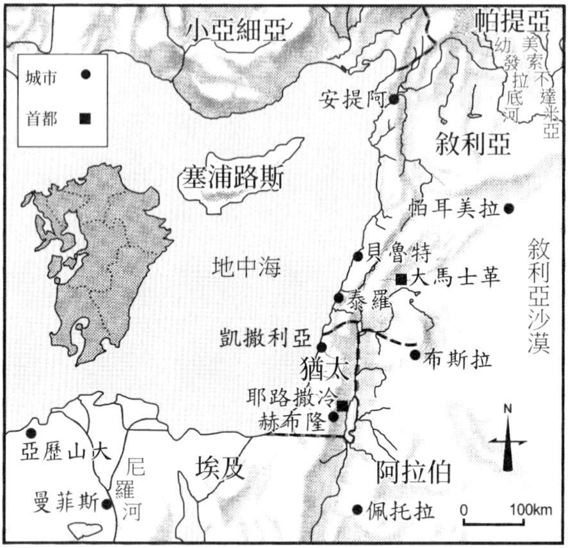

猶太王國周邊略圖（為協助掌握距離感，加上同樣比例的九州）

境內凱撒利亞暫時休戰的維斯帕先，以及在埃及長官官邸所在地亞歷山大的臺伯留．朱利斯．亞歷山卓耳中。到了六月，開始傳來「多瑙河軍團」士兵憎恨維特里斯的消息，接著是多瑙河軍團開始打探穆夏納斯的動態。

從上述這些狀況來判斷，這三個人在六月底於貝利特斯（今貝魯特）進行的會談，應該是由穆夏納斯主導的。而且這三個人還不是偷偷聚集在貝魯特密談，而是光明正大地帶著旗下的軍團長、大隊長、上級百夫長出席。除這三個人之外，出席的人物還包括猶太的阿古力巴二世等帝國東方的同盟國元首。很明顯地，這是經過周到打點後舉辦的會談。同時也很明顯地，包括「多瑙河軍團」在內，帝國東方的將士們已經強烈地反對位於義大利的維特里斯。多瑙河沿岸共七個軍團，加上敘利亞四個、猶太戰線中的三個、埃及的兩個軍團，總共有十六個軍團的兵力。儘管號稱國軍精銳，支持維特里斯的萊茵河軍團也只有七個軍團的兵力而已。而且由於維特里斯之前的失策，不列顛的三個軍團、西班牙的兩個軍團、北非的一個軍團目前都不大可能願意支持維特里斯了。理所當然地，因為不能讓國防開天窗，所以不能讓十六個軍團都西行與維特里斯旗下的七個軍團開戰。不過光是帝國東方的十六個軍團都起而反抗的消息，就夠帶來極大的衝擊了。

貝魯特會談的三個主要人物為了實現讓維斯帕先稱帝的目標，陸續決定了下述重要事項。大致上可分為兩個階段：

第一階段

一、三個人個別重新徵召旗下軍團中已經退伍的士兵。

這項徵召工作針對已經退伍領得土地、回到平民生活的士兵。不過羅馬軍士兵退伍後往往在值勤地附近開始第二段人生，因此徵召上按理沒有太大的問題。

二、將武器製造所集中在數個地方，藉此提升生產效率。

為了準備迎向戰鬥，因此有必要重新整頓武器。武器的生產將集中在帝國東方的三大先進地點，分別是安提阿、凱撒利亞、亞歷山大。

三、在安提阿鑄造金幣、銀幣。

這是為了將軍資現金化。原本金幣、銀幣的鑄造權在皇帝手上，但他們決定無視這項規定。至於財源的部份，相信是從東方的富豪階級強制募捐得來。

以上三項的實際執行工作，都由當地的公務員負責。而監督公務員的工作，則由穆夏納斯承擔。

至於維斯帕先的工作，則是到各個軍團基地去「露臉」。因為現在只有猶太的三個軍團親眼見過他，在敘利亞的四個軍團及埃及的兩個軍團士兵雖然知道這號人物，但並不知道他的長相。

維斯帕先一方面在各個基地巡視，一方面嘉獎優秀的士兵、斥責怠惰的部下。換句話說，他是以長輩的溫情在博得士兵的好感。之所以沒有花錢買士兵的歡心，與其說他小氣，不如說其實他經濟上沒有這個實力。

在進行第一階段的幾樣工作時，其實他們還著手解決另外兩樣重要事項。

第一項就是派遣密使前往義大利，連絡遭維特里斯解雇的近衛軍士兵協助維斯帕先。如果這項工作成功，可說已經在義大利內部安全布樁。

第二項就是派遣特使前往亞美尼亞王國與帕提亞王國，重新確認與羅馬的友好關係。這是為了讓軍隊西行時兩國不會趁機蠢動的策略。而這項工作在沒有任何困難的情況下完成了。因為兩國在尼祿時代由科普洛締結的友好關係對兩國有利，因此大家都不願意打破這層關係。帕提亞王渥洛葛瑟斯甚至表示，願意派遣二萬騎兵協助維斯帕先稱帝。

但是稱帝計畫的三個中心人物以委婉有禮的態度謝絕了這項提議。帕提亞的輕騎兵相當有名，能得到二萬騎兵，無疑是大為有利的消息。之所以會回絕這項協助，主要是因為羅馬人長期以來，一向不希望將其他國家捲入自家內鬨。不管是馬留斯與蘇拉的時代也好，凱撒與龐培的時代也好，或是奧古斯都與安東尼內鬥的時代也罷，都沒有將外國捲入紛爭的例子。此時我們可以確信，他們在回絕這項協助時一定也是毫不猶豫。

等第一階段結束之後，就輪到第二階段的作戰了。在這階段中四個人的任務分擔依舊十分清楚。

穆夏納斯率兵前往義大利。

維斯帕先則前往埃及，在原地伺機而動。

猶太戰役則自次年西元七〇年春季重新開戰。總指揮交由維斯帕先的長子提圖斯負責。不過，雖然提圖斯在猶太戰役中帶兵的表現不錯，但畢竟因為太年輕過去沒有擔任總指揮的機會，因此由經驗豐富的埃及長官朱利斯·亞歷山卓擔任副官從旁協助。

為什麼不是由維斯帕先親自帶兵前往義大利與維特里斯交戰呢？筆者認為，這是為了不讓維斯帕先的手沾上同胞的血。

朱利斯·凱撒出身於羅馬的名門貴族，換句話說他出身高貴。奧古斯都則是凱撒的養子。現在的維特里斯雖然並非名門出身，至少還是出身元老院階級。相對地，維斯帕先別說出身高貴了，他的父親是個職業不定的人，而他本人又是從基層起步。如果要讓先天條件這麼差的維斯帕先當上皇帝，就絕不能讓他身上再添增手刃同胞的惡名。

維斯帕先之所以在埃及伺機而動，除上述理由以外，還有四個原因。

第一，從埃及的戰略重要程度來說，既然總督朱利斯·亞歷山卓已經參加猶太戰役，他的職位就必須有人代管。

第二，義大利的小麥供給，起碼有三分之一由埃及而來。將埃及納入轄下，則代表必要時可以從糧食方面壓迫義大利——亦即維特里斯。

第三，必要時可以呼應穆夏納斯軍，由維斯帕先率軍經海路趕往義大利。

第四，因為埃及離猶太地區近，當猶太戰役比預期中吃緊的時候，可以讓原本擔任總指揮的維斯帕先在短時間內回到戰場。

要確立維斯帕先的帝位，成功打贏猶太戰役是不可或缺的條件，因為羅馬皇帝的兩大職責就在於保障「安全」與「糧食」。所謂的安全，除了防禦外侮之外，還包括維持國內的安定。當時猶太地區是羅馬的行省，因此以羅馬人的角度來說，猶太人起兵反抗就是行省民眾的叛亂行為，這項舉動傷害了帝國的安全與秩序。如果不能成功鎮壓這場叛亂，就等於在皇帝身上烙下了「不適任」的印記一樣。

七月一日在亞歷山大，屯駐埃及的兩個軍團宣布擁立維斯帕先稱帝。

七月三日於凱撒利亞，正在執行猶太戰役的三個軍團宣布支持維斯帕先稱帝。

數日後於安提阿，敘利亞的四個軍團也宣布支持維斯帕先稱帝。

不久之後，派駐小亞細亞的各個行省駐軍也一致推崇維斯帕先為皇帝。同盟各國的王侯們也擺足了東方君主的場面，為了表示贊同與慶祝維斯帕先登基，派了大批的特使團到維斯帕先身邊。於是擁立維斯帕先登基的呼聲，就此穿越了達達尼爾海峽，直達多瑙河流域的各個軍團基地中。

維斯帕先稱帝的準備階段至此大功告成，之後只需等待軍事行動的結果。

義大利的情勢

在這段期間內，由攻轉守的維特里斯到底做了些什麼呢？總結而言只有一句話：「該做的事情不做，不該做的統統做盡了」。

維特里斯入境義大利的時候，應該是在貝德里亞克會戰獲勝後約一個月，大約在五月十五日左右。五月二十四日到達維特里斯設在北義大利的基地克雷摩納。在當地看完鬥劍士比賽後，由瓦連斯和西西納兩位將軍領路視察貝德里亞克戰場。結果在視察時他說了一句話：「血腥味雖然噁心，但是敵人的血卻是香的」。

像這種傷人的言論，正是有百害而無一利的失言樣本。這句話若是傳到多瑙河軍團士兵的耳朵裡，將會引起群情憤慨。就連萊茵河軍團的士兵，聽到這句話只怕也不會有人重新燃起對他的忠誠心。新任皇帝維特里斯這一席話，就連不屬於任何一方的羅馬民眾都大為感冒。

視察完戰場之後，維特里斯由當地渡過波河，沿著艾米里亞大道東行。幸虧他對附近的先帝歐圖墳墓毫不關心，歐圖的墳墓才免於一場災殃。到了艾米里亞大道的終點利米尼之後，維特里斯轉向沿弗拉米尼亞大道往首都羅馬前進。如果驅馬疾馳，上述這段行程只要三天。如果按每日的標準行程停留住宿，十天以內也能走完。結果維特里斯在這段旅途上共花了五十天。這是因為他沿途連日連夜大肆慶祝所致。而宴會所花的費用，全由途中的中小都市負擔。

當年的弗拉米尼亞大道，為現今的三號國道。在古代來說，和今日的一號國道（奧雷里亞大道）、二號國道（卡西亞大道）一樣，都是連結羅馬和帝國北方的幹線。附帶一提，由羅馬往南的阿庇亞大道則是今日的七號國道。換句話說，現代的義大利除了高速公路以外，絕大多數的國道都是將羅馬時代的幹道重新整頓而來的。其中弗拉米尼亞大道設置於西元前二二〇年左右，因此已經有二千二百多年的歷史。經過當地時，從山谷中的高架橋遺蹟可以發現，古代羅馬的工程技術其實相當進步。讓人感嘆羅馬街道簡直是當時的高速公路。

不過既然弗拉米尼亞大道需要大量的高架橋，表示這條路和沿海岸北上的奧雷里亞大道、沿丘陵緩升緩降的卡西亞大道不同。弗拉米尼亞大道是橫越義大利半島的脊椎「亞平寧山脈」的道路。

山岳地帶和平原相較，在經濟上居於劣勢。從現代三號國道沿線經濟狀況來說，要是經歷一場大地震，當地絕對無法獨立重建。但是羅馬時代的狀況不大一樣。因為這是在幹道周圍的區域，所以沿線都是建設完善的中小都市群。後代發掘出的羅馬時期考古證據顯示，當年的沿線都市經濟力量足以供這位好大喜功的新皇帝玩樂。但是，畢竟維特里斯不是輕車簡從，身邊還跟著六萬名「萊茵河軍團」的士兵。對弗拉米尼亞大道沿線的居民來說，與其說是負擔新任皇帝和隨從的旅費，不如說是遭到征服者洗劫一空。對只知道萊茵河流域嚴酷環境的士兵來說，初夏的義大利簡直是天堂。而在沒有長官約束的狀況下，羅馬軍團和流氓集團也毫無兩樣。

維特里斯旗下的六萬大軍，總算在七月十八日到了羅馬。這時候首都裡還沒人知道，其實半個月前維斯帕先已經在帝國東方稱帝了。一來當時的資訊傳播速度不夠快，維特里斯無從得知；二來只怕維特里斯根本也沒有預料到有人敢反抗他。相信維特里斯的心裡，根本不認為騎士階層（經濟界）出身、多年奮鬥才勉強出頭的維斯帕先敢妄想帝位。換句話說維特里斯是另一個沒有發現新時代到來的人。他不知道背負時代任務的人，已經不是由既有的權力階層中誕生，而是要從其他階級中求得。結果維特里斯進入首都的過程，簡直就是傲慢與無知的典型。

羅馬帝國遠在共和時期時，就已經有不許武裝軍隊進入首都的慣例。而這項慣例持續八百年後，已經變成一項文化傳統。儘管馬留斯和蘇拉曾打破這項傳統，但也只是暫時的措施。就連打破國法帶軍南渡盧比孔河的凱撒，也尊重不讓軍隊進入羅馬的傳統。第二代皇帝臺伯留雖然將近衛軍基地設立於首都，但是他將軍隊宿舍設於開國國君奧古斯都訂定的首都行政區郊外。總之，不論外敵或國軍，皆不得武裝進入羅馬市區。

弗拉米尼亞大道進入首都後，經由米爾維歐橋渡過臺伯河，直通首都中心的羅馬廣場。

當維特里斯進入首都時，讓旗下的軍隊彷彿征服者入城一樣武裝列隊，由軍團旗和大隊旗領頭遊行。

羅馬軍以「鷲」為軍團旗幟。在銀色的鷲旗之下，裝飾著代表各個軍團的標誌。以軍團旗帶頭前進，代表全軍都跟隨在旗幟後。當西元六十九年七月十八日入城時，共有四面銀鷲旗進城，亦即至少有四個軍團全軍入城。

以六千人的軍團為單位時，有軍團旗前導；以分隊為單位行動時，同樣也有代表各個大隊的大隊旗領頭行進。當天進入羅馬市區的大隊旗也有四面，顯然儘管不是整個軍團都到齊，但由千人編制的大隊作代表列席，也就等於表示「萊茵河軍團」剩下的三個軍團同樣支持維特里斯。換句話說，這天的行動是一場誇耀實力的遊行，用於表示萊茵河上游的「高地日耳曼」四個軍團，以及下游的「低地日耳曼」三個軍團都支持維特里斯。

舉著軍團旗（銀鷲旗）的士兵

遊行隊伍以重裝步兵開頭，其後依序跟著軍團附屬騎兵、負責弓箭與攻城器具的輕裝步兵，最後是由行省民眾組成的輔助兵。輔助兵是以出身地為依據編隊，由同部族出身的隊長與隊旗帶頭。如果這天六萬大軍都入城的話，相信最前頭的士兵到達羅馬廣場時，最後端的部隊還在米爾維歐橋上。新任皇帝維特里斯在騎兵護衛下策馬前行。在盛夏之中，他拖著肥胖的身軀、忍著酷暑全副武裝。儘管沒有四匹白馬的馬車，但這已經無異於凱旋儀式。於是，凱旋歸來的將軍便直登卡匹杜里諾丘，向最高神朱比特獻祭感謝致勝。

沿途圍觀的群眾對維特里斯和行進中的軍隊報以掌聲和歡呼。不過史學家塔西圖斯則語帶諷刺地寫著：羅馬是個不論勝者是誰都會拍手歡呼迎接的都市。至於會不會長久歡迎，又是另一回事了。而從另一回事這個角度來說，羅馬人真是群具有嚴格批判精神的人。

如果只是想對首都的民眾炫耀「萊茵河軍團」是支持自己的武裝勢力，那民眾大可睜隻眼閉隻眼。可是之後讓六萬大軍停留在首都內部，那就是愚不可及的措施了。近衛軍基地最多只能容納一萬名士兵，多餘的部隊只好丟在市中心自生自滅。結果，壯麗的廣場會堂也好、神聖的神殿內外也罷，都變成了由布條區隔的露營區。維特里斯並不擔心部下的伙食問題，任由士兵在露營區就地煮起伙食。而當時正值盛夏，對習慣今日德國境內北國氣候的士兵來說，位於南方的義大利氣候溫暖，足以讓他們安心打赤膊隨地而臥。如果想要洗澡，面前就有一條臺伯河。河水緩慢溫暖，條件好過萊茵河或摩澤爾河，士兵大可放心往河裡跳。

羅馬是個百萬人口的大都市，因此這些軍隊人數還不足首都平民的一成。然而這個情況卻好像紐約中心的曼哈頓被一大群德州牛仔占領一樣。第一代的皇帝奧古斯都創立軍制，讓行省民眾可以在做完二十五年輔助兵後取得羅馬公民權。到現在已經過了百

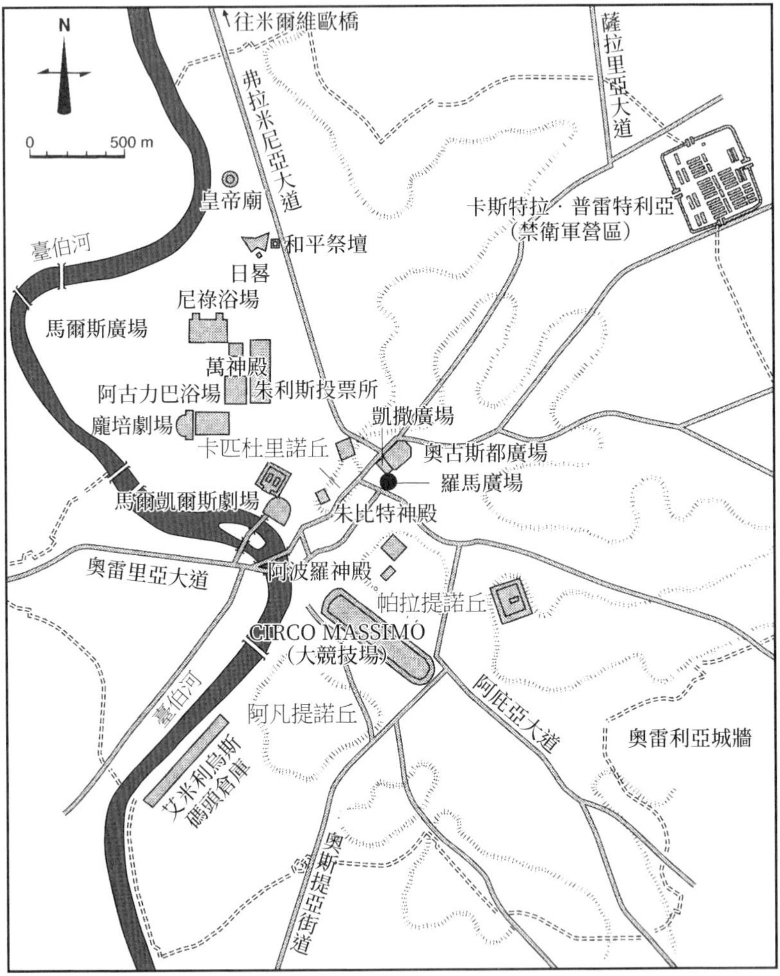

羅馬市街略圖（為方便閱覽，加上了西元三世紀興建的奧雷利亞城牆）

年。由於羅馬公民權是世襲制，因此取得公民權的輔助兵子孫便能以公民的身份志願擔任軍團兵。另外，退伍後的軍團兵往往在值勤地點附近和當地女子通婚定居。綜合上述情形，「萊茵河軍團」士兵有不少比例帶有日耳曼或高盧人的血統。跟隨維特里斯進入首都的「萊茵河軍團」士兵，只怕大多數都是未曾踏上義大利的土地，也不曾見過首都壯麗建築的男子。對弗拉米尼亞大道沿線的居民來說，跟這群士兵打交道時，因為知道他們遲早會離開，所以還能忍受。可是首都的民眾卻要長期忍受這些沒教養的士兵。

儘管如此，進了皇宮的維特里斯如果能大刀闊斧進行施政，也許還能免去部份的封閉感。然而他雖然年僅五十四歲，卻消極得令人不敢想像。這並不是說他不好，而是他對旗下兩位將軍——在貝德里亞克會戰中實質的戰勝者瓦連斯與西西納太客氣。連政府的重要人事都找已經針鋒相對的這兩個人商量，也只任命他們滿意的人選。結果從執政官以下的各個階層都分成兩派，無法施行一貫的政策。士兵毫無秩序、民眾心懷不滿、瓦連斯與西西納連在皇帝面前都敢吵架。維特里斯也愈加沉溺在原本就有的暴飲暴食惡習之中。唯一沒有反對維特里斯的勢力，就只剩下元老院了。而這是因為維特里斯出席元老院會議的次數夠頻繁。只要不受人忽視，元老院也就心滿意足了。可是從這一年來的內亂中可以看得出來，元老院已經不再是帝國國政的舵手了。

東方擁立維斯帕先的動態，以及多瑙河軍團呼應的消息，在夏末已經確實傳到首都了。然而維特里斯還是不改消極的態度。當他聽到維斯帕先稱帝時，只是一笑置之。聽到多瑙河軍團起兵時，也只表示一個軍團不足以構成問題。因為實際上，第一個傳到羅馬的消息是派駐於莫埃西亞的第三軍團擁立維斯帕先稱帝。但不幸的是，接下來各種壞消息像雪崩一樣接踵而來。

維特里斯派無法預測必定會發生的事態，當然也沒有事先備好對策，只懂得享受首都的舒適生活。相對地，維斯帕先派在帝國東方紮實地在進行作戰。

帝國東方的情勢

在之前筆者已經敘述過了，維斯帕先陣營的每個人任務分擔相當明確。敘利亞總督穆夏納斯帶兵西行，亦即攻打義大利。猶太方面的司令官維斯帕先在埃及的亞歷山大伺機而動。決定在第二年西元七〇年春天重新開打的耶路撒冷攻城戰，則由維斯帕先的長子提圖斯擔任總指揮官。

埃及長官朱利斯．亞歷山卓則擔任提圖斯的首席助理，參加猶太戰役的總決戰——耶路撒冷攻城戰。

主要人物的動態如上。問題在於手上現有的兵力要如何分派任務。目前他們手上分別有派駐於敘利亞的四個軍團、進行猶太戰役的三個軍團，以及派駐埃及的兩個軍團。

首先他們決定，派遣四個軍團進攻耶路撒冷。不過是攻擊一個城市，他們竟然認為打下大部份猶太地區的三個軍團還不夠用，要從敘利亞調派一個軍團支援？其實這是有原因的。

各位讀者以大阪城攻城戰的經驗是無法理解地中海世界的攻城戰的。因為地中海世界的攻城戰，和純戰鬥員相互拼鬥的日本式攻城戰不同。在地中海世界攻城，也就是在進攻包括一般居民在內的整座城市。日本的大阪城和江戶城，城牆與壕溝都只圍繞著城堡。然而古代地中海世界，甚至包括中世紀以後的西歐，都是以城牆與壕溝繞遍城市外圍。因此在翻譯時，往往讓人不知該翻譯為城牆還是市牆好。總之，攻擊方面純粹由戰鬥員——士兵構成，而防守方面除了戰鬥員之外，還包括非戰鬥員，亦即一般百姓在內。

一般人會認為，守城時裡邊有一堆百姓，不是

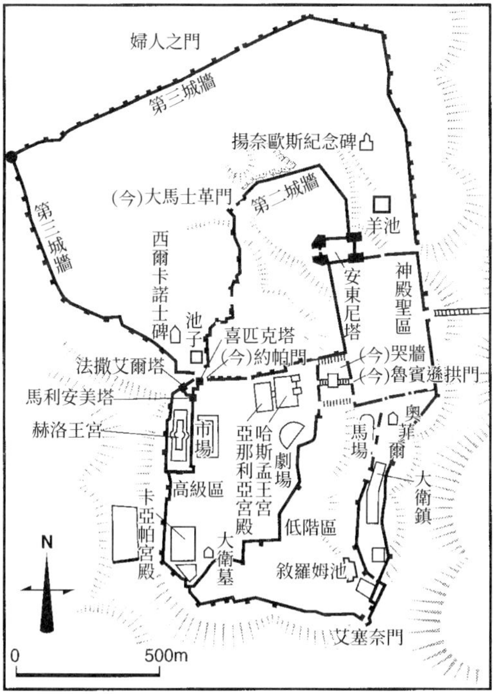

西元 66 年當時的耶路撒冷（轉載自山本書店《猶太戰記 1》）

會礙手礙腳嗎？然而實際上並非如此。因為防衛戰和兵刃相向的會戰不同，在一輪攻勢之後，必須立刻修補遭破壞的城牆；同時武器工廠也必須全天候運轉。因此若希望戰鬥員能全力進行防衛，就需要非戰鬥員的協助。所以非戰鬥員的人數多反而有利。

當然大家也會感到疑惑，既然被包圍的城市內還有許多非戰鬥員，不是會加快糧食和飲水消耗的速度嗎？其實一座城市不管近郊有多好的水源，都必須在城內建設儲存飲用水的設備，不管是掘井利用地下水補充也好，或是儲存雨水備用也罷。這一點耶路撒冷自然也不例外。

糧食也和水一樣重要，但當地最大的城市成為攻擊目標是人人可以預想得到的。猶太地區的叛亂從西元六十六年中期爆發，當尼祿皇帝任命維斯帕先進行鎮壓時，已經是西元六十七年春天。當西元六十八年秋天時，傳來尼祿的死訊。儘管除了耶路撒冷之外，大多數的猶太地區都在控制之下，但維斯帕先為了等待新任皇帝的命令而撤軍，因此猶太與羅馬在休戰狀態。等到換上當總指揮的提圖斯重新開戰時，已經是西元七〇年春天了。也就是說，因為在停戰期間中羅馬軍並未維持包圍狀態，使得耶路撒冷多了一年半的時間準備攻城戰。從猶太戰役開打整整三年，假使僅計算停戰期間，也有一年半的時間。這段漫長的期間足以讓猶太人在市區內備妥作戰必需品。而且要滿足猶太平民的飲食生活，會比生活水準較高的其他都會容易得多。

大都市的攻城戰往往耗費數年。比方說迦太基攻城戰就花了三年。而西元六十九年時的耶路撒冷，又已經利用停戰期間整頓防事、囤積物資。

相對地，維斯帕先在時間上卻沒有逐步攻打的餘裕。如果耶路撒冷沒有打下來，就不算完成猶太戰役的任務。而如果耶路撒冷遲遲未能攻陷，則會讓人懷疑維斯帕先的能力，讓維特里斯派有進行政治攻防戰的跳板。因此猶太戰役也是維斯帕先能否坐穩帝位的另一場試驗。

由此推斷，儘早結束戰鬥是耶路撒冷攻城戰最大的目標。因此猶太軍團獲得一個軍團增援，組成四個軍團還不夠，另外還由埃及軍團調派分隊參加作戰。再加上東方盟國旗下的部隊，以及動員了生活圈部份重疊、長期以來與猶太人不合的阿拉伯人。

維斯帕先派之所以讓出身猶太民族，對猶太人有充分理解的朱利斯·亞歷山卓和約瑟夫·弗拉維斯參戰，也是希望能軟硬兼施。當順利時就談判、和平解決；不順利時便轉用武力對付。在此要重新強調一次，如果猶太問題遲遲不能解決，維斯帕先稱帝的計畫也就成了夢想。

至於派駐於埃及的兩個軍團，除了調派大隊參加耶路撒冷攻城戰之外，其他部隊不能隨著穆夏納斯西行。因為維斯帕先今後將在當地伺機而動，總不能讓他赤手空拳待在埃及。何況維斯帕先身上有當耶路撒冷情勢不利時立刻馳援的任務，又有必要時經由海路攻向義大利的可能。

至於由四個軍團構成的敘利亞駐軍，在抽調一個軍團參加耶路撒冷攻城戰之後，剩下的部隊也不能全數隨穆夏納斯司令官西行。

亞美尼亞與帕提亞等國的元首很樂意的重新確認了羅馬與帕提亞之間的互不侵犯協定。但是，羅馬的政界領袖與外國人之間的信任基礎是建立在不同的東西上。即使事隔二千年，還是令人覺得相當有意思。羅馬人不會把人們劃分成可信任和不可信任的對象，並對可信任的對象深信不疑。反之，他們是在多數場合對他人報以恰如其分的信任感。

而羅馬的政界領袖在決定「可以信任的程度」時，並非以對方的善意或道德觀做基準。成為基準的是羅馬方面的軍事防衛力量。因此即使與鄰國簽署了和平條約，在國界邊緣的兵力依舊會維持之前的水準。羅馬人藉此維持兩國的和平，如果和平遭到對方破壞，也就是雙方已經面臨無法回頭的破局了。以現代的講法來說，這應該算是嚇阻的概念。而開國皇帝奧古斯都創設、二代皇帝臺伯留打下基礎的羅馬國防策略，也正是建立在嚇阻之上。

既然羅馬政界以這種觀念看待國際、人際關係，那麼不管帶兵的是不是穆夏納斯，都不可能將所有軍隊帶往西方，讓羅馬與亞美尼亞、帕提亞間的幼發拉底防線鬧空城。

結果，穆夏納斯能夠領軍西行的，連輔助兵在內也不過二萬人。只有這點程度的兵力，就敢西行挑戰，無疑是希望能動用已經在多瑙河流域表態支持維斯帕先的七個軍團。各位讀者請不要忘記，多瑙河軍團最初打算推舉稱帝的不是維斯帕先，而是穆夏納斯。帶兵西進的任務之所以會交給穆夏納斯，顯然已經考量過這一層要素。不管怎麼說，總之在西元六十九年秋季之前，維斯帕先方面已經開始執行作戰了。

但是在西元六十九年夏末秋初，維斯帕先與維特里斯雙方尚未正面接觸時，兩方面都遇上了預料之外的事情。事件發生在萊茵河流域與多瑙河流域兩個地方，前者的當事人是羅馬軍的輔助戰力「行省兵」，後者的當事人則是多瑙河軍團的軍團兵。

如果要因應預料中的事情，並不需要什麼特殊的才能。只有面對預期外的事情時，才能顯現出才能的優劣。在這方面上，穆夏納斯的能力顯然與維特里斯有明顯的差距。

筆者打算將萊茵河防線行省兵叛亂的問題延後到帝位爭奪戰告一段落，敘述西元七〇年的部份時再一起說明。因為維特里斯和穆夏納斯在處理巴達維族叛變乃至「高盧帝國」建國時，同樣都採取暫時擱置不理的方針。

不過雙方雖然都打算暫時擱置，其原因卻完全不同。維特里斯是因為不得已，必須優先應付眼前的敵人，亦即維斯帕先派的軍團兵，而不得不拋下萊茵河流域行省兵叛變的問題不管。相反地，穆夏納斯則是刻意睜隻眼閉隻眼。因為維特里斯的勢力基礎就是萊茵河防線上的七個軍團。如果原本應該協助軍團兵的輔助兵造反，勢必讓萊茵河軍團戰力大為衰落。穆夏納斯就是著眼於此，才決定如此處理。

「多瑙河軍團」

另外一個出乎意料的事情是多瑙河軍團兵的行動。因為他們沒有等穆夏納斯到來就擅自出動。

多瑙河軍團的將士們是在五個月前協助歐圖在貝德里亞克作戰，而後因為指揮系統混亂而一敗塗地的人們。有不少士兵雖然到達了亞奎雷亞，卻趕不及到達貝德里亞克戰場參戰。可是戰勝者維特里斯卻無視於參戰與否，將多瑙河軍團一律視為敗者。只因為協助歐圖作戰，便將軍團的核心人物——百夫長全員處斬。然後又像對待蠻族俘虜一樣，逼迫士兵建設供羅馬人娛樂用的圓形競技場。之後多瑙河軍團的士兵好不容易得以歸營，但心中老早充滿了幾乎爆炸的憤怒、憎惡、屈辱與仇恨。

之後他們得到維斯帕先與穆夏納斯揭竿而起的消息。雖然稱帝的不是他們最初期望的穆夏納斯，而是維斯帕先，但對他們來說不成問題。只要有任何人願意起身反抗維特里斯便足夠了。更何況，維斯帕先還是穆夏納斯積極支持的對象。

多瑙河軍團的將士們連一刻也等不下去了。他們等不及率領二萬兵力西行的穆夏納斯到達，就被心中復仇的意念驅往義大利。多瑙河軍團共有七個軍團。其派駐位置，分別是防衛多瑙河下游的莫埃

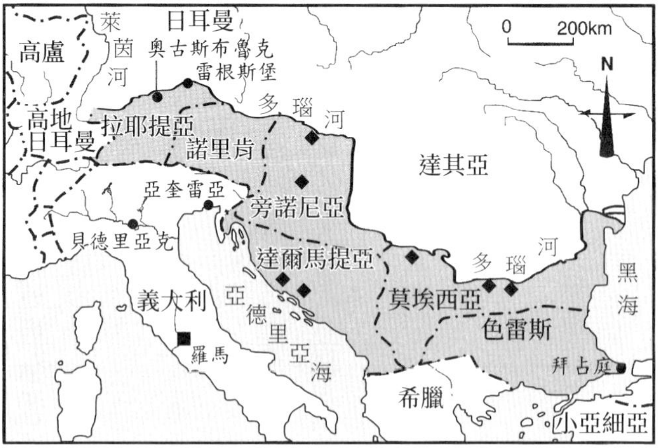

多瑙河軍團配置圖（◆代表軍團基地所在地）

西亞行省三個軍團、上游的旁諾尼亞行省兩個軍團，以及旁諾尼亞行省南方，隔著亞德里亞海與義大利相望的達爾馬提亞行省兩個軍團。雖然能統稱為多瑙河防衛軍，但實際上分屬於三個行省，因此分別列在三位行省總督指揮之下。在帝國邊境上，行省總督主要的任務在於國防方面。因此行省總督也就等於軍事上的司令官，任命權在帝國最高司令官「皇帝」手上。

然而西元六十九年夏末在士兵間發生的動亂氣息，卻在三位總督的控制能力之上。這些司令官一來未曾向維特里斯抗議不當的處置，二來未能保護部下的安危，已經失去了士兵的信任。事實上，三位總督中有兩位悄悄逃回義大利。

當時掌握多瑙河軍團主導權的是軍團長階級的指揮官。羅馬軍一向以兩個軍團為戰略單位，因此只管理一個軍團還稱不上是司令官，不過是個軍團長。但也因此表現實力的機會較多，只要有能力往往能迅速爬上這個位置。如果才能受到肯定，三十出頭就當上軍團長的也大有人在。西元六十九年秋季時，掌握主導權的軍團長中行動最顯眼的是安東尼・普里姆斯和阿留斯・華爾斯這兩個人。而這兩個人當年也才三十五、六歲。史學家塔西圖斯筆下是這樣形容出身南法的安東尼・普里姆斯的：「承平時的廢物；戰時的強者」。

換句話說，胸中燃燒著復仇火焰的士兵，在精力充沛的將領帶頭之下，無視穆夏納斯要求原地待命的命令便擅自行動了。

然而當階級比他低的軍團長忽視命令之後，司令官穆夏納斯的言行卻相當耐人尋味。

第一，穆夏納斯並未持續設法讓失控的安東尼．普里姆斯遵守原先等待他到達的命令。

第二，他並未加快東方軍團的行軍速度，試圖追上擅自行動的多瑙河軍團。

第三，當他收到達其亞族利用多瑙河防軍西行的空檔南下入侵羅馬帝國的消息後，暫時停止率軍西行，等到將外族完全擊退後才重新西進。

自尼祿時代起，穆夏納斯便在為維持帝國東方國防安全，全力設法與大國帕提亞改善關係的名將科普洛旗下工作。而當科普洛死後，穆夏納斯也一直是東方國防的最高負責人。也許就因為如此，對穆夏納斯來說，不管是幼發拉底防線，或是多瑙河防線，他都不能坐視外敵入侵。不過這次外族入侵的事件，不消一個月就完全解決，因此規模上應該不足以對帝國全體造成重大打擊。如果穆夏納斯因為要事在身暫時不處理這個事件，相信也沒有人會責備他。不過話說回來，多瑙河北岸的外族入侵問題，的確也應該儘早解決。所以穆夏納斯和旗下兵力暫時放下任務轉身驅逐外族，也是正確的判斷。然而因為途中這麼一耽擱，等穆夏納斯追上多瑙河軍團時，已經是西元六十九年年底了。

根據筆者的想像，穆夏納斯似乎是故意要延遲和多瑙河軍團的會合時間。他可能打算將勢必與出面迎擊的「萊茵河軍團」間無可避免的流血衝突，完全交給安東尼．普里姆斯指揮下的「多瑙河軍團」處理。所以不急著和多瑙河軍團會合。

我們從穆夏納斯之後的行動也可以推測出，穆夏納斯其實是個相當冷靜的男人。所謂冷靜，並非指其性格冷血，而是說他頭腦清晰不衝動，就像是英文的“cool”一樣。

要收拾內戰的殘局，並非只要戰勝就好了。儘管現在分成敵我雙方，但大家都是同胞。原本按理來說，應該避免手上沾滿同胞的鮮血。而維斯帕先擔任結束內戰危機行動的總領導人，卻待在埃及按兵不動的其中一個理由也是：不希望內戰結束後的新皇帝手上染到同胞的血跡。被公認為維斯帕先左右手的穆夏納斯如果有不殘殺同胞的機會，當然也會能免則免。

因此，後來被稱為第二次貝德里亞克會戰的戰鬥，就在克雷摩納到貝德里亞克間直徑三十公里的平原上展開。儘管攻守易位，但參戰雙方和第一次貝德里亞克會戰一樣，是由支持維特里斯的「萊茵河軍團」，以及表面上支持維斯帕先，骨子裡是舊歐圖派的「多瑙河軍團」正面衝突。至於穆夏納斯和「幼發拉底軍團」，這時根本還沒接近義大利和達爾馬提亞行省的邊界。

「第二次貝德里亞克會戰」

當安東尼·普里姆斯率領的多瑙河軍團接近國界的報告傳來時，在首都享受安逸生活的維特里斯皇帝和旗下的萊茵河軍團士兵也不得不清醒了。迎戰的策略也馬上訂了下來，這次同樣是以死守波河為目標。身為最高司令官的皇帝維特里斯不但沒有親自率軍北上，更決定滯留在羅馬。而瓦連斯又抱病無法參戰，於是只好由西西納率軍北上。

儘管和前次一樣是以死守波河為目標，但半年前對防禦方來說，敵人是從西方進入義大利的「萊茵河軍團」，因此迎擊基地為庇亞伽札。而這次入侵的敵軍則是由東方進入義大利的

「多瑙河軍團」。從旁諾尼亞或達爾馬提亞行省入境義大利後，第一個重要都市為亞奎雷亞。而從亞奎雷亞前往波河的路分成兩條。

第一條是從亞奎雷亞取道安尼亞大道前往帕達維姆（今帕德瓦），沿波皮里亞大道南下在河口附近渡河。之後繼續南下可到達拉溫納（今拉溫納），渡過盧比孔河進入亞利米尼（今利米尼），沿著弗拉米尼亞大道就能直通羅馬。

第二條路線則是由帕德瓦沿著平原一路南下到達波河，之後渡河沿著艾米里亞大道前進的路線。這個大道沿線的都市全是源自北義大利還被稱為山內高盧（阿爾卑斯山南方的高盧）行省時代的軍團基地和退伍兵殖民地。包括普拉肯提亞（今庇亞伽札）、帕爾馬（今帕爾馬）、姆提納（今摩德那）、波諾尼亞（今波羅尼亞）以及亞利米尼等。

第一條路線雖然距離較短，但缺點是必須在河口的柔軟地面上行軍。第二條路線雖然距離較長，但是有在

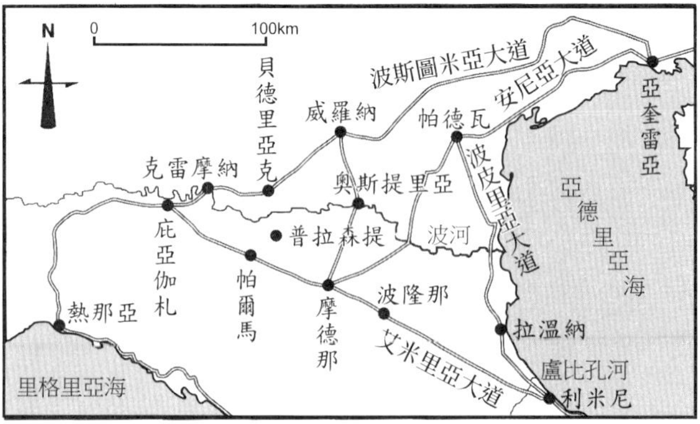

波河流域圖（重新刊登）

堅硬地面行軍的好處。

擔任維特里斯軍總指揮的西西納判斷敵軍可能會從這兩條路線的其中一條，或是兵分兩路渡過波河。因此他暫時離開北上的軍隊，前往拉溫納。因為派駐當地的艦隊動向，也是阻擋敵軍前進時一個不可忽視的要素。雖說名為艦隊，但其實值勤地點並非完全在海上。羅馬的海軍也常常登陸成為陸上戰力。

然而過沒多久，西西納就發現他的估計完全錯誤。多瑙河軍團進入義大利之後，並未採用上述兩條行軍路線。而是從亞奎雷亞取道波斯圖米亞大道西行，往威羅納（今威羅納）前進。波斯圖米亞大道是由亞奎雷亞起始，經過威羅納通往貝德里亞克，之後通往克雷摩納。

西西納的預估雖然合乎軍事戰略原則，但是卻缺乏人性考量，因此才會犯下這種錯誤。當初在第一次貝德里亞克會戰時他站在戰勝的一方，對敗者「多瑙河軍團」曾經大加屈辱。而天下只有不懂得遭屈辱感受的人，才會動手侮辱同為人類的敗者。

多瑙河軍團的士兵心中充滿了復仇雪恥的意念。而急欲復仇雪恥的人在復仇時，潛意識中會選擇當初含淚受人侮辱的地方。對多瑙河軍團兵來說，適合雪恥的唯一地點就是貝德里亞克和克雷摩納。這一點是西西納無法預估的。不管再怎麼合理的戰略，如果欠缺對人性的考量，終究不過是紙上談兵罷了。

不知道身在拉溫納的西西納是否因此感到絕望，他在這兒大幅轉換了應變的方向。這對維特里斯來說是背叛，但對西西納來說，則是他終於決定拋棄維特里斯了。

之所以做出成這個決定，不知道是否因為西西納被私下支持維斯帕先的拉溫納艦隊提督說服，或是他心中早已萌芽的想法在和艦隊提督討論時開花結果。不過至少，西西納知道自己一個人倒戈也沒有意義，必須連旗下的兵力一起行動。

當知道多瑙河軍團開始集結在威羅納之後，以死守波河為目標的維特里斯軍兵分兩路。第一軍渡過波河進駐克雷摩納，以當地為前線基地。第二軍同樣渡過波河，而他們的目的是為了阻擋位於正北方威羅納的敵軍，因此以禾斯提里亞（今奧斯提里亞）為基地。

這時他們也發現多瑙河軍團在渡過波河朝首都羅馬出發前，打算先攻下貝德里亞克和克雷摩納。因此這時大可自克雷摩納和奧斯提里亞雙方出兵，夾擊在威羅納集結後西行的敵軍。

作戰的準備相當順利，而這時維特里斯方面的兵力高達六萬。相對地多瑙河軍團則是以行省別、軍團別個別行動，目前還未全軍集結完畢。如果西西納有利用這個時機的打算，只怕勝利已經掌握在他手中了。然而當西西納對士兵演說時，不是鼓舞士兵上陣殺敵，而是勸說士兵一同倒戈。

軍官階級的人相當認同西西納的意見，因為看不慣維特里斯皇帝的人不只西西納一個。然而百夫長和一般士兵卻強烈反彈。這並非因為他們仰慕維特里斯。維特里斯真正擔任他們的司令官期間還不滿一個月，而在登基之後又沒有為士兵做過些什麼。不，應該說維特里斯登基後什麼事都沒做。

百夫長以及一般士兵害怕的是多瑙河軍團兵的報復。半年在第一次貝德里亞克會戰戰勝後，下令羞辱多瑙河軍團兵的是維特里斯和西西納，以及其下的高階軍官，然而實際執行的卻是低階軍官與士兵。是這些人直接接觸多瑙河軍團兵受侮辱的過程，親眼見到多瑙河軍團兵心中的怒火與恨意。這個關係有點像是戰俘集中營的戰俘與獄卒。只不過不同的是雙方都是羅馬公民和軍團兵。

反對倒戈的士兵抓住了西西納，將他五花大綁丟入大牢。然而這下子維特里斯軍便失去了總指揮官，稱不上是完整的兵力。不過多瑙河軍團也並非沒有任何問題。

以守護多瑙河流域為任務的多瑙河軍團，分別屯駐於三個行省。而負責統御的三個行省總督之中，有兩個無法應付兵變，因而潛逃回義大利。只有以多瑙河下游為赴任地點的莫埃西亞總督和士兵一起朝義大利行軍。換句話說，他也是一位親維斯帕先而反維特里斯的人物。

這位總督名叫薩特盧尼，在他帶著三個軍團入境義大利之後，事先帶著旁諾尼亞兩個軍團入境的安東尼·普里姆斯立場就變得微妙了。薩特盧尼是擔任三個軍團指揮的司令官。而安東尼·普里姆斯雖然目前帶領著兩個軍團，但正式的地位只是個軍團長。當行省總督到達時，多瑙河軍團的指揮權勢必要拱手讓人。

想來安東尼·普里姆斯對此感到不滿。而追隨他入境義大利的兩個旁諾尼亞軍團也覺得與其讓個性溫和的薩特盧尼帶領，還不如讓精力旺盛的安東尼·普里姆斯領導。因此安東尼·普里姆斯軍團長要求薩特盧尼總督留在帕德瓦，在當地統整即將會合的友軍。也許薩特盧尼這個人具有判斷情勢的眼光，因此二話不說就答應了下來。至此為止，多瑙河軍團的指揮系統算是整合完畢了。

史學家塔西圖斯評論安東尼·普里姆斯是「承平時的廢物；戰時的強者」。然而不是承平時也有用的人才，其實稱不上是真正在戰時有用的人物。因為成為領袖的第一個條件，就在於對下屬有控制力。

為了要完全達到目的，控制力是不可或缺的條件。而戰爭的目的，就在於壓倒性的勝利。如果只懂得和敵人同歸於盡，那只是愚蠢的好戰份子罷了。

雖然說戰爭是人類無法超越的罪惡，但也有一項好處，就是藉由戰爭能將原本無法解決的問題迅速排除。而之前所說，必須要以壓倒性勝利為目的的原因也就在此。如果只是險勝，有可能使得和戰時相同的危險情勢一直持續不變。

衡量壓倒性勝利的標準不在於敵方的陣亡人數，而在於減少我方的人力損失。因為要達到真正的勝利，必須讓敵方陷入無法再戰的狀態。也就是說，必須讓每一場戰鬥都成為決戰。所以與其殺遍敵軍，還不如儘可能地維持己方兵力。而且犧牲者少的話，也能避免士氣衰退。畢竟假如昨天還同吃同住的戰友在身邊一個個倒下時，還要求士兵的士氣不能衰退，那真的是忽

亞歷山大大帝

漢尼拔

西比奧·亞非利加努斯

視人性的嚴酷要求。

就是因為一方面要避免犧牲，一方面又要勉力求勝，所以領軍的人才必須要對己方士兵有完整的控制力。而如果要施展瞬時爭取壓倒性勝利的戰略、戰術，完美統率旗下士兵的能力也是必要條件。然而當統率的對象多達五萬人時，就不是人人都具有這種統率能力了。從古代歐洲的歷史來看，能有這種統率力的，也不過亞歷山大大帝、漢尼拔、西比奧·亞非利加努斯、蘇拉、龐培、凱撒等寥寥數人。這些人都是曾經以寡擊眾大獲全勝的將領，而他們獲勝的真正原因，就在於對部下的控制力。

儘管手上握有五萬「多瑙河軍團」兵力，但安東尼·普里姆斯卻缺乏這種控制部下的能力。而在維特里斯方面，同樣沒有這種才能，而至少有統領數萬軍隊經驗的西西納又已經脫離戰線。至於知道西西納倒戈之後，大病初癒的瓦連斯雖即刻經由海路前往南法，打算在當地重整軍隊由西方攻擊多瑙河軍團，卻在上岸時被支持維斯帕先的高盧人俘虜。因此敵我雙方總計十萬人的「第二次貝德里亞克會戰」就在雙方缺乏有力指揮官的狀況下展開。激戰之下會有何結果，已經是不喻自明的了。

西元六十九年十月二十四日的第二次貝德里亞克會戰和第一次一樣，在混亂中開始，也在混亂中結束。儘管攻守雙方立場對調，但參戰的和第一次一樣是維特里斯派以及歐圖派的士兵，而這次同樣是進攻方面獲勝。不同的是，這次的獲勝方心中充滿了復仇雪恨的想法。而且因為無法達成壓倒性勝利，使得大量的敗軍逃亡成功，戰鬥因此延長到次日，在敗軍逃亡地點克雷摩納繼續展開。當初多瑙河軍團戰敗時，曾經在克雷摩納圓形競技場建築工地遭人凌虐。士兵們未曾忘記半年前克雷摩納居民對他們的侮辱。因此建立於西元前三世紀的古城克雷摩納遭到摧毀，不論有無反抗，所有居民全遭殺害。這是對同為羅馬公民都市的暴行，讓聽到消息的人不禁為之色變。以上就是長達兩日的戰鬥，以及其後歷經四日攻城戰鬥的結果。

包括非戰鬥員的克雷摩納居民在內，雙方死亡人數總計為四萬二千人。

當年龐培與凱撒在法爾沙拉斯一戰中，雙方合計有八萬兵力。而戰死者為龐培軍六千，凱撒軍二百，總計六千二百人。當時戰敗的龐培軍共有二萬四千名士兵成為俘虜。然而第二次貝德里亞克會戰卻沒有俘虜人數。因為多瑙河軍團的士兵殺光了萊茵河軍團士兵以及克雷摩納的居民。由欠缺統率力的領袖帶領的團體，已經不能稱為戰士，而是一群野獸。

貝德里亞克戰敗以及克雷摩納屠城的消息，馬上傳回了首都羅馬。然而維特里斯沒有像歐圖一樣選擇自裁的路，也沒有起身準備迎擊將由弗拉米尼亞大道南下的多瑙河軍團。他手上並非沒有可用的兵力，這時在貝德里亞克、克雷摩納戰敗的士兵已經陸陸續續逃回維特里斯所在的羅馬了。

塔西圖斯的筆下是如此描繪當時的維特里斯：「躲在庭園的樹蔭之下，只有給他東西吃時才會抬起頭來，其他時候光顧著睡覺，對過去、現在、未來一概沒興趣的動物。」

對於知道維特里斯身材肥胖的人來說，這是個歷歷如現的生動描述。儘管領導階層是這副德行，維特里斯派的士兵還是拼了死命準備迎擊。因為他們實在害怕沿弗拉米尼亞大道南下的多瑙河軍團兵展開的報復。

進攻方面的安東尼．普里姆斯同樣也預料到維特里斯的殘兵會死命迎擊。

他在離開化為廢墟的克雷摩納之後渡過波河，接下來沿著艾米里亞大道前往利米尼。由利米尼轉道弗拉米尼亞大道行軍。最後出現在羅馬郊外時，一共花了五十天。在這段快馬五天可以到達的距離上花費十倍的時間，主要是受到下列因素影響：

第一，他害怕維特里斯派殘兵伏擊，因此沿路緩速謹慎行軍。雖然艾米里亞大道是條通過平原的直線街道，但弗拉米尼亞大道卻是穿越亞平寧山脈的山路。

第二，安東尼．普里姆斯統率力不足。他無法完全掌控多達五萬人的士兵，因此只是讓大軍在其後浩浩蕩蕩毫無秩序的前進。這個論點的證據在於，沒有他的命令，士兵就處決了瓦連斯，而釋放了西西納。

第三，也許在經歷第二次貝德里亞克會戰以及破壞克雷摩納之後，安東尼．普里姆斯發洩完了心中的恨意，才開始打算等待由東方趕來的穆夏納斯和「幼發拉底軍團」。

安東尼．普里姆斯只不過是派駐在旁諾尼亞行省的一個軍團長，而穆夏納斯則身為統率四個軍團的敘利亞行省總督，目前正以稱帝的維斯帕先代理人的身份，為擊倒維特里斯而朝義大利進軍。除了上述在軍中的地位差距之外，雙方在社會地位上也大有不同。穆夏納斯為出身義大利的元老院階級，而安東尼．普里姆斯卻出身行省。從年齡上來說，穆夏納斯已經坐五望六，安東尼．普里姆斯則是三十出頭。當人精神集中在某些事情上時會忽略的事物，往往事情告一段落之後會突然在意起來。只是，雖然穆夏納斯擊退利用羅馬內戰時期南渡多瑙河入侵的達其亞族之後，便又重新開始向西行軍，但卻遲遲未曾傳來入境義大利的報告。結果安東尼．普里姆斯又燃起了虛榮心，打算讓自己成為擊倒維特里斯、擁立維斯帕先稱帝的戲碼主角。這也是他這種人適於亂世求生的證據之一。

第四，包括安東尼．普里姆斯在內，整體多瑙河軍團兵在貝德里亞克會戰以及克雷摩納屠城後產生了鬆懈感。這並非是因為他們已經完成復仇、洗刷了心中的恨意。當知道多瑙河軍團接近義大利時，維特里斯曾下達派遣援軍的命令給西班牙和不列顛的五個軍團，而當時這五個軍團一直抱持觀望態度。等到第二次貝德里亞克會戰有了結果之後，這五個軍團才傳達了支持維斯帕先的意願。很有可能安東尼．普里姆斯認為維特里斯已經是死路一條。

殺害維特里斯

相較於多瑙河軍團沿弗拉米尼亞大道緩緩南下的動態，維特里斯的士兵曾經數度北上試圖阻止多瑙河軍團接近首都。這些抵抗的動作最後在十二月十五日以投降告終。只知道吃和睡的維特里斯，也在次日知道了這個消息。

當年五十四歲的皇帝穿上了喪服，離開位於帕拉提諾丘上的皇宮，前往羅馬廣場。對羅馬的平民來說，他們已經許久沒有見到皇帝的身影了。維特里斯站上羅馬廣場的演講壇之後，對圍觀的市民表示，為了替國家帶來和平，他願意退位。並且將身上的佩劍交給身邊的一位執政官，表示生死願意交給市民裁決。而執政官拒絕接下佩劍之後，維特里斯又表示將把皇帝的標章歸還給康克迪亞神殿，自己將移居到私人擁有的宅院之中。

原本保持沉默靜聽的市民在此時捲起了抗議的浪潮。群眾吼著說皇帝的家只有在帕拉提諾丘上的皇宮，要皇帝回到皇宮去。維特里斯愣在原地不知如何收場。聚集在羅馬廣場的人為了不讓維特里斯跑掉，將除了通往帕拉提諾丘的聖道 (via sacura) 以外的路統統堵住。維特里斯在群眾的吼聲催促之下通過聖道，爬上通往帕拉提諾丘的路，被迫回到皇宮。

十七日，元老院知道維特里斯有退位意願之後展開了行動，打算讓帝位和平從維特里斯手上轉移給維斯帕先。元老院的一些有力議員造訪了首都警察長官——維斯帕先的哥哥薩比努斯。然而，維特里斯派的士兵在知道這個消息後大感憤慨。他們不滿事情在士兵不知情的情況下演變，也恐懼自己最後會成為事件唯一的犧牲者。士兵們的不安和憤怒此刻全轉嫁到維斯帕先的哥哥薩比努斯身上。

十八日，原本不論在位是誰均貫徹行政官吏任務的薩比努斯，也開始感到自身的危機。他帶著身在羅馬的姪子，亦即維斯帕先的次子圖密善同行，逃往卡匹杜里諾丘。卡匹杜里諾丘上只有獻給最高神朱比特的坎比德利歐神殿等各種寺院，是首都羅馬內部唯一的聖地，薩比努斯認為即使連失控的維特里斯派士兵也不會進攻這座山頭。然而，因為不安和憤怒而失去理智的士兵竟然包圍了這塊聖地。

當天晚上薩比努斯派遣使者到坎比德利歐神殿隔壁的帕拉提諾丘，進入皇宮向維特里斯求助，希望他能下令士兵解除包圍。然而使者帶回維特里斯的回答

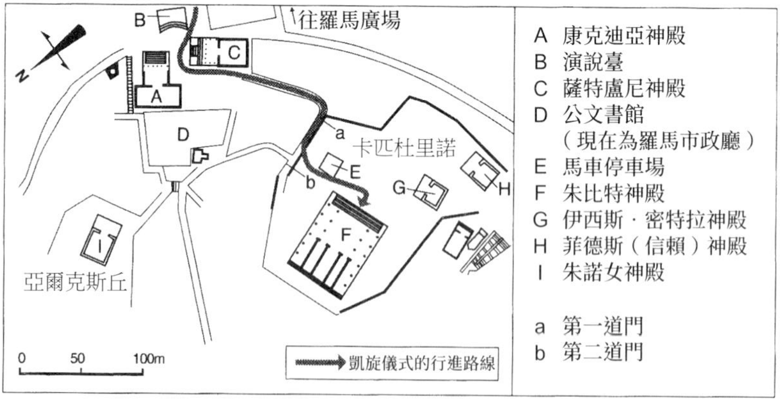

卡匹杜里諾丘上的神殿配置圖（西元 69 年當時）

卻是：包圍坎比德利歐神殿是士兵自行決定的事情，自己無法解決。維特里斯至此已經失去起身帶動或是阻止任何事情的力量了。

十九日天色未明時，維特里斯派的士兵大舉攻向卡匹杜里諾丘。原本用來照亮路途用的火把，竟然成為放火逼出躲在神殿內之人員的工具。火把丟進神殿之後，火勢延燒到建築物上的木材。一場任何羅馬人看到了都會感到憤慨的景象，直到天亮許久以後都還展現在聚集於此的羅馬人面前。

原本用來獻給守護羅馬人的諸神神殿，竟然不是由外國人動手，而是燒毀在羅馬人手裡；不是因為意外起火，而是士兵惡意縱火。從西元前七五三年建國以來至今已經第八百二十二年，羅馬從未遇過這般可恥的事情。就連丟進火把的維特里斯派士兵也只是茫茫然望著燃燒中的神殿。這時圖密善藉機逃亡成功，但薩比努斯卻不幸被捕。

薩比努斯被捕後，被士兵拖到維特里斯面前。維特里斯也打算救救這個任職首都警察長官勤務十二年的公僕一條命。但是他連在這種場合下，都無法統御手下的士兵。

到了當天半夜，安東尼．普里姆斯率領的多瑙河軍團先遣隊已經到達首都北方十五公里的消息傳到皇宮，薩比努斯的命運也就此告終。維特里斯眼見薩比努斯死在他面前，遺體被士兵丟進臺伯河裡。唯一避免首都羅馬成為戰場的可能性就此宣告結束。

次日，十月二十二日，自馬留斯與蘇拉（詳見第Ⅲ冊）那次以首都為巷戰戰場至今一百五十年，羅馬又再度成為巷戰的舞臺了。

羅馬人並非未曾努力避免發生巷戰。維特里斯就曾透過終生單身、倍受眾人景仰的女祭司長，將希望藉由皇帝退位讓事情和平落幕的信件傳到安東尼·普里姆斯手上。元老院階級和騎士階層（經濟界）的有力人士也個別出面調停。就連安東尼·普里姆斯本人，在選定首都為巷戰戰場時也並非毫無猶豫。然而，就像維特里斯沒有控制部下的能力一樣，安東尼·普里姆斯也同樣缺乏這種能力。而原本唯一能在殺氣騰騰的攻擊方與滿心恐懼、絕望的防禦方之間擔任調停工作的薩比努斯遇害，更是加劇了情勢變化。因為這等於是給予攻擊方面一個名份，讓他們不能放過殺害維斯帕先親哥哥的兇手。

不過，安東尼·普里姆斯還是設法讓巷戰提前結束。他將旗下的兵力分成三批。第一軍攻向近衛軍軍營、第二軍沿弗拉米尼亞大道前往羅馬廣場、第三軍沿著臺伯河南下，收下與羅馬廣場一樣布滿公共建築物的馬爾斯廣場。

這個作戰乍看之下相當合理。既然多瑙河軍團是從北義大利沿著弗拉米尼亞大道南下羅馬，進攻首都時當然也是由北方開始。然而這也顯示出安東尼·普里姆斯其人在軍事才能上的侷限。

各位讀者是否還記得，首都羅馬和帝國其他都市不同，並沒有守護城市的城牆。一百二十年前，朱利斯·凱撒認為帝國的中心「世界首都」羅馬不需要城牆，帝國的安全應該由萊茵河、多瑙河、幼發拉底河三大防線及其他邊境所維護，因此拆毀興建於共和時代的塞爾維斯城牆。雖然這時各處還留有未完全拆除的塞爾維斯城牆，但沒有完全圍住城市的城牆畢竟不能發揮作用。我們現代人看到的羅馬城牆名叫奧雷利亞城牆，是在無法完全保證防線安全的三世紀後半興建的。也就是說，西元六十九年的「世界首都」羅馬是沒有城牆守護的城市，從東西南北各個方向都可進攻。如果想分兵從各個方向進入首都，切斷、孤立迎擊的維特里斯軍，使其提前投降也並非不可能。

再說，維特里斯的弟弟魯其烏斯領軍屯駐在從羅馬沿著阿庇亞大道往南百餘公里處的塔拉西納（今提拉其納），如果局勢不利，也有可能逃往在第二次貝德里亞克會戰後，除了萊茵河流域之外唯一依舊表示支持維特里斯的非洲行省。而在這種情形下，在羅馬市內的維特里斯派士兵若承受不住進攻的壓力，自然會往南方後退。結果西元六十九年十二月二十二日的巷戰範圍，因此由北向南幾乎擴及整個市區。

最激烈的一場戰鬥就在近衛軍營區展開。因為這裡是營區，四周

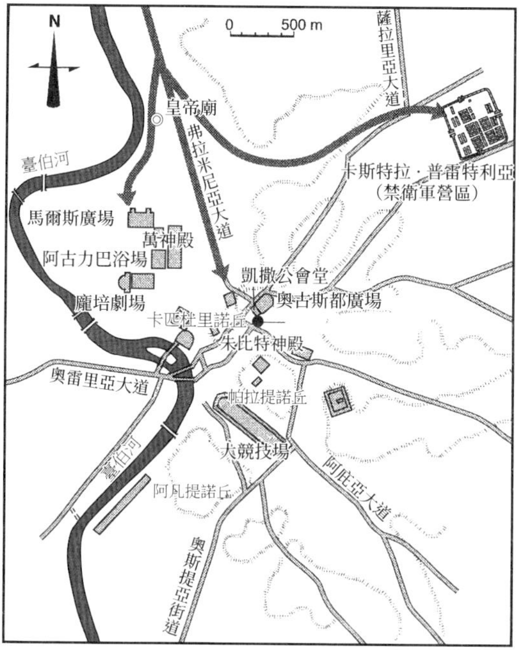

羅馬巷戰攻擊方面路線（箭頭）

有圍牆防禦，內部有大量的武器，攻守雙方又都是純戰鬥員。尤其最不幸的是，防衛這裡一萬七千名近衛軍是當初維特里斯由旗下萊茵河軍團中挑選出來的十六個大隊，而進攻方面的主力也正是因為幫助歐圖作戰，而遭到維特里斯解雇的九千名前任近衛軍。對這些進攻的士兵來說，這是一場重回半年前舊地的戰鬥。這場戰鬥持續了一整天。維特里斯派的近衛軍一直戰到最後一兵一卒，每具屍體都是正面受到刀傷，沒有人是逃亡時從背後遭到斬殺的。

而相反地，在其他地方的戰鬥，塔西圖斯是這麼記載的：

首都的民眾觀賞這天在市區內發生的戰鬥，就如同觀賞競技場上的鬥劍士決鬥一樣。眾人對善戰者拍手叫好，喊著要陷入苦戰的士兵多加把勁。而屈居劣勢的士兵如果想逃到店鋪或是民房中避難，市民會將他拖出來要求敵軍殺死他。而民眾趁著士兵熱衷於戰鬥，從旁竊取原本屬於這些士兵的戰利品。

整個首都瀰漫一片詭異至極、令人感嘆的光景。士兵互相衝突，死者當街橫屍，傷者哀號呻吟；然而公共浴場和酒店卻是人滿為患。在屍堆成山、血流成河的大街旁，娼婦正在和客戶交涉價錢。這一頭是充滿和平的景象，另一頭卻是遭人驅趕的敗軍。總之，整個羅馬都化為瘋狂與墮落的城市。

在羅馬市區內發生巷戰並非第一次，過往的蘇拉時代曾有兩度，而辛拿也曾以羅馬為戰場。然而往日與今天最大的差異在於民眾毫不關心。首都的民眾不關心內戰的結局，而只在意這場巷戰表演。這場戰鬥又逢薩圖魯努斯節的假期，於是人們就如同觀賞節慶表演一般觀賞這場戰鬥。對民眾來說，不管是維斯帕先或是維特里斯方面戰勝都無所謂；首都的平民把國難當成了取樂的材料。

筆者可以體會愛國的塔西圖斯心中有多少感慨。不過筆者也不禁覺得羅馬市民把羅馬人之間的巷戰當成競技場的鬥劍士比賽享受，是因為大家相當正確地把握了現狀。西元六十九年底在首都內的這場戰鬥對國家而言確實是一場災難，但是在潛意識裡，民眾其實已經了解到不管獲勝的是哪一方，會改變的只有皇帝的人選而已。而且平民的心裡也一定知道，在一次又一次自然淘汰的結果後，會是稍微優秀的一方坐上帝位。

史學家塔西圖斯的特色在於他是個名副其實的史學家。也就是說不管遇到任何事物，他都會一五一十完全記錄。不過，偶爾史料所傳達的訊息，也會和他想傳遞的想法大不相同。

在上文中，塔西圖斯大加責難把國難視同慶典表演的民眾。但對於像筆者這樣的讀者來說，最有印象的反而是羅馬平民的批判精神之敏銳；儘管後世的大多數史學家往往完全接受塔西圖斯的這些敘述。附帶一提，當年蘇拉與辛拿的內戰時（詳見第III冊），民眾之所以會有所關心，是因為平民的生活能否改善全看這一戰的結局。當時的內戰起因於平民階級與元老院階級的對立。蘇拉屬於元老院派，而與蘇拉敵對的馬留斯和辛拿則是平民派的領袖。因此一般民眾很清楚誰是該聲援的對象。

我們在此將話題回到西元六十九年十二月二十二日的巷戰上。除了正在激烈戰鬥的近衛軍營區以外，其他大多數戰線已經分出勝負。原本不知所措待在帕拉提諾丘上皇宮內的維特里斯，不知為什麼竟然在這時候離開皇宮外出。也許他打算逃離羅馬，投靠身在提拉其納的弟弟。不過奇怪的是他身邊竟然沒有護衛隊。也許他又改變了主意，所以馬上折返皇宮。但就在他離開皇宮的這段短時間內，宮廷內的人跑得一乾二淨。維特里斯進入無人的皇宮後，不知又為了什麼沒有回到他個人的房間，而進入了平常由近衛軍守衛的區域。過了沒多久，衝進皇宮的多瑙河軍團士兵就把他從藏身處搜了出來。

維特里斯雙手被綁在後面，讓士兵像是趕豬一樣的趕下了帕拉提諾丘。下山後他立刻被人驅趕到羅馬廣場，並且當場被殺。不過史書並沒有由安東尼·普里姆斯下令殺害的記載。原本安東尼·普里姆斯應該是這場巷戰的總指揮官，然而後世卻不清楚他這時身在何方。皇帝的遺體被人像是重刑犯的屍體一樣丟入臺伯河。維特里斯即位才八個月，享年五十四歲。

於是，羅馬帝國在短短一年中便折損了三名皇帝。不過這個史稱「四皇帝時代」，塔西圖斯筆下「幾乎成為帝國最後一年」的西元六十九年，也終於步入尾聲了。

而在數日後，彷彿一直在等待這個時機似的，穆夏納斯到達了首都。穆夏納斯身為維斯帕先的左右手——或者更應該說是智囊，並未像半年前的維特里斯一樣自恃戰功、帶兵進城炫耀。穆夏納斯不是以內戰勝利者的姿態出現在首都，而是以因內戰而崩潰的秩序重建者的身份現身。而這個冷靜的統治老手立刻將一切納入他的控制之下。

首先，穆夏納斯派兵前往提拉其納，將維特里斯的弟弟魯其烏斯率領的軍隊統統擊潰，並將魯其烏斯．維特里斯處死。這項行動雖然殘酷，但這是為了避免維特里斯東山再起的必要措施。

在這期間內他召開了元老院會議，讓維斯帕先和長子提圖斯當選次年西元七〇年的執政官。這時維斯帕先身在埃及，而提圖斯正忙著準備第二年的耶路撒冷攻城戰，因此兩人都不在國內。但以當時的羅馬法來說，如果是不得已因公滯留國外，則同樣能擔任執政官。將這兩個人送上執政官的位置，也就代表著帝國秩序重建工作的開始。

至於親手打倒維特里斯的功臣安東尼．普里姆斯，穆夏納斯只向元老院要求賞賜他的軍功，除此以外並未給予任何獎賞。這一點讓安東尼．普里姆斯不能接受。然而他的身份只是個軍團長，而穆夏納斯態度堅定，地位又是勝於他許多的行省總督。儘管傾慕安東尼．普里姆斯的圖密善為他求情，穆夏納斯卻沒接受當時十八歲的維斯帕先次子的要求。安東尼．普里姆斯對自己的待遇大為不滿，竟然走海路到埃及，直接向維斯帕先請願。然而新任皇帝的態度也未能滿足這個野心勃勃的三十四歲男子。這是維斯帕先和穆夏納斯之間合作關係完整密切的證據。更何況戰時的人才未必適於承平時期。

不過就如同史學家塔西圖斯所說的，儘管戰爭結束了，但不代表和平與秩序就此到來。為了迎向重建和平與秩序的工作，在西元七〇年秋天維斯帕先回國之前，穆夏納斯必須擔任實質上的皇帝工作。而穆夏納斯用於表明重建秩序意志的第一項措施，就是重建燒毀的朱比特神殿。

然而和平的第一要件「秩序」，卻不是光靠重建神殿這種和平事業就能恢復的。雖然穆夏納斯目前的官方職位為敘利亞總督，但他第一個要面對的課題就是：如何處理在萊茵河流域爆發的行省兵叛亂。

第四章

帝國邊境情勢

當筆者在第V冊中敘述凱撒與龐培間的內戰時，心中一直感到很疑惑，不知道為什麼行省民眾不趁機起兵造反。這時雙方都聚集手上的兵力，而過去被羅馬人征服的地方卻陷入軍事空白狀態。當時凱撒才剛征服高盧地區，而龐培完成的帝國東方稱霸戰，也不過是十幾年前的事。換句話說，被這兩人擊敗過的人大多還健在。如果這些人有脫離羅馬獲得自由獨立的想法，羅馬人內鬥時不正是最佳的時機嗎？

然而在這三年半的內戰期間內，卻沒有任何行省起兵叛變。剛剛被凱撒趕回萊茵河以東的日耳曼人也音訊全無，連凱撒出現前屢試不爽的渡河作戰都沒嘗試過。

如果說到羅馬人的內鬥，其實還包括凱撒剛遭暗殺後，一直到屋大維時代的奧古斯都結束內戰為止的十四年。然而這十四年間的大部份，首先是由布魯圖斯與加西阿斯對決安東尼與屋大維，之後則是屋大維對決安東尼的冷戰期間。真正兵刃相見的只有菲利比會戰與亞克興角海戰兩場，因此較難用於比較。能用於和西元六十九年比較的，還是只有一百二十年前凱撒對決龐培的過程。

西元六十九年的內亂，在一年內就結束了。然而在這短短一年之中，除了當初多虧尼祿皇帝決策才得以成功建立良好外交關係的東方防線以外，其他地區有不少民族藉機反抗羅馬人。

像是當時在不列顛的稱霸戰爭尚未完全結束，派駐於此的三個軍團忙於應付叛變的原住民，因此當收到本國的召集令時，也只能抽調一個軍團回國。

在多瑙河防線上，達其亞族藉機大舉南下入侵羅馬，逼得當時率軍西行的穆夏納斯必須停下行軍的腳步，與多瑙河軍團剩餘的兵力一同擊退外族。

而在萊茵河防線上，則傳出了前所未有的噩耗。向來被視為支援兵力的輔助兵竟然轉頭攻擊擔任軍團主力的軍團兵。而且這些日耳曼後裔的輔助兵不只呼籲萊茵河東岸的日耳曼部族一起行動，他們甚至呼籲同為羅馬行省民眾的高盧人，試圖建立高盧帝國，脫離羅馬的統治而獨立，使得事情更加棘手。

為什麼凱撒與龐培之間的三年內戰期間沒有發生這種事情，而四皇帝時代的一年內，邊境卻是如此混亂？

以下這幾個理由應該能夠充分說明這個現象：

第一，對立場與能力足以領導反羅馬行動的地方有力人士來說，凱撒和龐培是帝國內外無人不知、無人不曉的名人。相對之下，噶爾巴、歐圖、維特里斯這幾個人並不具有全國性的知名度。既然不知道是何許人也，在起兵反抗時也就不會感到有太大的威脅。

第二，龐培與凱撒兩人，前者是一掃地中海海盜、並完成東方稱霸戰的英雄；後者則是征服高盧人、驅逐日耳曼，具有壓倒性戰績的人物。對於行省的有力人士以及帝國防線外側的民族來說，這兩個人都是曾經讓自己吃過大虧的戰將。

從這方面來說，三皇帝可說是遜色得無法比較。不管是噶爾巴也好，歐圖或是維特里斯也罷，雖然擔任過行省總督，卻沒有打過勝仗的經驗。對於行省民眾來說，三皇帝並非竭盡全力之後依然戰敗的對手。當然，維斯帕先在這方面的條件也是一樣。因此對於維斯帕先來說，讓猶太戰役在成功狀態下收場是他最重要的工作。

而第三個理由，則是戰場的位置。

當年龐培與凱撒相爭時，戰場遍及義大利、西班牙、希臘、埃及、北非，最後又回到西班牙，戰場遍及整個羅馬勢力圈。然而西元六十九年時，戰場僅在北義大利，而且兩次都在半徑二、三十公里的同一個地方進行。就算加上在首都的巷戰，這場內戰並未出過義大利一步。對於居住在帝國廣大邊境的人們來說，就算戰鬥的舞臺是在義大利，也不過是在遙遠國度上的事件而已。

簡單來說，前者就像是以整個非洲草原為背景的象群大戰。由兩頭體型特別大的巨象帶領部屬，在整片草原上橫衝直撞正面衝突。在這種情況下，連獅子都要感到恐怖，乖乖守在草原邊緣觀望情勢。要是不小心踏進草原內，搞不好會被疾馳而過的象群踩成肉醬。而連獅子都這副表現，要靠數量才膽敢跟獅子一搏的非洲土狼當然也只有屏息靜氣在一邊等待結果。

相對地，西元六十九年的內戰，不過就是公獅子在草原的一角爭奪母獅子而已。當然這不是讓其他動物嚇得不敢亂動的激烈戰鬥。因為西元前一世紀的內戰，是為了羅馬今後的政體所展開，戰爭的結果將決定繼續維持以元老院為首的共和政體，或是讓羅馬走上新的帝政之道。而西元六十九年的內戰，不過就是決定歷經百年之後的帝政是由誰當家而已。在草原邊緣的各種動物當然可以個別自由行動。

塔西圖斯寫道，維特里斯的死讓戰爭結束了，但不表示和平也已經恢復。這點筆者表示認同。獅子之間的爭鬥雖然結束，大草原上的其他地方還是漫無秩序。至於恢復秩序的工作，就要交給新任皇帝維斯帕先和他的左右手穆夏納斯了。

行省兵叛亂

我們一聽到荷蘭這個國家，第一個會想到的就是滿地盛開的鬱金香，還有這是個將低於海面的地區施工轉變成可用土地的刻苦民族。不過荷蘭人其實也是能在全球運動舞臺上展現實力壓倒眾人的民族。荷蘭人對人種問題較不嚴苛，因此現代的荷蘭人也有不少黑人。不過各位如果要想像古代荷蘭人，只要想想世界杯足球賽的荷蘭白人選手就好了。羅馬人稱荷蘭人的祖先叫做巴達維族。

巴達維族屬於日耳曼民族，居住在萊茵河河口附近，但不是羅馬的行省人民。既然不屬於羅馬的行省系統，自然不必繳納行省稅。不過羅馬人是個擅長隨機應變的民族。他們雖然沒有將其納入行省體系，但是和巴達維族締結了同盟關係。巴達維族提供兵力給羅馬，而羅馬則尊重巴達維族的獨立，若是遭到周邊部族攻擊時也將協力擊退。這個關係從第一個計畫以萊茵河為北方防線的人——朱利斯．凱撒的時代開始。

我們從以下的資料可以充分推論證明，當年凱撒計畫以萊茵河為北方防線。

第一，凱撒允許在他征服高盧時已經定居萊茵河西岸的日耳曼人居住原地。後來羅馬人將萊茵河西岸分成低地日耳曼與高地日耳曼兩個行省，這些地方就是現代的荷蘭南部、德國西部、比利時東部與瑞士。而這裡也是凱撒西征之前西渡萊茵河移居的日耳曼人居住地區。換句話說，這些人雖然同樣被稱為高盧人，但是與居住在法蘭西地區的高盧人人種不同，是屬於日耳曼後裔的高盧人。

第二，凱撒推薦雖然住在萊茵河東方，卻與羅馬人友好的日耳曼系烏比族遷居西岸。為了讓他們有地方定居，給了他們後世稱為科隆的地方。這很明顯是純粹為了強化萊茵河作為羅馬世界防線的效果。

而且凱撒對待他們和對待其他高盧人一樣，將自己的家門名「朱利斯」賜給了這些日耳曼系的高盧人，與他們之間締結了“Clientes”（英文則是“Client”）關係。如果以現代的方式來說，這就好像一種大家長與分家、幫會領袖與下屬，或是政治人物與後援會的關係。亦即創立一種征服者與被征服者之間的命運共同體。其證據就是凱撒將羅馬公民權賜給了這些部族的有力人士。由於羅馬公民權是世襲制，因此這些仕紳的後代也都一直是羅馬公民。

而且凱撒的這個作法，同樣適用於羅馬霸權下的高盧人和日耳曼系高盧人之外的民族。很明顯地，這是對於羅馬霸權範圍外的萊茵河東岸部族的懷柔政策。結果讓萊茵河河口北部，目前的阿姆斯特丹周邊的巴達維族族長與其親戚成為羅馬公民，並享有「朱利斯」家門名。

當凱撒剛開始施行這項措施時，西塞羅、小加圖還有布魯圖斯大加批判，認為這是凱撒為了擴張個人勢力的作法。不過這項批評實在太短視了。凱撒之所以將自己的家門名賜給外族，純粹是因為這是當時最迅速有效的方法。其證據就是當凱撒逝世，以凱撒起始的朱利斯．克勞狄斯王朝崩潰之後，這些外族的「朱利斯」依舊維持與羅馬的命運共同體關係。凱撒早已洞察這些人與自己的"Clientes"關係，將會轉化成這些人的子孫與羅馬帝國的"Clientes"關係。這種雄才大略才足以稱為「百年大計」。而且何止百年，之後起碼維持了四百多年。

我們將話題拉回巴達維族上面。與羅馬締結友好關係後，他們的義務是提供兵力。也就是擔任以支援羅馬主戰力「軍團兵」為任務的輔助兵，在羅馬人的領導下服兵役。然而提供兵力並不只確保士兵人數的意義而已，還代表穩定的雇用體系。一旦生活安定，人就會趨於保守。既然趨於保守，採取激烈手段起身反抗羅馬人的可能性也就隨之降低。

這個輔助兵役的活用制度，是在奧古斯都皇帝確認軍制以後，正式成為羅馬軍制的一部份。兵役期限明定為二十五年，役畢退伍時可以得到羅馬公民權，因此巴達維族的羅馬公民人數也大幅成長。不過能夠號稱「朱利斯」的，還是只限於部族長階級。羅馬帝國直到第三代的卡利古拉皇帝為止都出於朱利斯一門，能夠享有和皇帝同樣的家門名，顯然地和部族其他男子不同，是一種特權的表彰。

從上述事實我們可以得知，凱撒是個凡事追求合理方法的人。他將「朱利斯」家門名賜給這些外族，不是為了提升這些人的特權，而是因為他認為這個方法有效。因為由行省民眾或羅馬同盟國民構成的輔助兵力，是由同地方同部族出身的士兵組隊。而這些部隊的指揮官按慣例是由士兵所屬部族的族長階級擔任。有趣的是，到了西元一世紀時，由公民組成的羅馬軍團指揮官選任已經改為實力取向，然而輔助部隊的長官依舊是以家族權威為主。也許所謂的合理化思想，與文明的程度成正比也不一定。

總之不論如何，西元六十九年時統領巴達維族八千名部隊的指揮官名為朱利斯．奇維里斯。不用說，他當然擁有羅馬公民權。而這個「朱利斯」正是趁著羅馬人內鬥的機會，在萊茵河下游一帶掀起反羅馬風潮的人。

在敘述這個前後不滿一年的事件之前，筆者要先提醒各位讀者，接下來筆者在敘述的過程中，會一直重述各個人物的家門名。以往為了避免內容冗長，筆者會避免將個人名、家門名、家名完全寫出，但是以下的內容不同。筆者會一直強調家名與家門名，比方說，朱利斯．奇維里斯、朱利斯．克拉西克斯等。這是為了讓各位讀者能夠感受到，這些人就是一百二十年前朱利斯．凱撒賜家門名的那些人的子孫。也許各位讀者陸陸續續看下去會以為：今天這場動亂，原來是凱撒一百二十年前種下的惡果。

確實沒錯，整篇文章到處都是「朱利斯」。但要是讀者因此認為《列傳》作者普魯塔克高度稱讚的凱撒被征服民族同化政策，其實是項失敗政策的話，那各位就錯了。

為什麼這個想法不對呢？因為並非所有具有「朱利斯」家門名的非羅馬人都是這個事件的主謀。朱利斯．奇維里斯從行省兵叛亂起步，到建立高盧帝國的計畫之所以失敗，就是因為高盧地區其他的「朱利斯」不贊同。除了在這個事件登場的人物之外，還有許多「朱利斯」存在。至於他們對帝國的貢獻，我們只要舉出幾個人名就能了解。

積極協助維斯帕先稱帝的猶太人埃及長官叫做「朱利斯．亞歷山卓」。他這時正在協助提圖斯準備耶路撒冷攻城戰。

著名水道研究書作者，亦為西元六十九年羅馬法務官的人名叫「朱利斯．弗隆提努」。元老院會議的召集權在政務官與法務官手上，不管穆夏納斯如何努力想讓維斯帕先和長子提圖斯當上政務官，如果沒有朱利斯．弗隆提努的協助，一切都只是空談。

最後則是史學家塔西圖斯的岳父，完成不列顛稱霸作戰的朱利斯．阿古力克拉。

從這些例子大家可以發現，一百二十年前凱撒種下的種子，在今日已經是一棵棵茁壯的大樹。任何事情都有它的風險，只是儘管遇上了風險，並不代表凱撒的政策錯誤。凱撒之後的歷代皇帝都沒有改變他的同化政策，足以證明這項政策的前瞻性。就連解決行省兵叛亂問題後，進行帝國重建工作的新任皇帝維斯帕先，也完全沒有更動這方面的政策。這也就表示，所有的帝國後任統治者一致認同凱撒的同化政策。所謂「朱利斯」風險所帶來的，不過就是在閱讀史書時，看到這個也是朱利斯，那個也叫朱利斯時，令人發噱的程度罷了。

不過，這件事所暴露出的「朱利斯」以外的問題之深刻，後世史學家毛姆森認為是羅馬史上未曾有的災殃。同時也不禁讓人深思，內亂所造成的害處是如何波及到社會的其他層面。

朱利斯・奇維里斯

巴達維族的領袖朱利斯・奇維里斯在西元六十九年時的年齡並不可考。當史上第一次出現他的記錄時，是西元六十二年的尼祿皇帝時代。當時他在波利納斯旗下率領巴達維部隊進行不列顛稱霸戰。儘管他擁有「朱利斯」的家門名，但羅馬沒有讓一個年輕人帶領八個大隊八千名士兵的前例，因此他這時應該至少有四十歲。所以西元六十九年時，他至少也是坐四望五的年齡了。而他在羅馬軍中的經歷還能由西元六十二年往前倒推，所以這個巴達維人在軍中說不定已經待上足以讓行省兵退伍的二十五個年頭。

羅馬軍在開作戰會議時，通常會讓輔助部隊的指揮官列席。因此只要有足夠的智能與意願，就能輕易了解羅馬軍的優缺點。事實上朱利斯・奇維里斯不但熟悉，而且善加利用了羅馬軍的特色。

在當時除了遠征之外，通常羅馬軍的輔助部隊派駐地點會在士兵的出身地附近。因此出身萊茵河河口一帶的巴達維部隊也應該屯駐於人稱「低地日耳曼」，由波昂往下游的萊茵河沿岸。維特里斯在稱帝之前，就是擔任低地日耳曼的司令官。而在維特里斯稱帝之後，受命帶兵進攻義大利的西西納與瓦連斯兩個人，也是低地日耳曼軍團的軍團長。

史上並未記載朱利斯・奇維里斯是否曾經參加第一次貝德里亞克會戰。不過當時這場混戰的特色在於，作戰時的部隊配置不分主要兵力「軍團兵」與支援兵力「輔助兵」，整個戰場亂成一片。主要原因在於作戰雙方總指揮能力不足。而這場戰鬥的另一個副產品是讓輔助兵覺得軍團兵不足畏懼。朱利斯．奇維里斯率領巴達維部隊叛亂，也正是四月十五日第一次貝德里亞克會戰的結果。事情發生在戰後輔助兵收到返回屯駐地點命令後的夏天，在萊茵河沿岸爆發。

為什麼朱利斯．奇維里斯決定起兵反抗羅馬呢？史學家塔西圖斯認為這是維斯帕先透過安東尼．普里姆斯連絡，要求朱利斯．奇維里斯設法纏住萊茵河軍團剩餘兵力，讓他們無法南下義大利支援維特里斯。以塔西圖斯所著《歷史》為研究基礎的學者，大多數也都接受這個說法。

然而筆者實在無法同意。因為若是維斯帕先在背後牽線引發行省兵叛變的事情曝光，會對意圖稱帝的維斯帕先造成致命的打擊。維斯帕先不屬於既有統治階級的「新進門派」，如果讓大家知道這個新來的統治者挑動非羅馬公民的行省兵去傷害羅馬公民出身的軍團兵，元老院和一般民眾將大為光火。就連謀略家馬基維利都不敢說「為達目的不擇手段」這句話。馬基維利只說「為達目的應選任何有效的手段」。然而鼓動行省兵反抗羅馬並非絕對有效的手段，冷靜的穆夏納斯不會下令執行這種行動。

話說回來，安東尼．普里姆斯是個精力旺盛但思慮淺薄的男人，也有可能在未經穆夏納斯授權的情況下私自連絡朱利斯．奇維里斯。不管怎麼說，巴達維族倒是善加利用了這個一年內更換三、四名皇帝的亂世。儘管朱利斯．奇維里斯心裡想的是反羅馬的意圖，但當他在攻擊由維特里斯士兵防守的萊茵河沿岸基地時，打的是維斯帕先派的旗幟。

對日耳曼民族來說，連白天都顯得陰暗的森林才是他們的起源。而決意起兵反抗羅馬的朱利斯．奇維里斯也選擇了森林作為集會的地點。

他以宴會的名義，召集了巴達維族的有力人士，並在這些人面前大肆演說。大意是強調日耳曼民族的精神，而現在正是脫離羅馬統治的好時機。當精銳部隊悉數前往義大利時，守衛基地的軍團兵都是些老弱殘兵。而且基地內部有大量值得搶奪的物資。萊茵河防線各個防衛軍團的光榮已經是過去的事，現在只留下軍團的空名，因此羅馬軍團絲毫不值得畏懼。

朱利斯．奇維里斯似乎是個擅長演說的人，他的演說中「只留下軍團的空名」這一句話是從以下的實情而來的。

羅馬的軍團其實並非只有第一、第二等數字編制。其實正式的名稱應該像是第一「某某」軍團。而至於這些「某某」軍團的內容，大致上有三個來源。

第一種是由編成軍團的人的姓名而來。例如第二奧古斯塔軍團（派駐於不列顛）、第八奧古斯塔軍團（派駐於莫埃西亞），名稱是由第一代皇帝奧古斯都而來。而第七克勞狄亞軍團（派駐於莫埃西亞）、第十一克勞狄亞軍團（派駐於達爾馬提亞），則是由第四代皇帝克勞狄斯所建制。

第二種則是加上徵募志願者的地方名稱。例如第一日爾馬尼加軍團（派駐於低地日耳曼）、第十六高盧軍團（派駐於低地日耳曼）、第四馬奇德尼加軍團（派駐於高地日耳曼）、第九西斯帕納軍團（派駐於不列顛）。這些軍團分別是在高盧東部、高盧西部、希臘北部以及西班牙徵募所得。而第五亞勞德軍團則是凱撒在和龐培對決時編組南法地區高盧人所得的軍團。亞勞德意指南法地區常見的雲雀。

第三種則起源不明，是採用一些兇猛的名詞作為軍團名稱。朱利斯．奇維里斯舉的例子就是指第三種的軍團。如第三拉帕克斯軍團（派駐於高地日耳曼）如果意譯的話，意思是第三猙獰軍團。第十三弗爾米納塔軍團（派駐於敘利亞）則意為第十三雷霆軍團。而如果意譯第十五普里米吉納軍團（派駐於低地日耳曼）與第二十二普里米吉納軍團（派駐於高地日耳曼），則是第十五、第二十二無敵軍團。

這些軍團名稱也許能讓團內的兵卒士氣高昂，但不需朱利斯．奇維里斯在此指責，原本從第三者的眼光來看也只讓人覺得好玩罷了。

而朱利斯．奇維里斯繼續對族內的有力人士進行下列演說：

我們輔助兵不論在步兵騎兵上，能力都已經不輸給羅馬軍團兵。只要我們登高一呼，萊茵河東岸的日耳曼各個部族絕對會起身呼應。就連住在萊茵河西岸的高盧人，也會在日耳曼血脈的呼喚下與我們同進同出。最後這股反羅馬的風潮勢必會席捲整個高盧地區。而現在羅馬人內鬥，正是起兵的好時機。就算攻擊支持維特里斯的萊茵河軍團基地，維斯帕先派的各個軍團既沒有意願馳援，也沒有那種餘裕。

這場演說大為成功，巴達維族的各個有力人士深表贊同。

不過朱利斯．奇維里斯並未立刻展開行動。他首先悄悄連絡住在萊茵河河口西方，位於巴達維族西側的加尼伐提族。這個部族的語言、風俗都和巴達維族相同，但因為部族較小，地位有如巴達維族的下屬。加尼伐提族也傳來令朱利斯．奇維里斯滿意的消息。之後他隨即呼籲位於萊茵河河口北部的弗利吉族，同樣也得到預期中的答案。於是朱利斯．奇維里斯至此已經確立了萊茵河河口周邊部族的共同戰線。

完成上述工作之後，朱利斯．奇維里斯派遣密使，連絡經歷第一次貝德里亞克會戰後，回到高地日耳曼主要基地梅因茲的輔助部隊。這個輔助部隊也成功被收買。當打著維斯帕先派旗幟的多瑙河軍團接近義大利，維特里斯下令部隊南下時，這個部隊不但抗令，而且北上與朱利斯．奇維里斯會合。

完成這些確保同盟的過程後，朱利斯．奇維里斯正式展開反抗羅馬的行動。他首先襲擊萊茵河口最前線的碉堡守衛隊。依照羅馬軍的慣例，最前線基地只有部隊長與數個軍團兵，其他兵員大多是由行省兵負擔。由於該基地的隊長認為無法堅守，因此放棄防禦。於是朱利斯．奇維里斯反羅馬的第一場戰鬥，取得了不戰而勝的成果。之後攻擊的數個碉堡也同樣是由行省兵防衛，因此沒有遭到太大的阻力。

朱利斯．奇維里斯處置高舉雙手走出碉堡投降的行省兵時手法相當巧妙。因為他原本就假借維斯帕先派的名義行動，所以完全沒有提到反抗羅馬的任何一句話。朱利斯．奇維里斯只是告訴投降的士兵要在自己的指揮下作戰，或是返鄉自食其力，都是士兵的自由。然而行省出身的士兵，往往都是因為在故鄉走投無路才志願擔任羅馬軍的輔助兵。對他們來說，打著維斯帕先派名義的朱利斯．奇維里斯無疑是個羅馬軍的將領。因此他們這時還不知道，加入指揮巴達維部隊的朱利斯．奇維里斯旗下其實是一場叛變。

朱利斯．奇維里斯進行叛亂的方法實在高明。他以羅馬帝國的最北端為起點，逐步延伸到整個萊茵河下游地區的低地日耳曼行省。就算要從義大利派遣軍隊鎮壓，光是行軍到這裡就要花上兩個月。

出擊成功之後，朱利斯．奇維里斯開始以萊茵河為中心，向東西兩方面招募

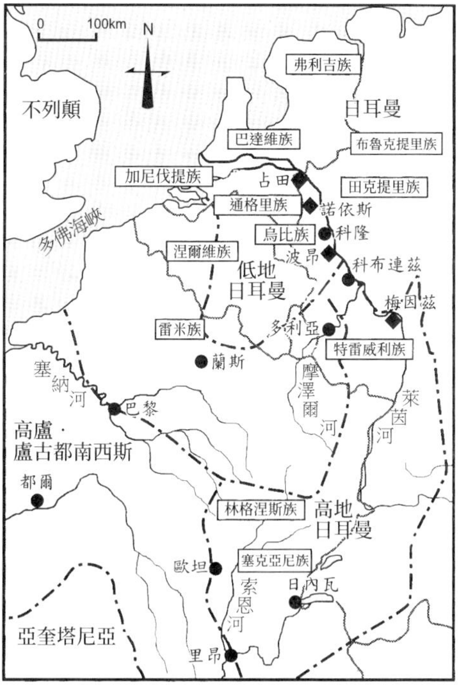

日耳曼民族居住地區分布圖（◆代表萊茵河軍團基地位置，＿代表現代的國界）

同志。在東方招募到布魯克提里族與田克提里族。這兩個部族是和羅馬沒有交情的未開化族群。而在西方則爭取到了涅爾維族與通格里族。這兩個部族都是居住在萊茵河西方，被凱撒征服並納入行省系統的日耳曼裔高盧人。而在羅馬軍中也有不少這兩個部族出身的輔助兵。這時低地日耳曼軍團已經對朱利斯．奇維里斯展開行動，但他們還不知道這兩個部族已經站在朱利斯．奇維里斯這一邊。因此用於鎮壓朱利斯．奇維里斯的軍隊也帶著這兩個部族出身的輔助兵同行。

於是在戰場上發生了讓人驚愕的事件。這兩個部族出身的輔助兵原本配置在羅馬軍的兩側，當發出戰鬥命令時竟然原地不動。然而真正原地不動也只有最初的短時間內，等他們開始行動時，已經整隊投靠朱利斯．奇維里斯。於是在場的羅馬人不論是士兵、百夫長或是大隊長全遭殲滅。

朱利斯．奇維里斯趁勢用同樣的手法奪得了萊茵河艦隊。由於水手和搖槳手都由行省民眾擔任，朱利斯．奇維里斯只需殺死艦長階級就好。奪得萊茵河艦隊在戰術上有極大的意義。因為羅馬軍團的基地都沿著萊茵河設置，如此一來朱利斯．奇維里斯可以從水陸雙方面展開進攻。

圍攻羅馬軍

朱利斯．奇維里斯的叛軍這時已經強盛到掌握萊茵河兩岸的日耳曼諸部族。於是他開始正式攻擊羅馬的軍團基地。首先他挑上了位於威提拉（今占田），人稱「卡斯特拉．威提拉」（威提拉軍團營區）的基地。這個軍團基地位於一連串萊茵河防線基地的最北方，是第五雲雀軍團與第十五無敵軍團的駐紮地。不過西元六十九年時，這兩個軍團的精銳為了支持維特里斯作戰已經前往義大利，剩餘的兵力只怕不滿五千。朱利斯．奇維里斯軍此時高舉羅馬軍輔助部隊隊旗，派軍包圍此地。之後朱利斯．奇維里斯派遣使者前往基地，要求對方向新皇帝維斯帕先宣示效忠。

對留守占田基地的軍團兵來說，無論如何不可能在同袍前往義大利為維特里斯作戰時改支持其他人物。因此他們當然拒絕這項提案。於是在朱利斯．奇維里斯指揮下，由正面的萊茵河與其他三方面的包圍攻擊戰立即展開。

在低地日耳曼發生戰鬥的消息，數日後便傳到了高地日耳曼最重要的基地梅因茲。當時身在梅因茲的高地日耳曼司令官是夫拉克斯。自從低地日耳曼司令官維特里斯到義大利登基稱帝之後，他身兼高地、低地日耳曼的最高軍事負責人。因此防衛占田的工作就是他的任務。

然而又老又病的夫拉克斯只是因為旗下士兵支持維特里斯，所以才虛應故事。他本人比較傾向於支持維斯帕先。而夫拉克斯之下的軍團長絕大多數都屬於維斯帕先派。也就是說高地日耳曼的三個軍團中，軍官與士兵之間想法有段差距。儘管這時問題還沒有表面化，但是編組占田援軍的動作因此稍有延誤。

不論如何，援軍總算是編組完畢了。離開梅因茲冬季營區的第四與第二十二軍團揮軍北上，並且計畫在波昂與第一軍團、在諾依斯與第十六軍團會合，以四個軍團的兵力攻擊叛軍。不過雖然號稱四個軍團，但實際人數並不滿二萬四千人的編制。正確數字雖然不明，但是考慮到義大利內戰的需求，只怕當時人數不滿標準建制的五成。

援軍的指揮當然是由夫拉克斯擔任，不過他雖然同行至諾依斯，但其後將指揮權交給了年輕的狄留士．渥克拉。渥克拉是派駐於梅因茲的第二十二無敵軍團軍團長。

然而由梅因茲沿著萊茵河行軍至占田的過程無比艱苦。首先確保糧食的過程就相當不順利。這是因為農民知道大戰將至，紛紛把農作物藏了起來，就算花錢也未必買得到手。而人在空腹狀態下脾氣通常也比較差，軍官階級與士兵間的隔閡這時開始浮上檯面。由於對指揮官不信任，士兵開始不守軍紀。不過渥克拉的苦心總算有了結果，將軍隊帶到只需行軍一天就能到達占田基地的位置。朱利斯．奇維里斯攻擊羅馬軍基地的企圖因此難度倍增。不幸的是這時傳來了第二次貝德里亞克會戰的結果。

如果要將十月二十五日第二次貝德里亞克會戰中，維特里斯派戰敗的消息傳到萊茵河下游的占田，以快馬傳遞的方式用不到一個月。也就是說不管是進攻方面的行省兵，或是防禦方面的軍團兵，在十一月底、十二月初時一定都已經知道維特里斯沒有東山再起的機會了。這時萊茵河下游已經是連野獸都行動遲緩的嚴冬。而德意志境內的冬季會伴著冰冷的陣陣雨水到來。「萊茵河軍團」的士兵知道自己所支持的維特里斯敗北時，心情也彷彿德意志的冬天一般，士氣暴跌直落谷底。

然而第二次貝德里亞克會戰的結果對朱利斯．奇維里斯來說也不是好消息。既然羅馬帝國的皇帝鐵定要由維特里斯換成維斯帕先，他就再也不能以逼迫宣示效忠維斯帕先的名義攻打羅馬軍軍團基地。因為不管皇帝換成什麼人，羅馬的軍團兵都有宣示效忠的義務。這些身在維特里斯派的萊茵河軍團兵，遲早也得宣示效忠維斯帕先。

事已至此，朱利斯．奇維里斯也只好脫掉維斯帕先派的面具。到這時候人人都明白，這是一場行省兵對軍團兵的戰爭。

然而萊茵河軍團的士兵士氣實在衰退得太厲害。他們知道維特里斯落敗時的失望，不久便轉成對軍官階級的不信任與憤怒。原本僅止於懷疑軍官階級期望維特里斯戰敗的猜忌，至此一轉成為確信。憤怒失控的士兵攻擊老司令官夫拉克斯的休息室，將他從床上拖下殺害。渥克拉化裝成奴隸逃亡，才因此躲過一劫。

而這時又傳來梅因茲軍團基地遭到襲擊的消息。這是由朱利斯．奇維里斯在背後策動萊茵河東岸日耳曼人的偷襲。當聽到這個消息後，羅馬軍有名的鐵的紀律馬上又復活了，渥克拉也回到軍中擔任指揮。為了拯救梅因茲基地，第一、第四、第二十二軍團在渥克拉指揮下轉頭南下。因為要是梅因茲被人攻陷，萊茵河防線也就宣告崩潰了。

梅因茲防衛戰雖然成功，但這段期間內朱利斯．奇維里斯呼籲日耳曼裔高盧人的作戰也頗有成果。這是因為他先表現出軍事作戰成果，之後開始四處拉攏的手法相當正確。這時高盧的有力部族特雷威利與林格涅斯表示願意與奇維里斯合作。

高盧帝國

特雷威利族是定居在摩澤拉（今摩澤爾）河周邊的部族。自從凱撒將他們納入羅馬霸權之下，他們的根據地就一直在今日的多利亞。這個地方古代名為奧古斯塔·特列維羅姆，由這名字可知，這是萊茵河基地群的心腹要地，由羅馬人都市化發展經濟至此已經至少過了百年。同樣際遇的林格涅斯族的居住地就緊臨在特雷威利族南邊。換句話說，朱利斯·奇維里斯掀起的反羅馬風潮已經傳到了高盧中部。

代表特雷威利族參加反羅馬戰線的是朱利斯·克拉西克斯、朱利斯·都鐸、朱利斯·范倫鐵諾三個人。從他們的「朱利斯」家門名可以得知，這三個人都是部族內的有力人士。

而林格涅斯族的代表人物為朱利斯·薩比努斯。這個人一向標榜自己是一百二十年前凱撒在高盧戰爭期間，與當地女子誕下的私生子後裔。他連個人名都取和凱撒一樣的名字，全名叫做蓋烏斯·朱利斯·薩比努斯。不過就算凱撒知道自己的子孫有人起兵反抗羅馬，只怕也頂多笑一笑，說聲這真傷腦筋。總而言之，反羅馬的領袖全是凱撒當年賜家門名「朱利斯」的仕紳後裔，而且全部都有在羅馬軍中擔任輔助部隊隊長的經歷。其中兩個人還曾經參加過第一次貝德里亞克會戰。以朱利斯·奇維里斯為首的這五個人在科隆密會，宣誓結成共同戰線。

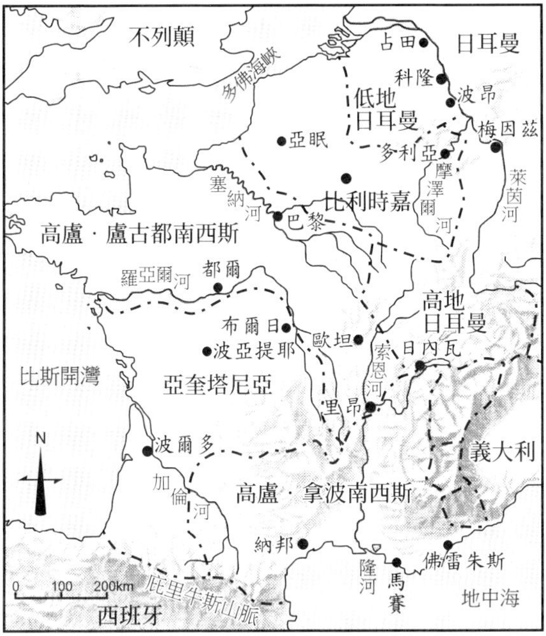

高盧地區整體圖

會議的地點之所以選在科羅尼亞．阿古利庇內西斯（今科隆），是因為這個地方是萊茵河沿岸行省居民居住的最大都市。將居住在此的烏比族拉入己方陣營，有助於將目前行省「兵」對抗羅馬兵的形式，轉向成為行省「民」與羅馬兵對決的形式。只有將民間人士拖下水，才能彰顯這是一個脫離羅馬的獨立運動。因此會議時烏比族的代表也有列席。而在這個方面，表明全部族參戰的特雷威利族與林格涅斯族列席的意義也相當重大。可見朱利斯．奇維里斯之精明，這點連塔西圖斯都讚不絕口。

而在這次科隆會議之後，才正式決定要創設「高盧帝國」。這個建國計畫相當龐大，整個帝國統括萊茵河東岸的日耳曼人、西岸的日耳曼裔高盧人，以及西至庇里牛斯山脈的高盧人，還要將羅馬人趕回阿爾卑斯山以南。這個獨立建國的計畫有些像是在後世英法等殖民帝國興起的殖民地獨立運動。不過若是計畫成功，整個阿爾卑斯山以北會恢復當年朱利斯．凱撒開打高盧戰爭前的狀況。有趣的是這場會議中使用的是拉丁語，而高盧帝國一詞也以拉丁語表示。這一點也有點像是後世殖民地獨立運動時，不得不使用宗主國的語言進行反宗主國運動一樣。不過這些「朱利斯」的企圖會失敗的原因，卻是在後世的殖民帝國不可能發生的事情。

總之在確認了建立「高盧帝國」的願景之後，領頭的數位「朱利斯」更是士氣高昂。而且之後馬上發生了值得當成預祝高盧帝國建國的事情。

這件事就是十二月十九日羅馬的坎比德利歐神殿燒毀的消息。這個神殿原本是獻給羅馬諸神中最高位的朱比特神。神殿失火的消息對於日耳曼人以及日耳曼裔高盧人來說，正是諸神也放棄了羅馬人的證據。因此脫離羅馬獨立的氣勢更是高漲。精明冷靜的朱利斯．奇維里斯也許不會接受這種迷信，不過既然同志們要相信，對他也沒有妨礙。而且朱利斯．奇維里斯早已認為羅馬帝國正逐步走向崩潰。

坎比德利歐神殿失火燒毀的消息同樣也傳到了身在萊茵河畔的羅馬軍團兵耳中。而後緊接著傳來了維特里斯遇害的消息。渥克拉要率領這些落魄失意的士兵，更是難上加難。儘管時局艱困，死守整條萊茵河防線的重責大任依舊扛在渥克拉的肩上。他必須守住防線關鍵的梅因茲、波昂、諾依斯、占田等各個軍團基地。然而擋在波昂與諾依斯之間的科隆，實質上已經被朱利斯·奇維里斯鼓動的日耳曼人占領了。而便於傳遞資訊與運輸士兵的艦隊，又已經落入敵軍手中。

儘管局勢不利，渥克拉在成功守住梅因茲基地後再度揮軍北上。這是為了解救死守已久的占田基地。他途中先將軍隊帶到了諾依斯基地。

羅馬軍的「軍團」一詞定義不只包括由羅馬公民志願擔任的軍團兵，一般而言要包含和軍團兵幾乎相同數量的輔助兵在內。而西元六十九到七〇年間，萊茵河軍團的輔助兵雖然因為朱利斯·奇維里斯帶動的行省兵叛亂而減少，但仍然有非日耳曼後裔的高盧兵在內。

羅馬軍不只軍團兵衣裝統一，連輔助兵的裝備也統一。簡單來說，前者是重裝部隊，而後者的裝備較輕。這是因為一為主力部隊，另一則為輔助兵力，所以是理所當然的事情。

而特雷威利族的領袖朱利斯·克拉西克斯和朱利斯·奇維里斯聯手後，利用衣裝統一這一點將部下送進了渥克拉旗下的軍團中。羅馬人雖然在任何領域都不強迫國民使用拉丁語，但只有軍事領域統一使用拉丁語。因此即使出身不同的士兵混進羅馬軍團，也不會因為語言不同而被識破。

渥克拉在離開諾依斯前往占田解圍之前，按例在士兵前發表演說。因為他察覺到士兵沉重的心情，所以發表了一篇聲調悲痛，以愛國心為訴求的演講。

而這時朱利斯·克拉西克斯旗下的士兵已經混入了傾聽演說的軍團兵與輔助兵之中。這些人大聲喧譁打斷了渥克拉的演講。而且事態不僅止於此，他們穿越不知所措的士兵之間衝上講臺，拉下渥克拉之後以輔助兵用的長劍刺進了他的胸口。因為事出突然，站在講臺邊的兩名軍團長也隨之遇難。

隨後朱利斯．奇維里斯和朱利斯．克拉西克斯立即出現在失去長官、陷入混亂的士兵面前。這兩名領導反羅馬運動的「朱利斯」要求身為羅馬公民的軍團兵宣誓效忠高盧帝國。當然，這時候侵入基地的叛軍已經將羅馬軍團兵包圍住了。

羅馬有史以來最大的屈辱

這些軍團兵在歷經擁立維特里斯失敗，為因應行省兵叛亂而來回行軍於冬季的萊茵河畔，現在又失去了指揮官。想必士兵心中只剩下絕望、疲憊與失落的感覺了吧。而陷入這種情況下的人，往往會拼命地為自己將採取的行動找尋理由。

自從開國皇帝奧古斯都改革軍制以來，出身行省的輔助兵只要服滿二十五年的兵役，就能取得羅馬公民權。因為羅馬公民權為世襲制，因此輔助兵的兒子有資格志願擔任軍團兵。

而重新確認萊茵河為帝國防線，並依照戰略在河岸附近的占田、諾依斯、波昂、梅因茲建立永久基地時，已經是二代皇帝臺伯留的時候了。在西元六十九年時，萊茵河軍團的七個軍團中，除了由不列顛換防至此的一、二個軍團之外，都是從臺伯留時代至今五十年未曾調動的軍隊。也就是說，即使他們是守衛萊茵河的羅馬軍團兵，身上流的血卻是行省民眾的血。

而即使是出身義大利的軍團兵，派駐邊境的士兵也往往在退伍後與基地附近的行省女性結婚定居。這時父親原本就是羅馬公民，因此子孫也是羅馬公民。換句話說，具有志願擔任軍團兵的資格。在這情況下，軍團兵身上的羅馬血統，在第一代時只有一半，到了第二代時只剩四分之一。「萊茵河軍團」在羅馬軍中頂尖的評價，實際上有一大部份是靠日耳曼人與高盧人的血統而來。

在這情形下軍團還能繼續勝任羅馬軍團的原因，是因為儘管身上行省血統較濃厚，但大家依舊以身為羅馬公民為榮。至今仍然沒有人拋棄「朱利斯」的稱號，甚至有人以身為朱利斯·凱撒私生子後裔為榮。

但是這也只限於在他們尊敬羅馬人，以和羅馬人攀上關係而感到光榮時。因為西元六十九年的這場內戰將羅馬人的無能暴露至極，使得大家心中失去了對羅馬人的敬意。

尼祿時代末期首先起身反抗尼祿的高級官員，是高盧的里昂行省總督朱利斯·維恩德克斯。這名「朱利斯」並非要求脫離尼祿治下的羅馬帝國，爭取高盧人的獨立。他公開表示尼祿不適任羅馬帝國的皇帝，所以這時他是以羅馬人的身份，而不是以高盧人的身份行動。但是如果這個人能活到西元六十九年底，真不知道他是否還會是個憂國的羅馬人。說不定他也會和朱利斯·奇維里斯及朱利斯·克拉西克斯等其他的「朱利斯」一樣，思想傾向於脫離羅馬、獨立創設高盧帝國也未可知。在這層意義上，西元六十九年的內亂實在是足以動搖羅馬帝國國本的重大危機。因為敬意有時會是比武力更為有效的嚇阻力。

後來位於諾依斯軍團基地的軍團兵，在受人強迫之下宣誓效忠於高盧帝國。德國的史學家毛姆森說「在羅馬史上曾有坎尼、卡雷，以及條頓布魯格森林的全軍覆沒記錄，但是與這次諾依斯的國恥相較都還顯得光輝燦爛」。這點筆者也深感認同。在敗於漢尼拔的坎尼會戰（詳見第II冊）、慘遭帕提亞弓箭手玩弄的卡雷會戰（詳見第IV冊）、中了日耳曼人策略的條頓布魯格森林殲滅戰（詳見第VI冊）時，都沒有遇到羅馬人如此自曝短處的一年。羅馬人還能以身為羅馬人為榮；行省民眾也尊敬羅馬人，以和羅馬人的關係感到光榮。因此在坎尼、卡雷，以及條頓布魯格森林的失敗，只是軍事上的失利罷了。戰敗者也寧可選擇當俘虜，堅拒對勝利者宣誓效忠。

在諾依斯基地發生的事情，後來又在占田軍團基地重演。也許占田的軍團兵已經絕望地守城到了疲乏不堪的地步。之後守衛梅因茲基地的軍團兵也追隨其他同袍宣誓效忠「高盧帝國」。除了位於現代瑞士秋利希附近的一個軍團之外，萊茵河軍團的七個軍團，有六個屈服在日耳曼裔的行省兵之下。

史學家塔西圖斯當然要感嘆這是「未曾受過的恥辱」。這些軍團兵儘管已經宣誓效忠高盧帝國，還是被人當成俘虜一樣對待。宣誓效忠的羅馬兵被帶到特雷威利族的根據地多利亞看管。少數拒絕效忠的士兵則當場被殺。於是萊茵河沿岸的軍團基地悉數落入叛變的行省兵手中。這是自從朱利斯·凱撒以來，羅馬北邊的萊茵河防線首度完全失陷。

在西元六十九年到七〇年的一年之中，發生了兩件動搖帝國國防體制的事件。第一件是從巴達維族叛變到創立高盧帝國的事件；第二件則是以耶路撒冷猶太人暴動發端，到馬薩達要塞失陷為止的猶太戰役。以期間來說，前者是從西元六十九年夏季爆發，西元七〇年秋季結束，共耗時一年。後者則是從西元六十六年夏季開始，直到西元七十三年春季結束，共花了七年的時間。而後世學者對這兩起事件的關心程度，不知道是否因為將觀點放在猶太與羅馬兩大民族對決上，後者受矚目的程度極高。而至於前者，除了對羅馬通史有興趣的人以外，往往根本毫不關心。

然而距此大約三十年後，由塔西圖斯著作的《歷史》花了八十頁敘述前者，對後者卻只給了十頁的篇幅。也就是說，對羅馬時代的史學家塔西圖斯來說，高盧帝國建國事件要更來得令人矚目。

這是因為猶太戰役的結果只會為帝國國防帶來間接的影響，而高盧帝國卻會直接影響到羅馬人的權益。

猶太位於帝國東方國防要地敘利亞與埃及之間，因此對羅馬人來說一樣是國防重地。然而對羅馬人來說，猶太問題真正可怕的是兩個可能的發展。第一是可能將事件餘波傳染到其他地區的猶太人。第二則是猶太民族煽動帕提亞對抗羅馬帝國。因此當時羅馬人的課題在於，在這兩個可能性變成事實之前儘速解決猶太問題。更何況猶太離義大利又遙遠。

相形之下，高盧帝國問題的重要程度就無法衡量了。如果朱利斯・奇維里斯的計畫成真，羅馬立即會在阿爾卑斯山北方多出一個大敵。其勢力以萊茵河為中心，東至易北河、西到庇里牛斯山脈。別提什麼以萊茵河、多瑙河為北方防線的美夢了，帝國的北方防線立即向南退回阿爾卑斯山，而且義大利隨時都可能遭到外敵入侵。而這時正在進行猶太戰役的軍團訓練有素、軍容壯盛，讓出身猶太的記錄者約瑟夫・弗拉維斯稱讚不已。相反地，號稱全羅馬最強悍的萊茵河軍團實際上卻已經土崩瓦解。因此對於羅馬人來說，高盧帝國問題的嚴重性迫在眉睫。即使事隔三十年，羅馬人對這兩起事件的注重程度依舊沒有改變。

與「高盧帝國」問題有關的人，大致上可以分成三類。

第一，定居萊茵河西岸，以建設高盧帝國、脫離羅馬獨立為共同目標的日耳曼裔高盧人。以及和朱利斯・奇維里斯所屬的巴達維族一樣，與羅馬有同盟關係的日耳曼部族。再加上住在萊茵河東岸，與羅馬長年敵對的日耳曼各部族。

第二，遭上述日耳曼民族背叛的羅馬人。

第三，居住在比利時嘉、盧古都南西斯、亞奎塔尼亞三個行省的高盧民族。

如果各位要參照現代國界協助思考，則第一類是荷蘭與德國，第二類是義大利，第三類是比利時和法國。

至於今日的義大利人祖先——古代羅馬人在處理這個問題時，真是不浪費一分一秒，活用手上每一分力量，簡直就是最佳政治軍事對策樣本。而且執行時行動也相當迅速。

展開反攻

到達首都後將一切納入控制之下的穆夏納斯，也深知「高盧帝國」問題的重要性。他決定調遣義大利的五個軍團、西班牙的兩個軍團、不列顛的一個軍團，以及萊茵河軍團中唯一倖存的，以溫德尼沙（今溫迪施）為基地的一個軍團，共計九個軍團進行作戰。這九個軍團在執行作戰時，都將平時共同行動的輔助兵排除在外。既然高盧帝國的主力是羅馬軍的輔助兵，那不管輔助兵是西班牙人或不列顛人，一樣具有危險性，因此均被排除在外。所以，九個軍團的總兵力是五萬四千人。然而由於沒有時間補充因內戰而消耗的兵員，實際數字恐怕只有四萬左右。由於穆夏納斯不能離開首都，因此挑選了兩個實戰經驗豐富的將領指揮作戰。這兩位將領一位叫做凱利阿里斯，另一位名叫葛拉斯。儘管時值寒冬，調兵的命令依舊快馬傳向了不列顛與西班牙。

遭人背叛時，羅馬絕對不會悶不吭聲。而這些出身日耳曼的「朱利斯」也心知肚明。然而朱利斯・奇維里斯等人的計算錯誤就在於，沒想到羅馬的內戰這麼快就結束了。

羅馬人的反攻，一如羅馬人堅決而徹底的風格。然而真正打破這些「朱利斯」美夢的，卻是別的「朱利斯」。也就是剛才被筆者分成第三類，屬於高盧民族的「朱利斯」。

這些出身高盧民族的高盧人，如果以希臘式稱呼的話，叫做「凱爾特」(Celt) 人。當初日耳曼裔的高盧人來邀請他們共同作戰時，他們既未贊同也未曾反對。然而當叛亂進行到建立高盧帝國的階段時，他們也開始有所行動。凱爾特的有力人士聚集在長年與羅馬友好的雷米族居住地舉辦會議。在會議中討論今後是要加入高盧帝國，或是留下來協助羅馬帝國。

當年朱利斯．凱撒對萊茵河東岸的日耳曼人都不惜賜予家門名，因此在西岸由凱撒親自征服的高盧人之中，想必幾乎所有仕紳也都獲得了「朱利斯」的稱號。換句話說，位於今日法國北部雷米族的地盤上聚集的高盧仕紳，也幾乎全體都是「朱利斯」。實際上，會議的主辦人、雷米族的族長名字就叫做朱利斯．奧斯比給。再加上克勞狄斯皇帝的開國路線影響，這些人大多身兼羅馬帝國元老院議員。

這些人想必已經察覺「高盧帝國」只是虛名，內涵其實是「日耳曼帝國」。而且又想起當初朱利斯．凱撒將高盧納入羅馬霸權下之後，使高盧人免於日耳曼人的侵害。因為在凱撒出現之前，日耳曼人曾經利用高盧部族間的不合，西渡萊茵河宰制當地原住民。而當凱撒對高盧人說「沒有羅馬人，高盧早晚要屈於日耳曼人的支配」時，高盧人也真的無言以對。原本多虧羅馬人守住萊茵河前線，使得高盧人不必煩惱如何對付日耳曼民族。沒想到事隔一百二十年，又遇上這個問題了。

會議的結論是不參加高盧帝國。換句話說，這些凱爾特裔的「朱利斯」決定拒絕與日耳曼裔的「朱利斯」合作。而且他們不光是消極的不合作，還向羅馬表明願意擔任輔助兵的意願。不過穆夏納斯表示羅馬人惹出的麻煩應該由羅馬人自行解決，所以婉拒了這項協助。於是除了萊茵河沿岸的低地日耳曼與高地日耳曼兩個行省外，整個廣大的高盧地區都站在羅馬這一邊，這個影響相當重大。因為不管是從義大利出發，或是從不列顛、西班牙調度而來的軍隊，要前往萊茵河沿岸戰場時都非經過高盧地區不可。而且除了行軍時的安全以外，還確保了糧食補給。以現代的角度來說，就是高盧人對羅馬人提供了後勤支援。

就在這一連串動態之下，西元七〇年的冬季結束、春天到來。羅馬也開始從義大利、西班牙、不列顛三個方向朝萊茵河行軍。出兵迎擊的朱利斯．奇維里斯一改當年在羅馬軍輔助部隊中的短髮模樣，留著日耳曼式的長髮、鬍鬚也遮住半張臉。儘管旗號還是高盧帝國，但這下人人都知道，這次的戰鬥，依舊是史上出現過許多次，今後也將繼續發生的羅馬與日耳曼的對決。

朱利斯．奇維里斯將外形打扮換成日耳曼風格以後，似乎也打算將內涵全套換成日耳曼風格。日耳曼人相當重用女祭司，往往由祭司的卜卦決定是否出擊。羅馬在向外擴張的共和時期時，也曾經流行過雞占卜。但自從進入帝政時代後，軍團主要任務改為防衛性質，占卜的風氣就荒廢了。因為當外族入侵時，還要看雞吃飼料的方式決定是否還手，也未免太不顧現實。

朱利斯．奇維里斯重用的女祭司名叫威雷達，是住在萊茵河東方布魯克提里族的年輕女性。她曾經預言日耳曼民族統治萊茵河西岸的理想，必須藉由打倒羅馬軍完成。這在筆者看來簡直是廢話。不過朱利斯．奇維里斯當時已經逼迫萊茵河西岸的六個軍團向高盧帝國效忠，因此對他來說也許真的有如上天的啟示也不一定。朱利斯．奇維里斯為了讓這個女祭司有牲品可以祭神，因此留下一個羅馬軍團長送給她。不過魯佩魯克斯軍團長後來在押送的途中自殺。

朱利斯．奇維里斯的日耳曼風俗也反映在俘虜的待遇上。他將擄獲的羅馬兵送給年幼的兒子當玩具。這並不是讓羅馬兵陪小孩子玩耍，而是將士兵五花大綁，讓小孩拿劍刺著玩。

這也許有助於提升日耳曼人的士氣，但是卻讓高盧人加深了對日耳曼人的警戒心。而且羅馬人是個當同胞遭到不人道待遇時，絕對不會袖手旁觀的民族。

光是羅馬軍正式還擊的消息，就帶動了高盧（凱爾特）裔高盧人對日耳曼作戰。在緊臨帶頭創立高盧帝國的林格涅斯族南邊的塞克亞尼族主動向北進攻。塞克亞尼族的族長也是一名「朱利斯」，並且曾經參加過雷米族主辦的部族長會議。他打算以行動證明和羅馬共同作戰的意願，而且還戰勝了由朱利斯．薩比努斯領導的林格涅斯族。這場戰鬥使得高盧帝國的一角因而崩潰。戰敗的薩比努斯雖然成功逃走，但九年後還是被羅馬人找了出來。這個自稱凱撒私生子後裔的男人，就在維斯帕先皇帝的命令下被處死。

然而這僅止於擊潰高盧帝國的一角。朱利斯．奇維里斯依舊帶領著巴達維族和萊茵河東岸的日耳曼民族，盤據在萊茵河河口及東岸。而科隆、波昂、梅因茲等地依舊岌岌可危。另一方面朱利斯．克拉西克斯和朱利斯．都鐸率領的特雷威利族則控制了萊茵河西岸。

穆夏納斯為了代替留在埃及的維斯帕先領導羅馬反擊，在挑選領隊司令與軍團長時同樣表現出一貫的冷靜風格。不管這些軍官過去一年曾經為了哪位皇帝作戰，統統不成問題。挑選軍官的唯一基準就是：是否曾經在低地日耳曼或高地日耳曼值勤過。其中一名司令官阿尼烏斯．葛拉斯曾經擔任過高地日耳曼駐軍的軍團長；另一名司令官貝提留斯．凱利阿里斯則曾在低地日耳曼當過軍團長。因為要和當地出身、享盡地利的日耳曼人作戰，就需要有和對方一樣的知識與經驗。

羅馬共派遣了九個軍團，從義大利、瑞士、西班牙、不列顛向萊茵河前進。不過凱利阿里斯身為典型的前線軍官，並未等待全軍聚集就開始行動。他到達慘遭破壞、只剩殘兵的梅因茲時，旗下的兵力應該只有從義大利帶來的五個軍團吧。凱利阿里斯依舊決定帶領這些士兵進攻特雷威利族的根據地多利亞。至於從西班牙、瑞士、不列顛趕來的其他軍團，則交給葛拉斯統領。他不希望浪費這個適合作戰的春天。

儘管人數只有二萬，羅馬軍的主要戰力軍團兵依舊強悍得很。從梅因茲到多利亞之間只須沿著羅馬街道前進，然而由於這裡是山路，所以沒辦法像在平地上一樣迅速進軍。儘管如此，他們還是以每小時五公里的速度，一天行軍九個小時。羅馬軍制中，每天標準行軍時間是五小時，所以這已經是急行軍的速度。士兵身上帶的裝備不多，也是他們在山區還能高速前進的原因之一。因為有特雷威利族西方的雷米族可於此刻提供他們後勤支援。

他們到達摩澤爾河畔後，開始進攻特雷威利族的根據地多利亞。戰鬥雖然激烈，但是依舊成功了。羅馬軍的士兵在戰勝後，主張要把整個多利亞拆毀燒掉，殺光所有的居民。因為這是殺害渥克拉等軍官的朱利斯・克拉西克斯和朱利斯・都鐸的故鄉。戰勝者一向有販賣掠奪來的戰利品和奴隸的權利，但士兵主張放棄這些利益，要把多利亞夷為平地。

勝利與寬容

凱利阿里斯司令官對著主張復仇的部下訓話了：

羅馬人相互間的內戰已經結束了。連小孩都知道的羅馬軍團兵旺盛鬥志，應該重新對著外來的敵人。說完這句話之後，凱利阿里斯將士兵的注意力轉到宣誓效忠高盧帝國後，被強制送到多利亞過著苦日子的羅馬軍團兵身上。

雖然友軍攻下了多利亞，這些人還是沒有從狹隘的破房子和帳篷中衝出來，也沒有因為重獲自由而興奮地擁抱自己的同胞。因為他們知道自己犯下的罪過，而且對犯下這些罪過的自己感到可恥。明明危機和恐怖已經過去了，這些人還是躲在小屋和帳篷裡。描繪這種情境的一流高手塔西圖斯在史書中是這麼寫的：「彷彿連待在陽光下都感到恐懼」。

士兵們順著凱利阿里斯指的方向看過去以後，才想起了這些遭俘虜的同袍。這時士兵們開始對著狹隘的小屋和破舊的帳篷呼喚，但是沒有得到任何回應。當士兵們視線回到凱利阿里斯身上時，雖然沒有說話，眼淚卻幾乎奪眶而出。於是凱利阿里斯把握這個機會繼續對士兵訓示。

這些人會捨棄羅馬帝國，向蠻族的帝國效忠，不過是受到命運作弄罷了。如果要追究他們不名譽的行為與之後淒慘遭遇的緣由，是因為他們的司令官和軍團長對皇位的野心，還有遭到敵方惡意利用這個機會的結果。所以，一切將從今天起重新開始。至於他們過去的行為，皇帝（維斯帕先）及身為司令官的我都不打算追究。

凱利阿里斯接著命令士兵將這些變節的士兵迎回為攻打多利亞所興建的羅馬軍營區，並且強調不得嘲笑、侮辱、冷淡對待變節的士兵。

就在士兵為可憐的同袍脫下衣物洗刷身體，並準備新的軍團兵軍裝時，凱利阿里斯利用這段時間召集了因為滯留在多利亞而被捕的特雷威利族、林格涅斯族仕紳，並向他們發表下列談話。根據歷史記載，貝提留斯．凱利阿里斯在九年前，西元六十一年時，曾經由當時的尼祿皇帝任命為駐不列顛第九軍團軍團長，因此西元七〇年時，應該已經五十幾歲了。根據塔西圖斯的記載，這個作戰經驗豐富的武將是這樣說的：

「我個人並不是擅長演說的政治家或律師，因為我是個選擇以武器讓眾人承認羅馬公民存在意義的人。話說回來，如果考慮到你們（敗者）現在的狀況，我想你們還是聽聽我拙劣的文詞比較好。現在羅馬與特雷威利族及林格涅斯族之間的戰鬥已經結束了。我認為你們與其心懷恐懼，不如冷靜聽聽我說的話。

我希望你們記起，當初羅馬人來到你們以及其他高盧人的土地時，並非為了羅馬人的征服欲，而是受到你們的祖先請求。在這之前（凱撒征服之前）的高盧地區，部族之間相互征戰，整個民族瀕臨毀滅。凱撒接受高盧人的要求，進入高盧地區後，別的高盧部族卻向日耳曼的奧爾及托列克斯（敗給凱撒的日耳曼戰將）請求支援。然而這個日耳曼人卻打算藉機把高盧掌握在手中。至於日耳曼人的戰鬥能力有多強，你們只要想想後來羅馬人被逼對他們作戰多少次、付出多少犧牲就足以了解了。

我們羅馬人採取了建立萊茵河防線的策略。當然，第一個目的是為了防衛義大利。但是這同時也是為了避免整個高盧被奧爾及托列克斯的子孫統治。難道你們認為現在由奇維里斯帶領的巴達維族與萊茵河東岸的日耳曼人，和他們活在凱撒時代的祖先不同。他們會對高盧人有好感、溫和對待高盧人嗎？如果你們這麼想，那就是在做夢。

到今天已經過了一百三十年，日耳曼民族卻一點都沒有改變。他們還是沒有放棄渡過萊茵河侵略高盧的想法、不願與其他民族融合、認為掠奪其他民族的所有物是理所當然的事、討厭過定居的生活。當他們離去之後，只會留下荒蕪的無人地帶。日耳曼民族當然會覬覦肥沃的高盧地區所有權。

而日耳曼人要拉攏高盧人時，總會拿出自由和獨立這兩個字詞。但是各位請不要忘記人間的現實情況。有史以來打算支配其他人的民族，毫無例外地一定都會祭出這兩個口號。不可否認的，在（凱撒將高盧統治）回歸羅馬法之前，羅馬人是以武力支配高盧地區。然而當羅馬人成為征服者之後，我們卻將勝利者的權利用於確立帝國整體的和平。沒錯，我們為你們增加了繳納行省稅的義務。可是要維持民族間的和平時需要士兵，有了士兵就需要給付糧餉，要給付糧餉又不得不抽稅。

羅馬對高盧的唯一要求，就是行省稅。其他一切事務，統統都由你們自治。不只如此而已，自從這個政策路線創始人凱撒的時代起，我們錄用了不少高盧人擔任軍中要職。我們不是連行省的總督都交給高盧人擔任嗎（此指尼祿時代的朱利斯・維恩德克斯）？毫無歧視、開放門戶，就是我們羅馬人的方針（此指克勞狄斯帝改革後開放元老院席位給行省人）。

如果在位的是英明的皇帝，會為行省民眾帶來利益。這點對我們羅馬人來說也是當然的。可是在位的如果是昏庸的皇帝，直接受害的就是我們這些待在他身邊的羅馬人。然而這就好像乾旱、水災等等天然災害一樣，皇帝英明不英明，或者昏庸的皇帝不管朝政、強取豪奪，我們也只有在能忍耐的限度下忍耐而已。如果你們認為讓特雷威利族出身的都鐸或者克拉西克斯統治的話，萬事就一路順風，也不必繳納稅金，那只不過是個夢想。

他如果要考量到自己所屬的部族安危，還是必須設法防衛日耳曼人或不列顛人的。如果你們成功地將羅馬人趕出高盧，雖然我不認為上天會允許，不過要是上天允許的話，你們有沒有想過會演變成什麼局面？只怕整個帝國將陷入無窮無盡的戰爭局勢吧。羅馬人經歷八百年的漫長歲月，活用自己的幸運、自我要求嚴格的紀律，並且打倒意圖破壞和平的人，藉以確立了自身與他人的和平局面。

但是，如果這個和平遭到破壞，第一個遭殃的就是你們高盧人。因為引發戰爭的最大原因就在於對於黃金與財富的欲求，而現在黃金和財富正在你們的手上。

所以，我希望你們在仔細思考後才下決定。請你們想想你們和平、安全又繁榮的村落，還有在那裡不論征服者被征服者都在平等權利下生活的事實。請你們想想這是不是值得深愛與尊敬的事。

你們和其他高盧人不同，已經有了和羅馬作對的經驗。請你們依據這個經驗想想：是要繼續加入一定會為你們帶來毀滅的叛亂；還是回到我們羅馬人這一邊，成為共存共榮的同志。我希望你們能好好做個抉擇。」

光是凱利阿里斯的這場演說，已經足以說服特雷威利族與林格涅斯族的仕紳。也就是說，位於羅馬帝國內部，住在萊茵河西岸的日耳曼裔高盧人也脫離了高盧帝國，回歸羅馬帝國體系。只剩下日耳曼部族的敵軍，也因此失去了自稱「高盧帝國」的資格。

朱利斯．奇維里斯也知道事態嚴重。他和出身特雷威利族且決意繼續反抗羅馬的朱利斯．克拉西克斯聯名送信給凱利阿里斯。信中表示如果凱利阿里斯有意擔任高盧帝國皇帝的話，他們願意協助。而這名羅馬武將連回信都懶得回。朱利斯．奇維里斯並未善罷甘休，將信件的副本送到身在首都的圖密善手上。他們期盼藉由圖密善的控訴，讓擔心前線司令官背叛的穆夏納斯把凱利阿里斯解任召集回國。然而當維斯帕先年輕的次子將信件轉給穆夏納斯後，穆夏納斯只是掃過一眼，就將信件丟到垃圾堆去。於是朱利斯．奇維里斯和克拉西克斯必須同時面對已經光復萊茵河西岸，並朝河口猛攻的凱利阿里斯；以及完成集結，由葛拉斯指揮進攻的兩股羅馬軍。

儘管且戰且走，日耳曼人的表現依然相當英勇。不過朱利斯．克拉西克斯和朱利斯．都鐸雙雙陣亡，而朱利斯．奇維里斯的妻子和妹妹都被羅馬軍俘虜。這是因為日耳曼人有攜家帶眷參戰的習慣。被逼到絕路的朱利斯．奇維里斯如果能支撐到冬天，或許還可以喘一口氣。但是勇猛的凱利阿里斯不會給他這個機會。這名巴達維族的領袖走投無路，最後要求和羅馬軍會談。雙方的會談就在萊茵河河口的淺灘上舉行。

筆者推測，也許朱利斯．奇維里斯和凱利阿里斯兩個人之間互相認識。這兩個人在西元六〇年時，亦即十年前都在低地日耳曼軍中。前者擔任輔助部隊隊長，後者則是軍團長。而前者在西元六十一年時，後者則在西元六十二年起被派遣到不列顛進行數年的征服戰。後來兩個人分道揚鑣，朱利斯．奇維里斯回到了低地日耳曼；凱利阿里斯則調職到多瑙河戰線至今。兩個人的年齡相差應該也不到十歲。雖然朱利斯．奇維里斯在軍中的資歷較久，不過凱利阿里斯是維斯帕先的遠親，和維斯帕先一樣是苦幹實幹爬上今天的地位，同樣活像是在軍中長大的人。而在羅馬軍中，當總司令召開作戰會議時，羅馬軍官和行省的輔助部隊隊長同樣得以參加會議。朱利斯．奇維里斯會決意與凱利阿里斯直接會談，而凱利阿里斯也在沒有追加任何條件的狀況下答應，相信是因為有上述的背景所致。

至於會談中討論的內容，我們不得而知。因為塔西圖斯的《歷史》，就結束在朱利斯．奇維里斯剛開口說話的時候。這並不是塔西圖斯到此停筆，而是之後的部份在經過中世紀以後失傳了。不過雖然不知道兩個人之間對談的內容，其後的結果倒是可以在此報告。

巴達維族既沒有滅族也沒有被販賣為奴隸，和作亂之前一樣繼續成為羅馬的同盟部族。因為並未納入羅馬的行省體系，所以不須繳納行省稅。而且能在羅馬軍中擔任輔助兵兵役的權益還是和過去一樣。

朱利斯．奇維里斯並未被處死，但是也沒有和以往一樣繼續擔任巴達維族部隊的隊長。過去在高盧人裡曾有背叛凱撒的維欽及托列克斯，而在日耳曼人中則有曾於條頓布魯格森林殲滅三個羅馬軍團的阿爾米留斯。這兩個人都在多部史書中留下遭處刑的記錄。然而事關朱利斯．奇維里斯，卻沒有任何史書留下處刑的記載。連之後關於朱利斯．奇維里斯的生死，都完全找不到任何資料。筆者推測他可能是恢復了平民身份，躲在萊茵河東岸的某個地方靜度餘生。因為他被羅馬人俘虜的妻子和妹妹同時也從史上消失，好像被送到他身邊去了一樣。

至於受到朱利斯．奇維里斯重用的女祭司威雷達則在義大利度過餘生。也許是羅馬人認為，將白天依舊陰暗的森林國度中出身的女巫，送到陽光普照的義大利的話，她的法力會跟著衰退也不一定。後來這個女祭司在義大利開業當占卜師，據說生意相當不錯。

於是歷經不到半年時光，「高盧帝國」就崩潰了。即使加上之前朱利斯．奇維里斯帶領巴達維族反抗羅馬人的日子在內，也不滿一年。不過羅馬人處理「高盧帝國」問題的態度值得讓人注意。

第一，變節向高盧帝國宣示效忠的軍團兵，就在一句「不再追究」之下受到寬恕。這些羅馬公民不但背叛了祖國，而且身為羅馬正規軍，竟然違背了羅馬的軍規。如果活在現代，絕對會被送上軍事法庭。

第二，身為羅馬帝國行省居民，卻接受日耳曼人引誘，試圖創立高盧帝國的特雷威利族與林格涅斯族，同樣也未曾受到任何處罰。除了陣亡的人以外，這兩個部族中唯一遭判刑的仕紳，就只有帶頭叛亂的朱利斯．范倫鐵諾而已。

第三則是之前敘述過的對巴達維族的處置。儘管這個部族帶頭引發叛亂，但是羅馬依舊維持一貫「不再追究」的方針。

在這一連串的戰後處置中，找不到「報復」的影子。也就是說羅馬人覺得與其選擇「勝利者的權利」，還不如選擇「寬容」。這並不是羅馬人開始崇尚人道主義，而是認為這是最有效的處置。

這些處置是否由凱利阿里斯獨斷決定的呢？

按照羅馬軍的傳統來說，前線司令官幾乎擁有無限的裁決權。比方說當年與漢尼拔之間的和談就是由西比奧·亞非利加努斯決定。而凱撒在征服高盧之後，戰後處理也由他個人決策。而科普洛由尼祿皇帝手上接下了進行決戰用的部隊後，竟然未經戰鬥就與帕提亞逕行講和。

雖說這些前線司令官的決策，事後都必須經由元老院議決、公民表示贊同，才能立法成為政策。不過鮮少有事後會被元老院推翻的。

然而凱利阿里斯並非上述羅馬史上的大人物，而且對手並非強大的敵國，而是行省民眾的叛亂。當羅馬決定派遣九個軍團鎮壓時，其實已經有勝算了。既然已經勝券在握，戰後處理的方針應該也已經明確訂定了。

根據筆者的想像，在凱利阿里斯從義大利出兵之前，應該已經接受穆夏納斯在戰後處置上的指示。因為這個時期的穆夏納斯正在義大利忙著確立維斯帕先的帝位，而他採取的正是「寬容」而非「報復」的方針。

這個冷靜的政治家不會和維特里斯一樣，重蹈欺凌敗者、累積怨恨的覆轍。而且他很巧妙地，將因為存心報復維特里斯，把支持維特里斯的克雷摩納夷為平地的安東尼·普里姆斯降職。這足以證明他深知相互報復最後只會導致國家崩潰。

穆夏納斯設法讓元老院通過對被捲入戰局的北義大利民眾的賠償案。不僅如此，賠償對象還包括支持維特里斯的克雷摩納居民。換句話說，在義大利境內也正在執行「不再追究」的政策方針。屬於前任皇帝維特里斯的派系中，只有親弟弟魯其烏斯一個人遭處刑。就連戰鬥到最後一刻的士兵都未遭處死。

話說回來，人如果心中不服氣，就算是有上司的命令，也不能妥善執行。凱利阿里斯應該也認同穆夏納斯的作風。正因為如此，當其下的士兵吼著要報仇時，他才能壓制住士兵的忿恨，並且接納「變節」的軍團兵。之後接納曾經一度敵對的行省民眾，讓他們重新接受羅馬霸權。甚至讓叛亂的主謀者朱利斯．奇維里斯放下武器。

不過筆者認為，穆夏納斯和凱利阿里斯之所以選擇寬容、放棄報復，另外還有一個因素。也許羅馬人認為從巴達維族叛變到建立高盧帝國，這個事件的真正責任還是在羅馬人身上；而且連日後的塔西圖斯都寫道這「不過是羅馬人內鬨的餘波而已」。如果不是一年之中換了三個皇帝，每個派系之間的軍團兵互相衝突，也就不會引發行省兵的叛亂了。如果羅馬人不表現出自己的無能，行省民眾也不會認為羅馬人不足為懼，而高盧帝國事件也根本就不會發生。筆者認為穆夏納斯和凱利阿里斯就是充分了解上述原由，才決定選擇了「寬容」的路線。

就是因為如此，這兩個人的冷靜與寬容之間才不會有所矛盾。凱利阿里斯在貫徹「不再追究」方針之後，下一個任務就是亟需「冷靜」的工作——與同袍葛拉斯一同重建萊茵河防線。

重新編組萊茵河軍團

西元一世紀後半時，萊茵河軍團因為要分兵進行不列顛征服戰，所以兵力從一世紀前半的八個軍團減少成七個。分別為低地日耳曼三個、高地日耳曼四個。

這七個軍團經歷高盧帝國事件之後，唯一毫髮無傷的，只有以今日瑞士秋利希附近的溫迪施為基地的第一軍團。不過主要的原因似乎在於他們受維特里斯皇帝命令南下義大利助陣。基於同樣的理由，占田基地的第五軍團也免於解散。因為這個軍團的大部份部隊都前往義大利，向高盧帝國效忠的只有少部份。另外，這個軍團擁有由凱撒創立的榮譽，不能輕易的說解散就解散，因此整個軍團被調任到多瑙河流域的莫埃西亞行省。另外還有一個沒有被解散的軍團，是派駐於梅因茲基地的第二十二軍團。這個軍團的軍團長渥克拉不畏險境、盡忠職守，然而軍團兵竟然坐視軍團長死於行省兵手中。因此上級下令今後第二十二軍團必須將功贖罪，從此以後軍團的銀鷲旗必須加上渥克拉的家紋。

除此以外的四個軍團都遭到解散。這並非皇帝擔心軍團今後可能再度引發事件，而是為了身為軍團兵竟然向其他民族宣示效忠的不名譽行為負責。不過雖然軍團解散了，軍團兵並未全體除役，而是分批分發到重新編制的軍團之中。畢竟要是一下子多出二萬名走投無路的軍團兵，有可能因此產生社會問題。

至於支援主要戰力作戰的輔助兵，既然巴達維族都能回到叛亂前的情形，其他部族的待遇自然也比照辦理。唯一不同的是制度上有一點小變化。

在叛亂之前，是由各個部族的仕紳指揮同一個部族出身的士兵。但今後改由羅馬人或其他部族出身的人擔任指揮官。但是沒過幾年，又改回了原來的制度。畢竟這項新制度不方便，還是由同樣出身地的人帶領士兵才好率領。儘管所有制度都回到過去，但是從此以後二百年內都再也沒有發生行省兵攻擊軍團兵的事件。可見西元七〇年的寬容路線有其效果。

儘管羅馬人在帝國的西方如此寬容，但在帝國東方的反應就不同了。高盧帝國問題與猶太戰役是同一時期的事件，而羅馬人的反應卻完全不一樣。原因在於這兩個事件的性質不同。

猶太問題

從西元六十六年夏季爆發，到西元七十三年春季殲滅馬薩達要塞為止的「猶太戰役」，是一場行省民眾爭取獨立尋求，脫離羅馬霸權的運動。在這一層意義上，猶太戰役和巴達維族叛變引發的高盧帝國建國事件一樣。但是兩個事件的內涵卻大不相同。猶太戰役是原本就會發生的事情。不管執政的羅馬人如何盡力施行善政，頂多也只是把問題往後拖延罷了。也就是說，住在猶太地區的猶太人遲早會起兵反抗羅馬。如果從猶太人與羅馬人之間的思考模式，亦即文化差距的角度來考慮，只能說這是一場命中註定的戰爭。

猶太民族的特殊性之一，在於他們所居住的巴勒斯坦一帶，傳統上位居大國敘利亞與埃及之間。如果他們位於黑海東岸的話，也許猶太人的歷史會有點不同。由於位於兩國的通道上，因此往往受到敘利亞和埃及雙方覬覦，而這時埃及和敘利亞卻在羅馬的統治之下。

第二個特殊性在於他們是極為優秀的民族。從統治者的角度來說，愈是優秀的民族愈是不容易駕馭。正因為優秀，所以即使打壓到底也還會有反抗的能力與意志。

特殊性之三則在於猶太人與古代希臘人同樣有相當強的遷徙傾向。比方說敘利亞的安提阿和埃及的亞歷山大等，在各個都市裡都有猶太人的社區存在。而和希臘人不同的是，居住海外的猶太人和本國之間的關係相當緊密。具體來說，不論猶太教徒身在何方，每年都有捐獻二德拉克馬給耶路撒冷大神殿的義務。和猶太民族相反，在義大利的希臘殖民都市希拉沙克、塔蘭特的居民，除了四年參加一次奧林匹亞運動會以外，根本不會意識到自己的希臘血統。即使科林斯滅亡了，純由科林斯移民構成的撒拉克撒民眾也不會因此起兵復仇。但是如果有人試圖讓耶路撒冷滅亡，住在亞歷山大的猶太人有可能因此作亂。學術界認為，當時住在海外希臘裔城鎮的猶太人要比耶路撒冷的猶太人多。

第四個特殊性在於猶太人並沒有將其他民族納入統治的經驗。猶太人儘管有大衛和所羅門王等獨立時代，但是僅止於民族獨立，並未建立將其他民族納入統轄下的大帝國。而且這些時代只占猶太史的一小部份。即使不回溯到巴比倫奴役時代，光是最近就在埃及和敘利亞的海樂尼茲王朝，亦即希臘裔國家的統治之下，而後又轉由羅馬統治。

我們現代人一聽到這是長年受外族統治的民族，首先會認為他們飽受欺凌，並報以同情。不過我們也要知道，既然長年受人欺凌，精神結構也會因此跟著改變。具體來說，就是自衛本能變得十分發達，而思想也隨之失去彈性。還有就是對任何事情都會過度反應。為了要在嚴酷的現實中求生，往往容易逃避到夢想中。猶太教之所以期盼救世主降臨，也就起因於此。

第五個特殊性在宗教方面，應該可說是猶太人特殊性之極致。以希臘和羅馬為首的多神教諸神，只是守護、協助凡人的存在。然而猶太人信奉的唯一的神卻完全相反，是規範人類應有舉止，當凡人觸犯天條時，也不惜武力懲戒的存在。於是理所當然地，多神教民族的宗教與政治各行其道，信奉一神教的民族卻演變成宗教積極參與政治的神權政體。

再加上猶太人曾經有過在巴比倫奴役時期被強制遷徙外國的經驗。對這些人來說，身在國外又要維持猶太人的意識型態，就只有依靠宗教了。因此從歷史的角度來說，猶太人心中的國家，也只有發展成由神統治的國家，亦即神權政體（義大利文 teocrazia、英文 theocracy）。

有趣的是，在羅馬人所用的拉丁文中，找不到代表神權政治的用語。這足以證明古代羅馬人根本未曾想像過由神介入人類政治的政體。

如果所有猶太人都一致期待神權政體的話，應該只有猶太人與不能接受神權政治的羅馬人相爭，而沒有猶太人之間的衝突才是。然而即使同為信奉猶太教的猶太人之間，對於政體的想像也未必相同。

大致上分為以宗教為優先的法利塞教派，以及重視政治現實的撒德凱教派。

除了教派之外，又依居住的地方不同而分裂。比方住在猶太地區的猶太人，與住在海外希臘裔都市的猶太人。就連猶太國內，也分成內陸猶太人與海岸猶太人。而在耶路撒冷又分成富裕階層與貧困階層。

現代學者將其概括分類如下：貧困的猶太人是反羅馬的強硬派，而富裕階層則是穩健派。確實，在亞歷山大城裡擁有一家小店鋪的猶太人，確實會比在加拉利亞牧羊的猶太人要來得富裕點。不過筆者認為，這些人對羅馬的態度穩健或強硬，與其說是受到生活富裕程度影響，不如說是從與外族接觸、共同生活的必要程度而來。因為住在城市中的猶太人這方面的需求較高，因此即使出身於個性封閉、自視甚高的猶太民族，也不得不隨之變得開明。

至於羅馬人如何應付複雜的猶太民族，請參照第VII冊中卡利古拉帝部份的「羅馬人與猶太人」、「希臘人與猶太人」、「臺伯留與猶太人」、「卡利古拉與猶太人」等各項說明。筆者在敘述克勞狄斯帝時已經談過猶太問題了，不過還是在此重新整理如下。

其一，在結束後世稱為海樂尼茲時代的三百年之後，羅馬人取代希臘人成為新的統治者。他們提升了猶太人在社會上的地位，使得東方世界的兩大勢力猶太人與希臘人經濟環境平等。

斐洛等開明的猶太人讚頌以凱撒為始的羅馬帝政原因就在此。而對於羅馬人來說，要讓帝國的東半部經濟繁榮，也只有讓這兩個民族自由競爭一途。

其二，由於雙方都是優秀民族，因此猶太人與希臘人經常陷入敵對狀態。而羅馬人則徹底扮演調停角色。從羅馬人的統治者角度來說，希臘人與猶太人同樣是在統治下的民族。而筆者在第Ⅶ冊中介紹克勞狄斯帝的勒令「給亞歷山大居民的信」，就是顯示羅馬一貫調停立場的好例子。

其三則是承認猶太人所主張的「特殊性」，具體而言有以下措施。

一、只要不構成社會亂源，擁有完全的宗教自由。

二、每年依舊維持捐贈二德拉克馬給耶路撒冷大神殿。

三、在猶太人社區內部得以執行死刑以外的自治權，但僅限於帝國東方的猶太社區。

四、免除軍務及其他國家公職，但維持開放門戶。

五、維持猶太人每週六的假日。

對於羅馬人來說，假日是用於祭祀諸神的日子，而並非每週一次的固定假期。在他們眼裡，每週六固定休假，除了祈禱之外什麼都不做的猶太人顯得很怪異。不過羅馬人認為猶太人每週六的安息日是他們的祭日。而多神教的羅馬人已經習慣了羅馬教以外的宗教節日，因此願意尊重猶太教的安息日。

帝國首都羅馬有所謂的「小麥法」，是一種免費分發小麥給貧困羅馬公民的制度。雖說這是後世大肆抨擊的「麵包與娛樂」(Panem et circenses) 裡的麵包，但這也是一種兼顧社會福利與爭取選民的政策。

依照慣例羅馬每個月發放一次小麥，但有的時候發放日期會遇上週六。在這種情況下，猶太裔的居民便無法到馬爾斯廣場一帶支領小麥。因為這一天除了向神祈禱之外，什麼事情都不能做。因此配給小麥的官員會將猶太居民的小麥保留到第二天。

官員是不可能為了五個、十個人搞特殊待遇的，由此可見在首都有眾多身為猶太教徒卻又擁有羅馬公民權的人。同時也證明羅馬人是有尊重不同風俗習慣想法的民族。

以上對猶太人的待遇，除了在卡利古拉帝末期曾經一度惡化以外，自從猶太受羅馬直接統治以來六十年，一直都維持這個方針。但是羅馬唯一不能允許的就是在耶路撒冷設立神權政體，因為屆時可能波及到海外的猶太人。為了代替承認設立神權政體，羅馬人設法實現了由猶太國王統治猶太地區的政體。如果確立了希律大帝時代的世俗王權的話，就能藉此壓制設立神權政體的意向。

然而在耶路撒冷設立神權政體才是正統猶太教徒的心願。這是無論羅馬如何讓步都無法解決的問題。因為兩個民族對於「自由」的想法不同。對羅馬人來說，所謂「自由」，就是在軍事力量維持的和平，以及法律保障的秩序之下，任何人都能自由行事的自由。然而猶太人認為，只有樹立神權政體才叫做自由。羅馬人六十年來在施政上容忍猶太人的特殊性，也只能讓猶太教徒稍微減緩追求自由的腳步，並不能讓猶太人忘記自由。

猶太史學家約瑟夫．弗拉維斯將六十年之後爆發猶太人叛亂的原因歸罪給菲利克斯、費斯圖斯、阿爾比努斯、弗洛魯斯四位歷任猶太長官的暴政。而羅馬史學家塔西圖斯也說「猶太人的忍耐一直維持到弗洛魯斯時代，而在弗洛魯斯長官任內爆發叛亂」。

這四個人擔任猶太長官的時間是從西元五十二年到六十六年為止的十四年之間。我們先假設這十四年之中猶太長官的暴政真的是猶太叛亂的原因。那麼為什麼帝國中央政府可以允許地方長官的暴政？而且是在問題最多的猶太地區，時間還長達十四年。

這四個人都是尼祿時代的猶太長官。尼祿雖然在內政上有不少失策，但在涉外方面表現倒還不錯。在他任內的十四年之中，除了後期的猶太叛亂之外，並沒有其他行省起兵反抗羅馬。雖然說行省統治的直接負責人是總督、司令官、長官，而這些官吏的人選只要沿用臺伯留與克勞狄斯帝培育的人才網絡即可。但是尼祿在用人方面並不差。

不過尼祿並不是一肩扛起國家責任的臺伯留，也不是為了公務鞠躬盡瘁的克勞狄斯。他是個除了皇帝的職責以外，還有許多嗜好的統治者。比方說詩歌的自導自演、首都中心的綠化等等。如果在位的是臺伯留，猶太長官犯了錯誤，會馬上被召回國內，送上法庭嚴厲追究責任，而且在挑選繼任人選時，也會比以往更加慎重仔細。因為皇帝的責任有如駕駛四頭馬的戰車，只要其中一頭馬駕駛錯誤，戰車就會撞上競技場的觀眾席，戰車和駕駛都將粉身碎骨。而尼祿在這方面便缺乏這種緊張感。

儘管如此，筆者還是不能接受尼祿的施政在猶太地區大幅失誤的說法，而且是連續四個人、前後十四年。

關於這個疑惑，塔西圖斯的這句話也許能成為解答：「猶太人之所以成為我們不能忍受的存在，是因為他們不斷頑固主張自己和帝國其他地區居民不同」。

在第VII冊中筆者曾經敘述過，羅馬人雖然身為征服者，但試圖同化被征服民族，建立名為羅馬帝國的命運共同體。而希臘人、西班牙人、高盧人、北非人也都贊同、加入這條同化政策路線。然而只有猶太人以一神教為由拒絕。猶太人不但拒絕同化，並且固執於建立神權政體，不斷反抗不允許建立神權政體的羅馬人。

希臘人雖然長年厭惡猶太人，但羅馬人與希臘人不同。羅馬人在社會立場與職業上都沒有與猶太人競爭過，因此並未有憎惡猶太的感情。但筆者認為，直接接觸猶太人至今已經六十年，或許羅馬人也開始對猶太人抱持反感也不一定。

既然開始討厭猶太人，猶太人的所有行為舉止也會一併成為憎惡的對象。我們可以拿塔西圖斯的著述做例子：猶太人的割禮是為了與其他民族產生隔閡；一神教是從輕視諸神而產生的宗教；拒絕服兵役和公職表示他們欠缺愛國心；熱衷於增加人口是為了超越其他民族；所謂拒絕偶像崇拜，不過是拒絕祭拜人形神像，顯示是從輕視人類而起的思想；既不跳舞也不舉辦體育競技的猶太教祭典，死氣沉沉讓人對人生絕望……。當時的反猶太想法大致內容如上。至於猶太教禁止信徒與其他宗教信徒結婚的規定，應該是從猶太人的封閉民族性而來。

四名猶太長官心中也很難保證沒有這種憎惡猶太人的想法。而且這四個人和遠在帝國西方，與猶太人沒有瓜葛的塔西圖斯不同，他們必須日夜與猶太人扯上關係，身上又背負著統治猶太人的任務。

現代鎮暴警察隊長工作上最大的難處，不在於如何驅散抗議人潮，而在於如何控制自己的部下。如果放任部下不管，當隊員們心中被抗議群眾挑起了憎惡，有可能像猛獸一樣襲擊群眾。從這個例子，我們可以了解身為控制者的手腕有多重要。

前後四任長官的統治會愈來愈惡化，也許就和長官心中的焦躁有關。雖然情勢並不危急，但是這段期間內猶太人展開的反抗運動之多，光是列出發生日期就足以讓筆者連續寫上好幾頁。名為「西卡里歐」（殺人者、短劍黨）的恐怖份子集團，活動範圍已經擴及整個猶太地區。而自從兩年前大神殿重建工程完工以後，耶路撒冷多出了許多失業人口。建立神權政體的大義名份、失業造成的生活不安，再加上中東地區的酷暑，使得當地絕對會發生狀況。就是在這種時局之下，直接負責人才需要比以往更加的慎重。然而尼祿皇帝缺乏這種不斷監視地方長官行政、事先擬定對策的持續、堅定責任感。

爆發叛亂

所有積怨的引爆點，從弗洛魯斯長官為了徵收欠繳的行省稅金，自耶路撒冷大神殿沒收十七泰連的金幣起始。當青年時期的朱利斯・凱撒被海盜抓住時，海盜向他要的贖身款是二十泰連。而一個泰連相當於六千德拉克馬，如果以平民的生活水準來說，相當於五百六十人的年收入。對於弗洛魯斯而言，這些錢只是代替未繳的行省稅罷了。

但是問題不在金額的多寡。猶太教信徒每年有繳交二德拉克馬給耶路撒冷大神殿的義務。對猶太人來說，這是捐款奉獻給神的地方，不是儲存私人金錢的銀行，更不是因為稅金未交齊就可以隨意提領的戶頭。弗洛魯斯不但沒有反省自己的失禮，反而決定強行鎮壓引起暴動的群眾。這無礙是在猶太人的憤怒上火上加油。

而且猶太人也不懂得控制自己的憤怒。猶太人的特徵之一就是，當他們一旦衝動起來，便不曉得中途止步，要一直向前衝到碰壁為止。為了十七泰連發生的暴動就此演變成將羅馬勢力逐出耶路撒冷的武裝行動。這時已經是西元六十六年六月了。

話說回來，並非每個住在耶路撒冷的猶太人都參加了暴動。其實在過程中猶太人又分成了穩健派與急進派。急進派是由過去在猶太地區內陸活動的短劍黨帶頭，並成功拉攏耶路撒冷中下階層居民加入。而穩健派則是耶路撒冷的上流階級。

既然猶太人行動不一致，急進派的行動也就更加激進了。一來為了表示自己的思想正確，二來則是為了逼迫不得不站在穩健派的人放棄立場。而且在這個時期，急進派內部又分裂成兩個派系，使得激進的行動有如兩派競爭一樣愈演愈烈。

畏懼暴徒的攻擊而躲進王宮的羅馬護衛隊，在投降求饒之後竟然全遭屠殺。穩健派的中心人物大祭司和他的弟弟遭到恐怖份子暗殺。

羅馬護衛隊屯駐的馬薩達要塞則被急進派攻陷。

統治北猶太地區的阿古力巴二世以猶太人的身份出面勸說，卻得不到效果。由夏至秋，由耶路撒冷開始的暴動，已經延燒到猶太西部與南部。

住在凱撒利亞等希臘裔都市的希臘人也開始有危機感了。原本希臘人就與猶太人交惡，而危機感使得憎惡的感情立即倍增，更將之投射於居住在同個城市的猶太人身上。這種現象更延燒到了敘利亞。在埃及的亞歷山大，當地猶太人與希臘人長年的恩怨也因此爆發。總之羅馬人最不願意見到的事情發生了。在亞歷山大由於長官臺伯留・朱利斯・亞歷山卓不顧自己的猶太身份，採取堅決必然的措施，使得事態沒有擴大。然而整個問題已經嚴重到必須由管轄猶太的敘利亞總督親自出馬解決。

敘利亞總督凱斯提烏斯身為名將科普洛的後任。但就任總督不久後就染上疾病，兩年來實務都交由副手穆夏納斯負責。然而帶兵前往耶路撒冷的任務卻無法交給旁人代理。由於羅馬人考慮到猶太的特殊民族性，因此自從龐培時代至此一百三十年，還未曾派遣過正規軍團前往猶太教聖地耶路撒冷。

凱斯提烏斯率領第十二軍團與阿古力巴二世的援軍南下，一邊攻打協助叛變的村鎮，一邊朝耶路撒冷前進。如同預料之中，猶太人的反擊相當激烈。而凱斯提烏斯的指揮又稱不上積極。結果攻打耶路撒冷最大要塞「大神殿」的丘陵時失敗，而這時已經是深秋十一月了。也許凱斯提烏斯打算將戰爭延到第二年，因此決定撤退。

然而撤退要比進擊更加困難，需要比進擊時更加謹慎仔細的防禦。似乎抱病在身的凱斯提烏斯已經沒有這種力氣了。猶太人在羅馬人撤退後高唱凱歌，並伺機襲擊了羅馬軍。根據約瑟夫·弗拉維斯的記載，羅馬軍團與友軍合計戰死五千三百名步兵與四百八十名騎兵。就算不是猶太人，看到這數字也會認為是猶太方面戰勝。而凱斯提烏斯回到敘利亞的總督官邸沒多久後就病死了。

羅馬軍慘敗的消息傳到了當時正在希臘的尼祿皇帝耳中。他在任命穆夏納斯接任凱斯提烏斯的同時，也判斷今後必須採取決定性的行動才能解決。敘利亞總督的主要任務，在於監視現在雖然修好，但是依舊強大的東方大國帕提亞、亞美尼亞兩國動向。猶太問題已經超過敘利亞總督勤務能力範圍，是尼祿決定啟用維斯帕先擔任猶太問題的負責人。儘管這時尼祿正走遍希臘進行自導自演詩歌的「巡迴演出」，不過這類皇帝該做的事情他還是會做的。而且尼祿竟然會啟用維斯帕先這位在他自導自演時在觀眾席打瞌睡、公認且自認終生無望出頭的人，可見尼祿的個性其實也很乾脆。

於是，即將在第二年，西元六十七年春季開始的猶太叛軍鎮壓行動，便敲定由維斯帕先率領三個軍團進行。這時候羅馬所剩的時間也不多了，因為連敘利亞的大馬士革都爆發了希臘裔與猶太裔居民的流血衝突。

一百三十年來徹底擔任調停人的羅馬，終於也要和猶太正面衝突了。促使羅馬人於此時採取強硬行動的真正原因，在於猶太問題牽扯到的不只是猶太人。帝國東方當時的對決情勢，才是猶太問題不容易處理的主因。其中大致分為：

希臘裔與猶太裔居民的對立關係——亞歷山大、安提阿、大馬士革等希臘裔都市。

猶太人急進派與穩健派的對立關係——耶路撒冷、猶太內陸地區。

希臘裔居民聯合羅馬兵與猶太人對立——凱撒利亞等猶太地區的海港都市。

猶太史學家約瑟夫．弗拉維斯認為，要一次解決這些對立關係，只有羅馬正式出兵一途。而根據這名猶太史學家的記載，在羅馬正式展開反擊之前，猶太方面的穩健派與急進派也聯合建構了迎擊體制。

猶太人約瑟夫

在這裡出現了一名不事先說明就無法繼續討論歷史發展的人物。這個人叫做約瑟夫．弗拉維斯，是《猶太戰記》的作者。從姓名可以得知，他是個猶太人。

他生於西元三十七年，與皇帝尼祿同年齡。父親出身祭司階級，母親則有猶太王族血統，是猶太的上流階層。教育方面也如同一般猶太的上流子弟，過程相當完整。他似乎是個智能超過知識的青年，在青少年時期時，曾經體驗過猶太教各個教團的生活。據說他曾經親近過撒德凱教派與艾賽尼教派，並體驗過沙漠教團生活，後來又接觸了法利塞教派。不管從他的出身或是智能，都是當然會加入猶太領導階層的人物。

西元六十四年時，他第一次親眼見到羅馬。這時是為了組團前往羅馬，向尼祿皇帝請求釋放在菲利克斯長官時代被拘提到羅馬的反羅馬暴動領袖。當時他二十七歲，是使節團裡最年輕的團員。

這名年輕、頭腦清楚的猶太菁英，親眼看見了從猶太到義大利海路上的小亞細亞與希臘城邦。最重要的是，他第一次親眼見到了管理諸都市的帝國首都羅馬。也許約瑟夫在這次旅途中的體驗，影響了他數年後轉變方向也未可知。

猶太王國周邊略圖（為協助掌握距離感，加上同樣比例的九州）（重新刊登）

到達首都羅馬以後，這個年輕的猶太菁英可不是個單純的旅客。他透過猶太裔的演員介紹，晉見了皇妃波貝亞．莎比娜。由於波貝亞皇妃是羅馬的猶太人社區保護者，所以要認識皇妃並不困難。而美麗又善解人意的波貝亞皇妃，想必也樂於接見英俊知性的猶太青年。而在約瑟夫．弗拉維斯的書中並沒有記載他是否見到了尼祿皇帝。不過當時尼祿正忙著處理羅馬大火的善後問題，可能沒有時間接見使節團最年輕的成員。不管怎麼說，透過皇妃請願成功，被捕的猶太人也獲准歸國了。

考慮到從猶太到義大利，以及原路返國的所須時間。再加上迫於局勢，必須採用受季節影響速度的海路因素，約瑟夫等人回到猶太時應該已經是西元六十六年秋天了。而方才歸國不久的約瑟夫，馬上就受命擔任迎擊羅馬軍的最前線指揮官。對這個二十九歲的青年來說，才剛見識過羅馬帝國的威容就落到與羅馬為敵的局面，還被送到最前線去，真不知道他心裡作何感想。

不知道現實的人，大可自由作著美夢。套句朱利斯．凱撒的話，如果人只看自己想看的現實的話，大可只看自己想看到的羅馬帝國。約瑟夫．弗拉維斯偏偏不是這種人，他會面對自己不願意看到的現實。從這方面來看，這個年輕的猶太人比較不像他的同胞，反而像是敵方的羅馬人。

《猶太戰記》是這種人寫出來有關同胞毀滅的故事。這是一本綜合熱情與冷靜觀察眼光的史學名著，在日本也已經有優秀的譯本。出版商為山本書店，是一本從譯文、小標題、地圖、製版等，都充滿山本七平編輯細膩眼光的好書。山本書店除了《猶太戰記》之外，另外還出版有《猶太古史》、《自傳》、《對亞皮翁的反駁》等全套約瑟夫的著作。由此可以發現，已故的山本七平編輯是多麼注重現代以色列人理性上感到重要，但感情上卻又恨得要死的約瑟夫。

猶太戰役

西元六十七年五月，維斯帕先率軍前往猶太北部的加拉利亞，而約瑟夫也已經率領部眾在此嚴陣以待。

只要是知道當時羅馬軍水準的人，都會發現這次羅馬是玩真的。這次派遣的兵力，和去年凱斯提烏斯的安提阿駐軍加上阿古力巴二世援軍不同。

主要戰力是第五、第十、第十五三個軍團，都是由名將科普洛親自訓練的精銳部隊。這些軍團在解決亞美尼亞、帕提亞問題之後，派駐在小亞細亞，目前正沿著地中海東岸移動。

支援上述主力的是各個軍團的輔助兵，人數大致上與軍團兵相同。行省兵出身地多在軍團的駐紮地點附近，因此原本派駐多瑙河沿岸的第五、第十五軍團輔助兵多半是巴爾幹半島出身。至於派駐敘利亞的第十軍團輔助兵，則大多出身小亞細亞和敘利亞。而維斯帕先軍中還加上阿古力巴二世支援的猶太兵，以及那巴提和阿拉伯的士兵。他們之所以參戰，是因為他們的國王與羅馬締結了同盟關係。

羅馬軍的司令官必須統帥這些語言、膚色、飲食通通不同的六萬大軍。雖然羅馬軍中統一使用拉丁語，但是剛剛被調來支援的阿拉伯兵不可能聽得懂。羅馬帝國的皇帝之所以多半出身行伍，並非因為羅馬的軍人勢力龐大，而是因為如果一個人能帶領由不同人種聚集的集團打出戰果，那轉換到政治舞臺上也同樣能有所表現。

迎擊羅馬軍的猶太軍，則純粹由猶太人構成。畢竟猶太人建立神權政體的思想無法讓其他民族感到共鳴。從這個角度來說，羅馬人與猶太人的戰鬥，就如同筆者在第VII冊敘述的一樣，是一場古代社會中「普遍」與「特殊」之間的戰鬥。

為了等待從各地匯集的軍團與同盟國部隊到達，維斯帕先直到西元六十七年五月才展開行動，此時已經是他受任命半年以後了。維斯帕先的作戰能力，並不比當時其他羅馬軍司令官優秀。翻開他過去的戰史一看，在戰略上遠不及當年的名將科普洛，也不是戰術優秀光彩耀人的指揮官。但話說回來，他也不是平庸的武將。一個人能同時擁有謹慎、紮實、持久力與健全精神，就已經不能算是凡夫了。不過光靠這些特質還不足以掌握士兵的心，維斯帕先還具有一種難以形容的同化魅力(sympathy)。

維斯帕先出身於由羅馬沿薩拉里亞大道往東北六十公里處的列亞提（今列提），生於西元九年十一月。之前筆者已經提過，由於他出身低下，一切成就必須由自己辛苦掙來。

弗拉維斯·維斯帕先的軍旅生涯開始於臺伯留帝時代，因此他也是史學家毛姆森筆下「臺伯留門生」的一員。在軍中擔任大隊長之後，他選擇當時羅馬的一般升官途徑，回到首都競選會計檢察官並當選。在卸任之後又當選按察官。按察官卸任之後，他似乎又回到軍中任職。而就在這段期間內，臺伯留駕崩，進入卡利古拉時代。

卡利古拉雖然是個問題一堆的皇帝，但是至少懂得保留前任皇帝臺伯留留下的人才網絡。

因此經歷了宛如暴風過境的卡利古拉時代之後，維斯帕先依舊不受影響。不但未受影響，他三十歲時，還在卡利古拉任內當選了法務官。在當年的羅馬，有法務官經驗的人也代表擁有指揮一個軍團的資格。

羅馬是個霸權國家，政府有防衛廣闊疆域的職責，因此不可能讓有資格的人才遊手好閒。維斯帕先在法務官卸任之後，立刻又調任萊茵河防線，擔任守衛低地日耳曼的第二軍團軍團長。到了西元四十三年，他三十四歲時，由當時正在進行不列顛稱霸戰的克勞狄斯帝命令他前往不列顛戰場。

當時不列顛戰線，正由從多瑙河防線確立時期便活躍至此的普勞提斯擔任總指揮。整個戰場也反映出克勞狄斯帝對不列顛稱霸的意念，正是年輕武將表現才幹的好地方。而維斯帕先在軍事上的才幹也在此開花結果。由於指揮官優秀，旗下的軍團長也容易搶到戰功。在東奔西走之後，維斯帕先獲得了凱旋勳章。由於羅馬步入帝國體制之後，駕駛四匹白馬戰車的凱旋儀式僅限皇帝一個人能受動，因此軍團長階級只能獲得低兩級的凱旋勳章。不過光是獲得這個勳章的效果就已經相當不錯，使得西元五十一年，維斯帕先四十二歲時能當選執政官。

不過當時他只是個補缺額的執政官。由於羅馬帝國必須派遣總督到數目將近十個的元老院行省，而總督資格又必須在擔任執政官十年以後才能取得，因此必須大量培植執政官。不過由於補缺的執政官一樣有執行實務的機會，所以維斯帕先應該有兩個月以上的執政官經驗。等到十年過後，西元六十二年，維斯帕先獲派非洲行省總督，前往迦太基官邸赴任。

但是當他正等待待滿一年任期，就可以升調足以指揮好幾個軍團的「皇帝任命司令官」，前往皇帝轄下的行省赴任時，發生了在尼祿皇帝自導自演的歌劇觀眾席上打瞌睡的事件。因此包括本人在內，大家都認為維斯帕先這輩子已經沒有機會出頭了。沒想到事隔兩年，尼祿竟然任命維斯帕先擔任猶太戰役司令官。

西元六十七年時，維斯帕先五十八歲，而約瑟夫則是三十歲。這兩個民族、出身、個性、年齡皆不同的人，即將在猶太地區相遇。在這之前，雙方都不知道對方的存在。

羅馬六萬大軍的進攻方式，反映出司令官維斯帕先的個性相當紮實穩重。羅馬軍彷彿地毯式轟炸一樣，由北向南逐步逼近耶路撒冷。而主要攻勢則集中在途中各個戰略要地。約瑟夫率領的猶太軍也終於要與維斯帕先直接衝突。

約瑟夫在記述中稍嫌自賣自誇的猶太軍戰術，雖然有相當水準，但也不出玩弄計策的範疇。不過約

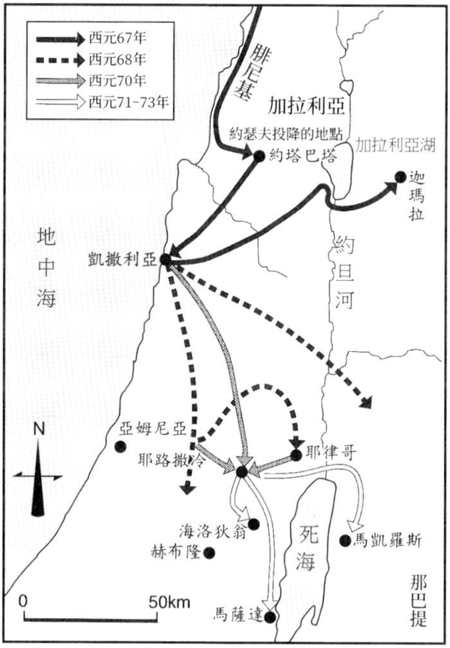

猶太戰役中羅馬軍進攻略圖

瑟夫想出的這些計策竟然能阻擋羅馬軍主力四十七天，也難怪他要感到自豪。然而筆者認為，也許這應該解釋為維斯帕先軍事才能的極限。如果是西比奧．亞非利加努斯、蘇拉、全盛期的龐培、凱撒等名將，絕對不會讓部隊被人玩弄四十七天。

維斯帕先的長子提圖斯擔任司令官的助理，他雖然是帶頭作戰的猛將，卻不是精明的智將。不過話說回來，要和組織完善、軍紀堅定的羅馬軍對抗，遲早計策有用盡的一天。約瑟夫與猶太人雖然英勇作戰，但是孤掌難鳴，最後大多數的人寧可選擇自殺也不願成為俘虜。他們奉命死守的約塔巴塔也在七月二十日失陷。根據約瑟夫的記載，死者四萬，俘虜一千二百人。

不過約瑟夫卻逃了出去，躲在當地大量的洞窟之一裡，然而洞窟裡頭已經有四十名長老先躲進來了。於是約瑟夫設法勸說長老向羅馬軍投降。也許是他不希望年紀輕輕三十歲就這樣送命吧。也或許對於親眼見過羅馬帝國的約瑟夫來說，並不願意成為鐵定失敗的叛亂犧牲品。然而儘管他說明羅馬軍將會保障投降者的性命，這四十名長老也不願意接受。相反地，他們主張只有全體自殺才是真正的猶太教徒。

這些猶太教徒是這麼說的：「只有唯一真神才是我們的主人。只有為了樹立侍奉真神政體的國家，才值得獻上我們的自由。所以，在現在這種沒有自由的地方，我們根本死不足惜。」

對於猶太教徒來說，自殺是他們無法得到自由時當然的結果。

就在來回折騰之下，藏身的洞穴也被羅馬軍的士兵發現了。維斯帕先特地派了勸降的使者進來，但是長老的想法依舊沒有改變。於是他們決定抽籤集體自殺。這是一種抽到籤的人，被下一個抽到籤的人殺死，一直持續進行到最後一個人自行了斷的自殺方式。

然而在四十個人陸陸續續死亡之後，最後剩下約瑟夫和另一個人。根據現代的數學家表示，如果應用高度的數學知識，是有辦法讓自己成為兩個人中的其中一個。不過約瑟夫在書中是這麼說的：「不知道是命運之神的惡作劇，或是神的旨意，後來只剩我和另一個人存活。因為不願意在下次抽籤時殺人或被殺，所以我說服他相信我，兩個人一起活下去。」

這次約瑟夫的說服相當成功。於是兩個人高舉雙手走出洞穴，被羅馬兵帶到營區去。對於這個能夠阻擋我方軍隊一個半月的指揮官，羅馬兵感到的好奇要勝過憎惡。尤其約瑟夫的年輕更是讓提圖斯感到震撼。

與約瑟夫同世代的提圖斯雖然正在執行軍事鎮壓，但並非反猶太主義者。他相當崇敬猶太人出身的埃及長官朱利斯．亞歷山卓，也不顧對方的猶太血統，和阿古力巴二世的姊姊貝雷尼凱大談戀愛。這足以證明維斯帕先和提圖斯父子兩人並沒有種族歧視的想法。這名能夠阻擋羅馬大軍四十七天的猶太指揮官年輕又有品味，使得個性質樸的提圖斯大感佩服。因此提圖斯下令羅馬士兵不得傷害約瑟夫。

然而維斯帕先並未忘記司令官的職責。他告訴提圖斯，約瑟夫是要送到尼祿皇帝面前的俘虜，因此不得放鬆監視。

約瑟夫知道這個消息以後，決定進行生涯最大的一場豪賭。他表示想要和羅馬的司令官單獨對話，而維斯帕先也答應了。不過為了安全起見，維斯帕先還帶了提圖斯和兩位朋友列席。

但其實約瑟夫打一開始就不打算挾持維斯帕先。

預言

約瑟夫說：「你以為你抓到了一個叫做約瑟夫的猶太人嗎？其實是神派遣我到這傳話給你的。」之後他說：「繼承尼祿皇帝的，將是你和你的子孫。如果你要確認這個預言的真假，就應該把我留在你的身邊。」

維斯帕先並不相信。因為在約瑟夫說這些話時正值西元六十七年，任何人都認為母親擁有神君奧古斯都血統的尼祿皇帝，這時候的政治立場屹立不搖。再加上維斯帕先出身低下，這時只怕沒有人認為他能夠取代既有的政治領導者。尤其維斯帕先本人最不認為自己有這能耐。

在場的一個朋友馬上反駁約瑟夫說：「既然你有預言的能力，你又為什麼不向約塔巴塔的居民預言城鎮失陷和你被俘虜的訊息？」約瑟夫則回答：「我已經預言了，但他們不相信。」

在《猶太戰記》的這段記述中，自我辯解的味道比較濃厚，因此可能並非全為實情。約瑟夫在書中說維斯帕先相信了這個預言。但根據筆者的想像，應該是雖然不相信，但也不願意因此推翻整個預言。

雖然程度上較猶太人輕，但其實羅馬人也很迷信。比方說如果雞搶著吃飼料的話，士兵們會認為這是戰鬥獲勝的徵兆。不過不管共和、帝國時期，羅馬的領導階級通常很冷靜，他們會悄悄命令戰鬥前一天起就不給雞餵食。

總之約瑟夫的企圖是成功了。這下他躲過被送往尼祿面前的危險，而提圖斯甚至於公開把他當朋友對待。

這項預言相當有名，連塔西圖斯都有記載。至於認為這真的是神的旨意，或是像筆者一樣，認為這是約瑟夫在賭命，則大家見仁見智。不過筆者做此推論的根據如下：

西元六十七年七月——約瑟夫預言維斯帕先將成為尼祿之後的皇帝
西元六十八年六月——尼祿自裁
西元六十九年七月——東方各軍團擁立維斯帕先稱帝
至於西元六十七年時，當事人的年齡
尼祿——三十歲
維斯帕先——五十八歲
提圖斯——二十八歲
約瑟夫——三十歲

如果換了筆者站在約瑟夫的立場，筆者也會願意賭上這麼一次。約瑟夫預言的是維斯帕先將成為尼祿之後的皇帝，但並未預言尼祿自裁。如果沒有發生尼祿自裁的事件，純粹從年齡上來看，先過世的將是維斯帕先。而如果約瑟夫不賭這麼一場，將會被押送到尼祿面前。如果運氣不好的話，說不定年紀輕輕三十歲就要被處決。而從尼祿的年齡來說，不管是證明預言準或不準，都是很久以後的事情。而約瑟夫現在已經沒有東西可以失去了，就算事後證明預言不準確，反正賭這一場也不算損失。所以筆者推測這是年輕的約瑟夫賭命孤注一擲。

不過有趣的是，一年後噶爾巴即位，證明約瑟夫的預言不準。但維斯帕先並未改變他對約瑟夫的態度。他並未因為預言不準確，就把約瑟夫打回原本五花大綁的俘虜身份。維斯帕先知道噶爾巴登基的消息之後，派遣長子提圖斯為特使前往羅馬表示支持與效忠。而提圖斯在旅途中知道噶爾巴逝世與歐圖登基的消息時，維斯帕先則不表示積極支持，也不表示反對。在這個時候，約瑟夫的預言已經落空兩次了，然而他受到的待遇還是沒有改變。這是維斯帕先心中記得約瑟夫的預言呢？還是認為約瑟夫的出身階級與才智有助於鎮壓猶太叛亂？從維斯帕先表現出的絕佳政治平衡感來說，筆者認為應該是後者。

一年後，西元六十九年七月。東方軍團知道皇帝從歐圖換成了維特里斯後覺得不能忍受，因此紛紛起兵擁立維斯帕先。

維斯帕先在稱帝之後，才真正相信約瑟夫兩年前的預言，因此釋放了約瑟夫，恢復他自由的身份。不過約瑟夫並未離開羅馬軍的營地。不知道是維斯帕先不允許，或是他自己打算留在羅馬軍中。

如同之前所敘述的，到了西元六十九年七月之後，維斯帕先陣營各個人物的任務分配相當明確。敘利亞總督穆夏納斯率兵西行；維斯帕先則前往埃及的亞歷山大伺機而動。重新開戰的猶太戰役由提圖斯總指揮。埃及長官朱利斯．亞歷山卓輔助提圖斯作戰。至於約瑟夫則身在提圖斯陣營內，協助進行耶路撒冷攻城戰。事實上，約瑟夫一直持續勸說耶路撒冷城內的同胞投降，但始終遭到拒絕。

在西元七〇年九月耶路撒冷失陷後，約瑟夫依舊與提圖斯共同行動。第二年提圖斯凱旋歸國時，約瑟夫也與他同行。等到帝位已經確立之後，維斯帕先將家門名弗拉維斯賜給了約瑟夫，所以之後他的名字就改為約瑟夫．弗拉維斯。以羅馬式的姓名來說，家門名應該在前面，所以正式排列法是弗拉維斯．約瑟夫。不過為了顧及閱讀時的節奏感，有不少研究著作還是寫成約瑟夫．弗拉維斯。總之，後來約瑟夫終生留在首都羅馬以著作為業。

正統的猶太教信徒，是無論如何不會原諒約瑟夫的。儘管不閱讀他的著作，就無法了解當初反羅馬的猶太叛亂始末，但是就是不能原諒寫書的人。直到今日，猶太人對約瑟夫的評價還是「叛徒」。

身為猶太人卻擔任羅馬公職的臺伯留．朱利斯．亞歷山卓同樣也被猶太民族評為叛徒。不過這個人打一開始就選擇了成為羅馬人，而約瑟夫卻是先加入猶太軍，之後變節出賣民族的罪人。然而，如果沒有這個人的著作，就無法了解過去的猶太史。而且約瑟夫的著作以拉丁文和當時的國際共通語言希臘文出版，有促進外族理解猶太戰役前因後果及過程的功績。就連正統的猶太教徒也不得不承認這一點。因此猶太人對約瑟夫的感情包括了矛盾與憎惡。不，也許就是因為矛盾，才使得憎惡更加深刻。

但就像約瑟夫和朱利斯・亞歷山卓的選擇，以及最先正面評價臺伯留帝的猶太哲學家斐洛一樣，也有些猶太人認為猶太教徒一樣可以存在於羅馬世界裡。也就是說有的猶太人認為，羅馬人的「普遍」思想——哲學，其實是可以和猶太人的「特殊」——宗教共存共榮的。現代人往往認為當年猶太人是一致抵抗羅馬的統治，而且少有人對這個想法感到疑問。然而猶太人有這種只看人類社會其中一面，以凱撒的說法就是「只看自己想看的現實」的傾向。對猶太人來說，這並不會帶來好結果。在人類社會上，就算是不同宗教、不同生活型態、不同種族，大家還是必須一起生活下去。玉石俱焚的結果，也許能讓後世的人感動，但也不過是自我陶醉罷了。而約瑟夫只不過是個當不成醉漢的猶太人而已。

戰役中斷

羅馬軍自從西元六十七年五月起開始鎮壓猶太叛亂。在占領約瑟夫防守的加拉利亞地區後，開始將戰線推移到猶太地區中部。但是戰役的進行方式既不迅速也不華麗。這一方面反映了總指揮官維斯帕先的性格，但另一方面也有維斯帕先刻意放慢攻擊步調的跡象。而在迎擊的猶太人方面，派系分裂愈演愈烈了。

派遣到猶太的羅馬軍的任務，是鎮壓猶太叛亂。然而鎮壓是以軍事力量達成，還是要和平談判解決，則完全交由前線司令官決定。維斯帕先原本認為如果派系分裂後，穩健派占了優勢，則事情可以和平解決。因此刻意為猶太人保留了時間上的餘裕。但又為了讓猶太人知道：一旦進行攻城，耶路撒冷必定淪陷。所以同時也以羅馬軍進行威嚇。因此雖然步調緩慢，在開戰一年後，西元六十八年夏天，羅馬軍已經由東西北三個方向包圍住耶路撒冷了。

而就在整個戰役只剩下攻略猶太民族的心靈故鄉——耶路撒冷時，卻傳來皇帝尼祿的死訊，猶太戰役因此中斷了。由於維斯帕先是由尼祿皇帝所任命的，不喜獨斷的維斯帕先因此決定在尼祿後的新任皇帝下指示前先暫時停戰。當時他派長子為使者晉見新任皇帝噶爾巴，有一部份用意就是在請示是否要繼續進行鎮壓。因為噶爾巴即位已經整整半年，卻沒有派下任何指示。

但提圖斯在前往羅馬的途中，卻聽到噶爾巴的死訊與歐圖登基的消息。而歐圖在位的短短三個月中，又窮於應付已經起兵稱帝的維特里斯。結果維斯帕先為了等待羅馬方面的指示，白白給了猶太人一年半的休戰期。

猶太方面為了防衛敵軍，當然趁機加強防事、儲備糧食。另一方面，在眼見將要開戰時，他們又不勸阻打算來訪耶路撒冷參加逾越節的旅客。相反地，他們甚至獎勵民眾按照往例來耶路撒冷參加逾越節。因為他們宣稱，由唯一真神守護的耶路撒冷，絕對不會被羅馬的異教徒攻陷。結果只有穩健派的猶太人離開了耶路撒冷。而除了急進派以外，城裡還留下許多相信耶路撒冷不會失陷的一般猶太人。

重開戰役

西元六十九年七月，在擁立維斯帕先稱帝的階段時，就已經決定要重新開打耶路撒冷攻城戰。一來為了確立維斯帕先的帝位，二來又牽涉到前述對於整個帝國東方猶太社區的影響，因此猶太戰役一定要獲勝。

當維斯帕先到埃及的亞歷山大伺機而動時，由提圖斯接替耶路撒冷攻城戰的總指揮。主力部隊除了原有的第五、第十、第十五軍團之外，又加上第十二軍團，共四個軍團。新參戰的第十二軍團，是在三年前敘利亞總督凱斯提烏斯撤退時遭受猶太人襲擊的部隊，因此維斯帕先決定給他們雪恥的機會。除了四個主力軍團以外，另外加上停戰前就一同合作的同盟國部隊。而統治東北猶太地區的阿古力巴二世也親自參戰。羅馬軍在習慣上，常常會帶動多國部隊作戰。與其說是為了加強兵力，不如說是為了讓防禦方知道，羅馬霸權下的其他國家想法和羅馬一致。而這次的防禦方則是猶太人。

進攻猶太首府耶路撒冷的羅馬軍中包括了猶太部隊，而指揮作戰的提圖斯身邊也有不少猶太人。其中例如讓提圖斯崇敬不已的朱利斯．亞歷山卓，就是在名將科普洛旗下歷練過的老練軍官。另外還有猶太國王阿古力巴二世；以及和提圖斯成為至交的約瑟夫。理所當然地，羅馬的參謀本部不論出身羅馬或猶太，都強烈希望能夠和平拿下耶路撒冷。

然而這也是一場搶時間的戰爭。維特里斯死後，維斯帕先成為僅有的皇帝，因此他不能一直拖延在外不回國。可是他又不能將耶路撒冷攻城戰的任務丟給兒子，自己一個人回到羅馬去。雖然經驗豐富，畢竟提圖斯還年輕。維斯帕先必須留在埃及，當耶路撒冷攻城戰進展不順時立刻率軍馳援。也許各位會認為，一開始就讓維斯帕先繼續指揮不就好了。但是維斯帕先是個精神健全的人，他知道當時羅馬帝國的混亂，起於皇帝繼承人未曾確定。由於他認定下任皇帝將是長子提圖斯，因此這次的耶路撒冷攻城戰也是提圖斯表現的機會。耶路撒冷問題必須盡快解決。一來這是為了光耀提圖斯的面子，二來也是讓維斯帕先回國登基時，能夠帶個戰勝的大禮給民眾。

由於急進派的影響力增強，耶路撒冷城內充滿了抗戰氣氛。因此攻城的

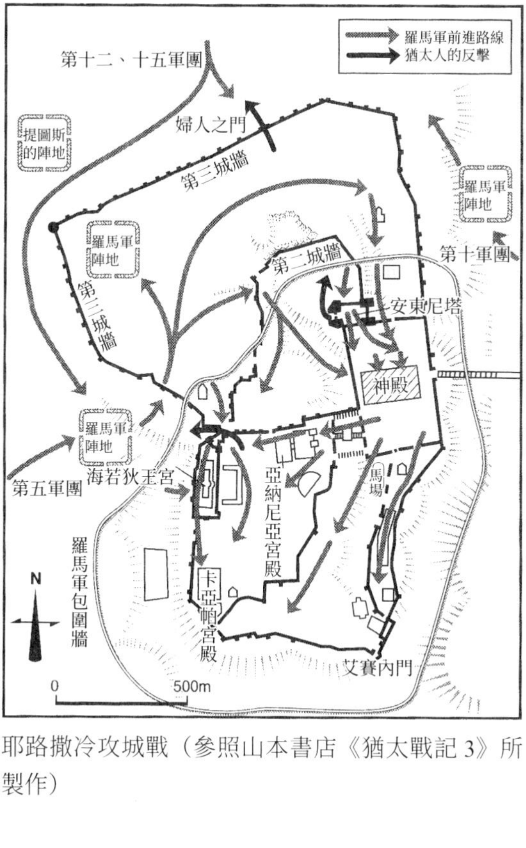

耶路撒冷攻城戰（參照山本書店《猶太戰記 3》所製作）

羅馬方面若要儘早解決事端，就只有靠兵力硬攻一途。西元七〇年春，提圖斯指揮下的四個軍團開始在耶路撒冷的城牆前布陣。

耶路撒冷是個四面都是峭壁的天然要塞。要攻打耶路撒冷，只有從沒有深谷阻礙的北方進軍。而且耶路撒冷的防衛設施相當充足，讓人懷疑羅馬怎麼會允許行省的都市這樣囂張。像是城牆就不只一道，裡裡外外共有三層；在防禦要點上還建有高塔與堅固的石牆。就連屬於宗教領域的大神殿，也由兩層城牆守護著。

羅馬人的首都沒有城牆，卻允許統治下的其他民族建築堅固的牆壁，是因為認為這些都市本身就能成為守護整個帝國的堡壘。可是這也僅止於當這些都市還願意效忠羅馬帝國的時候。如果其他民族一翻臉，羅馬人就必須為了打破自己所允許興建的城牆，花上更多的精力。不過這也是採取同化政策後不可避免的風險。西元七〇年在耶路撒冷城的戰鬥，因而演變成一場又一場的惡戰。

當然，羅馬軍在開戰之前，按例進行了勸降通告。照羅馬人的說法就是「在公羊撞上城牆之前」。所謂的「公羊」是一種專門

公羊槌（復原想像圖）

用來破壞城牆用的大木槌。按照羅馬軍規，在公羊撞上城牆前投降的人將無罪開釋，不投降的人則視為敵人可逕行殺戮。然而在西元七〇年的耶路撒冷攻城戰時，城內一些接受勸告打算投降的猶太人卻被急進派殺死了。

為何團結一致追求脫離羅馬人控制的猶太人，轉眼之間成為屠殺同胞的兇手，甚至最後演變成馬薩達要塞的集體自殺事件呢？筆者認為答案其實很簡單。

對於侍奉「純淨」為宗旨的人來說，世上最可憎的就是不純的人了。而他們的想法愈是強烈，對其他人的任何一言一行忍受度就愈低。於是急進派只有一天比一天更加激進。如果不能樹立神權政體，達成猶太人自由的話，便只有自殺一途。理所當然地，阿古力巴二世和約瑟夫的勸說，對這種猶太人一點效果都沒有。

攻陷耶路撒冷

在經過五個月的激烈戰鬥後，耶路撒冷失陷了。八月十日，大神殿失火。九月八日，城內的抵抗開始減弱。九月二十六日，所有抵抗行動完全結束。

至於犧牲者的人數，塔西圖斯在著作中表示俘虜及死者一共六十萬人。然而約瑟夫．弗拉維斯則表示，整個猶太戰役期間俘虜共九萬七千人，而耶路撒冷攻城戰的死者有一百一十萬人。其中大多數都是猶太人，但是少有定居在耶路撒冷的民眾。大多數都是到耶路撒冷來過逾越節，之後被捲入戰鬥的人。至於死因方面，被羅馬士兵殺死的人數較少。真正害死人的，是因為人口密度過高加上五個月的圍城作戰，因而引發的疾病與糧食短缺。

話雖如此，但在耶路撒冷攻城戰期間內，連身在現場的約瑟夫也只能推測城內的人數。根據他的推算，城內人數約有二百七十萬。但筆者認為，如果西元一世紀時的耶路撒冷果真有這麼多人，城內將會擁擠到動彈不得的地步。

不管正確數字如何，確實城內有大量的犧牲者。因為羅馬人嚴格執行饒恕投降者、攻擊抵抗者的策略。而且投降的期間限定在公羊槌撞上城牆之前，之後投降的人並不在寬恕的範圍之內，而被列入戰利品。

根據約瑟夫的記載，俘虜中年輕英俊的男子被挑選出來，用於日後在羅馬舉行的凱旋儀式。十七歲以上的男子除了部份送到埃及做苦力以外，其他俘虜大多淪為奴隸，當成提圖斯送給各行省的禮物，或是送上競技場與鬥劍士和猛獸對決。十六歲以下的男女則分贈給士兵。相信這些士兵會將他們賣給奴隸商人，用來當成自己的臨時獎金。

耶路撒冷的大神殿遭到焚燒、破壞殆盡，表示羅馬今後不允許猶太教徒擁有宗教中心。猶太的成年男子不論身在何處，每年要捐獻二德拉克馬的制度並未廢除。但是捐獻對象從此由耶路撒冷大神殿改為羅馬的朱比特神殿。因為如果截斷猶太人的金錢流通，勢必會讓他們之前因累積財力而膨脹的威勢與力量因此下挫。不過這雖然是真心話，表面上卻不能這麼說。後來在檯面上，這個「猶太人稅」的徵稅理由，是用來代替服兵役的義務金。

耶路撒冷特有的大祭司長制度也被廢除。由七十名祭司組成的耶路撒冷地方自治機構「七十人會議」遭廢止。以前因為顧慮到民族情緒，因此未在耶路撒冷駐軍，但今後將固定派駐一個軍團和輔助兵，共一萬名兵力。

以上這些政策轉變，代表從朱利斯・凱撒時代起始至此一百二十年，羅馬對猶太的寬容政策將大幅轉向。而這也是以往一直貫徹希臘與猶太民族之間調停人角色的羅馬，第一次與猶太人正面衝突的「猶太戰役」之結果。

然而羅馬人這些嚴厲的處分，只針對不斷進行抵抗的猶太人。至於沒有反抗的猶太人，尤其住在海外的人，待遇並未有任何改變。而且羅馬人是多神教的民族，理所當然地沒有逼迫猶太人放棄宗教信仰。

當占據馬薩達要塞的人幾乎全體自殺，羅馬終於撲滅整個猶太地區的反羅馬運動時，已經是三年後、西元七十三年了。維斯帕先皇帝批准了在耶路撒冷與今日特爾亞維之間的小鎮「亞姆尼亞」設立猶太文化研究所的計畫。對猶太人來說，猶太文化就是宗教，研究內容則主要以法律、文書為主。因為羅馬人並不打算禁絕猶太教，也沒有抱持欺壓猶太的心。

不過攻陷耶路撒冷的消息，卻讓長年與猶太人對立的希臘人態度更加強硬。當攻陷耶路撒冷後，提圖斯途經敘利亞的安提阿城時，當地的希臘人聚集在野外劇場等候他。當提圖斯出現後，當地人立刻陳情希望能將猶太人趕出安提阿。提圖斯表示，由於猶太的祖國荒廢，現在將猶太人逐出城外，也沒有地方可以讓他們容身，因此不能接受這項陳情。而希臘人不願意放棄，退而求其次要求撤除羅馬下令設立的猶太人權益青銅碑。提圖斯也拒絕了。因為羅馬人心中沒有這種狹隘的民族觀念。

在軍事鎮壓猶太地區後，羅馬人彈性應對的特性也發揮無疑。東北猶太——一如既往，是猶太王室阿古力巴二世統治的地區，因此維持猶太人自治。集中於猶太地區西部的凱撒利亞等海港都市——羅馬依舊擔任希臘與猶太民族間的調停人。這個策略也適用於其他有猶太社區的外國都市。耶路撒冷與內陸村落——這些地方居民大多是猶太人，因此確立羅馬直轄的體制。也就是說，不是和以往一樣由敘利亞總督其下的長官統轄，而是直接派遣猶太行省總督治理。

而猶太也和其他行省一樣，開始鋪設如同當年的高速公路一般的羅馬街道。

等到為這些政策打下基礎後，提圖斯才前往埃及的亞歷山大。等春天到來後，由當地航海前往羅馬。他的父親維斯帕先早在確認耶路撒冷攻城戰將有結果時，便起身前往羅馬了。

攻下耶路撒冷之後，猶太人手上還有三個據點。分別是耶路撒冷西南方三十公里處的海洛狄翁、死海東岸的馬凱羅斯、死海西岸的馬薩達。這些據點都是在攻陷耶路撒冷時，由城裡逃出來的急進派占據。

提圖斯認為進攻這三個據點時，只需要派駐耶路撒冷的一個軍團。因此參加耶路撒冷攻城戰的其他三個軍團，被他送回敘利亞與多瑙河沿岸的駐紮地。主要原因在於目前不需要迅速進攻這些據點。不過雖然海洛狄翁與馬凱羅斯馬上就打下來了，但進攻馬薩達卻花了三年。數千名士兵進攻包括婦孺在內，只有數百人的地方，竟然要花上三年。一來是因為防禦方頑強抵抗，另一方面也是因為羅馬並不急著打下這裡。對羅馬來說，「猶太戰役」在攻陷耶路撒冷的同時也就結束了。

在西元七〇年的猶太戰役中，羅馬容許不反抗的猶太人繼續存在，但讓反抗的猶太人就只有死與成為奴隸兩個下場。因此其後五十年間猶太人的反羅馬運動暫時偃旗息鼓。等到再次爆發時，已經是西元一一六年圖拉真帝的時代。因為猶太人趁著圖拉真帝遠征帕提亞時背後暗算，使得羅馬當局大為光火。整個反羅馬運動在與羅馬之間的拉鋸戰之下，一直延續到了哈德良帝任內。到了西元一三〇年，哈德良帝前往巴勒斯坦。他除了軍事控制猶太地區外，還施行了過去羅馬皇帝未曾採用的強硬政策。首先將所有猶太人逐出耶路撒冷，之後完全禁止猶太教徒居住在當地。雖然沒有禁止割禮，但是以割禮處罰羅馬罪犯，用於表示對猶太教的藐視。

猶太人失去祖國之後離散各地。所以若要探討猶太人的離散特性，不是從提圖斯時代，而是要從西元一三〇年哈德良帝的時代開始研究起。因為這是號稱五賢君之一的哈德良所施行的政策導致的結果。儘管如此，哈德良帝也並未禁止猶太教。他允許帝國內的猶太社區繼續存在，也不去變更猶太人的特殊風俗。因為羅馬人始終貫徹只要不反抗羅馬，則承認各民族宗教自由的政策。而也許是哈德良帝的強硬作風奏效，之後猶太人再也沒有大舉反抗。

一九九八年羅馬的猶太人社區在羅馬廣場南方的提圖斯凱旋門前舉辦以色列建國五十週年慶祝大會。這個大會帶有宣示羅馬滅亡了，但猶太人依舊存在的意義在內。

筆者一邊看著電視新聞，一邊不禁感到有趣。如果要慶祝的話，應該不是在凱旋門，而是在哈德良帝興建的萬神殿前舉辦才是。不過筆者馬上又換了個想法。因為這個活動還要顧慮到舞臺效果。我們姑且先不論萬神殿的歷史價值，這棟建築本身代表了接受其他民族神祇存在的多神教精神。因此對於不承認其他宗教的猶太人來說，立場上不便接近當地。如果要舉辦集會，還是在曾經由提圖斯舉行凱旋儀式的凱旋門前面，映著牆上肩扛猶太教燭臺聖物的羅馬兵浮雕，才比較能顯現這個集會的意義。其實在這方面天主教徒也是一樣。每年教宗都會在沒有信徒殉教過的大競技場舉辦彌撒，用以紀念天主教勝過羅馬帝國。

西元前六十三年龐培征服猶太地區，西元前四十七年凱撒改善猶太民族待遇，讓猶太人的未來有了轉機。之後除了卡利古拉帝之外，奧古斯都等歷代皇帝都承襲凱撒的寬容路線。但自從打完自西元六十六年起，到七十三年馬薩達淪陷為止的這場猶太戰役之後，羅馬的寬容猶太政策也隨之改變。不過雖說是政策轉向，羅馬人其實是讓對猶太人的寬容原則更加明確罷了。在不反抗羅馬帝國的前提之下，承認宗教自由，也尊重在教義規定下所有猶太人的生活習慣。不管是西元七〇年的耶路撒冷攻城戰也好，或是西元一三〇年執行的驅逐耶路撒冷猶太人政策，都是鎮壓叛亂的政策，而並非排斥猶太人的宗教信仰。對於信仰多神教，尊重其他民族宗教自由的羅馬人來說，這是毫不矛盾的措施。

提圖斯的凱旋門（復原想像圖）

提圖斯的凱旋門浮雕（扛著猶太教燭臺的羅馬士兵）

而猶太教是個不承認其他神祇存在的一神教。信奉一神教的猶太人無論是否身在耶路撒冷，都期望自己成為以「普遍」為宗旨的羅馬帝國內的「異數」。猶太人希望自己成為羅馬帝國內的外國人，也直到最後都未曾融入帝國內。

不過雖然同為一神教徒，基督教派在耶路撒冷淪陷之前開始明確脫離了猶太教的路線，走上完全相反的路子。亦即他們不願成為羅馬帝國的「異數」，而是要取代羅馬帝國的「普遍」思潮。不過這是西元三世紀時才浮現的問題，等到敘述這個部份的時候我們再行討論。

西元一世紀後半發生的猶太戰役，就在耶路撒冷淪陷之下戲劇性的落幕了。不過這足以引起羅馬人對猶太民族的注意。塔西圖斯的《歷史》在敘述戰役過程之前，曾經回溯猶太民族從摩西渡紅海以後的歷史，而且其篇幅還超過猶太戰役。相對地，猶太人的史書中光談自己的歷史，對於敵方羅馬人的記載少之又少。也許這是標榜「特殊」的民族特性也不一定。

雖然塔西圖斯不遺餘力去了解「敵方」猶太人，他對猶太教的評價還是「是迷信而不是宗教」。「迷信」的定義是錯誤的信仰。想必對於信仰多神教的羅馬人來說，不能包容其他神祇存在的一神教，才是錯誤的信仰吧。

附帶一提，到了一千八百年後，西元一八七〇年時。史學家布魯克豪特在瑞士的巴賽爾大學講課時，曾經說過這麼一段話：「如果從君士坦丁到狄奧多西等羅馬皇帝，沒有陸續立法將基督教抬舉成唯一宗教，也許羅馬人的宗教還會持續存在到今日。」

第五章

皇帝維斯帕先

歸國途中

維斯帕先從埃及的亞歷山大取道海路西行。等他到達義大利的東方門戶——南義大利的布林迪西下船時，已經是西元七〇年十月了。前來迎接的次子圖密善和他已經五年不見，現在是個十九歲的青年。

當年六十一歲的維斯帕先已經在一月一日的元老院會議上獲得「第一公民」的身份。而他之所以延宕十個月才回國，表面上的理由是因為風向不順，無法由亞歷山大啟程，實際上是因為他在等待耶路撒冷城的戰鬥有獲勝的跡象。由於皇帝身兼羅馬軍最高司令官，因此為了穩定新任皇帝的地位，以凱旋將軍的身份歸國更為有利。

結果從西元六十九年七月東方軍團擁立維斯帕先起，他整整在埃及「伺機」了一年二個月。不過這段期間他也並非無所事事。限於距離與當年的資訊傳播速度，他和率軍西行的穆夏納斯之間連絡稱不上頻繁。但是穆夏納斯確實經常向他進行報告。從他由埃及寄給元老院的信件內容可以證實，維斯帕先手上確實握有相當精準的情報。

無疑地，他也由擔任總指揮的長子提圖斯手中，逐一收到西元七〇年五月至九月的耶路撒冷攻城戰報告。畢竟耶路撒冷與亞歷山大之間直線距離不滿六百公里。

不過維斯帕先並非凡事非插手不可的人。經他授權帶兵西行的穆夏納斯幾乎在言行上享有無限的自由，同樣地，身在耶路撒冷的提圖斯也絕不會收到維斯帕先鉅細靡遺的調遣指示。而且雖然提圖斯年僅三十歲，又沒有擔任總司令的經驗，但是為了彌補這項缺點，已經特別安排作戰經驗豐富的埃及長官朱利斯．亞歷山卓跟在他的身邊。負責進攻的羅馬軍除了原已控制猶太地區的三個軍團之外，還增派了一個軍團。當時的羅馬軍紀律森嚴，二萬四千人已經足以成為無敵的戰力。儘管耶路撒冷立地易守難攻、防衛固若金湯，再加上內擁百萬之眾，想必維斯帕先也相信羅馬軍將會獲勝。唯一的問題是時間。在進攻耶路撒冷城時，不能像迦太基攻防戰一樣耗上三年。因為這時維特里斯已逝，維斯帕先成為羅馬唯一的皇帝，他不能一直滯留國外。

在稍早前筆者已經敘述過維斯帕先「伺機而動」時選擇亞歷山大停留的原因，其中包括未來能以控制埃及產的小麥，壓迫維特里斯與義大利的糧食。自從主食仰賴進口以後，義大利的糧食需求量有三分之一以上仰賴埃及進口。因此將埃及納入轄下，等於手上多了一把利器。而維斯帕先精明的地方就在於，他手上的這把利器始終藏在鞘中，絲毫沒有要動用的跡象。就連他與元老院之間往來的書信裡，也完全沒有隻字片語帶有類似的暗示。這把利器的實際效果，僅止於一股無言的壓力。不過連塔西圖斯在著作中都直接點明這一點，可見對當時的羅馬人來說，這把利器的威力人盡皆知，持有者也不必特別出聲威嚇。而且人就算對有形的壓力感到反感，卻拿無形的壓力沒有辦法。原本大家以為維斯帕先只是個單純的武夫，其實他觀察人心的能力也相當優越。

在埃及伺機而動的期間裡，維斯帕先還做了另外一件事情。這是在帝國西方地區不須進

維斯帕先

行，但在帝國東方卻能發揮無限效力的姿態。

有一天，有一位盲人與一位瘸子前來晉見維斯帕先。他們表示為了治好自己身上的疾病，兩個人前往祭祀埃及眾神的神殿參拜。天神啟示他們說，維斯帕先可以醫好他們的病。因此這兩個人請求維斯帕先摸一摸他們殘障的地方。

維斯帕先是個不怎麼相信奇蹟、講究現實的羅馬人，心裡想必不大願意接受這兩個人的請求。但是在周圍的人期盼催促之下，又不能斥責他們的迷信、將他們趕出去，因為羅馬的皇帝同時還要統治東方地區的人民。儘管心中老大不願意，他還是碰觸了這兩個人殘障的地方。結果在他觸摸之後，盲人的眼睛看得見東西了，而瘸子也起身步行。周圍的人高呼奇蹟發生了，而這兩個人親吻維斯帕先的腳表示感激。當然維斯帕先的奇蹟立即傳遍了埃及與巴勒斯坦，就連敘利亞的安提阿居民都津津樂道。

這想必是部下之中有人刻意安排的表演。不過四十年前耶穌基督展現的奇蹟也正好是治療盲人與瘸子。要拿奇蹟做政治表演，就不能拿治療內臟疾病當題材。這種奇蹟必須對付讓人馬上看得出來療效的病症，才能有政治上的效果。總之這麼一來，羅馬皇帝維斯帕先也是個和耶穌基督一樣能展現奇蹟的仙人了。

儘管同在羅馬帝國疆域中，東方與西方的要求完全不同。如果在西方展現治療盲人和瘸子的奇蹟，頂多只能滿足民眾的好奇心。西方的民眾希望領導人所具備的，不是超能力，而是統御眾人的力量。也就是希望領袖能讓人民享受自由的生活，並維持和平與秩序。回到義大利後，維斯帕先雖然不必展現奇蹟，但卻必須為了內亂後的國家，進行難度可能更高的帝國重建工作。

帝國重建

不過維斯帕先實在是個幸運的人。從巴達維族出身的行省兵叛亂，到後來演變成高盧帝國建國、萊茵河防線崩潰的內亂事件，在入秋之前已經解決了。四年前猶太地區的猶太人叛亂，已經在經歷五個月的耶路撒冷攻城戰後告一段落。當獲勝的消息沿著阿庇亞大道向首都傳遞的同時，想必也已經有快艇專程通知了身在地中海的維斯帕先。於是當維斯帕先進入首都時，已經不必擔憂發生在萊茵河與猶太地區的帝國兩大危機。

而當維斯帕先滯留海外時，穆夏納斯推動的諸般政策也無懈可擊。這十個月來所有皇帝的工作，其實都由穆夏納斯代勞。

十個月以來穆夏納斯推動的政策將列舉如下。不過值得特別強調的是，這些政策並非他按順序一一處理，而是全部同時推動的。至於為何要同時推動，是因為這些政策都十分重要，無法決定優先順序。

第一項政策，是將由帝國西側總召集所得的九個軍團，投入鎮壓日耳曼裔高盧人的叛亂。這項決策相當果決，使得叛亂發生不到一年，成立高盧帝國二、三個月後，就挽救了萊茵河防線的頹勢。如果這項決策等到維斯帕先回國才進行，那麼響應叛亂主嫌朱利斯．奇維里斯的動態，勢將向萊茵河的東西兩岸擴展，而且至少會影響到萊茵河東岸（現代的荷蘭與整個德國地區）與日耳曼裔高盧人定居的西岸地區。如此一來羅馬帝國的情勢會立即回到一百三十年前的凱撒時代。為了確立國家的防線體制，羅馬人必須重新與日耳曼民族全面對決。

西元六十九年與七〇年的情勢，也許用不著投入純由軍團兵構成的九個軍團五萬四千大軍。不過穆夏納斯還是決定採取大軍迅速解決的戰略。因為戰鬥狀態維持得愈久，敵我雙方的憎恨勢必也將愈為嚴重。相反地，短期解決可以避免這種問題。而戰後處理與軍事策略也才愈能不受恨意影響，理性穩健地施行。

大多數羅馬武將的特性就在於，他們往往沒有武夫的自負與虛榮心。對於以眾擊寡的行為一點都不感到猶豫。因為大軍進攻之下，作戰將提前產生結果，雙方的損失也才會更少。如果有人藐視派遣十倍兵力進攻由五百人防衛的馬薩達要塞的羅馬人，那就是這種人不懂羅馬的軍人精神。從朱利斯．凱撒著作的《高盧戰記》中可以得知，羅馬軍作戰是從整頓兵力、武器、補給等確定要素開始，而後才使得全軍士氣因而占上優勢。也就是說，羅馬人將不確定的精神要素擺到最後面處理。第二次世界大戰時，日本軍卻將無可捉摸的精神要素擺在第一位，當然會以失敗收場。

而在迅速鎮壓日耳曼裔高盧人的叛亂之後，戰後處理也做得相當漂亮。之前筆者也曾敘述過，羅馬在這件事情上維持一貫「不再追究」的路線。這項政策維持之徹底，連處置帶頭叛亂的巴達維族，都只是維持戰前的待遇而已。而在處置變節向高盧帝國宣誓效忠的羅馬士兵時，也幾乎等於不予處罰。羅馬如此寬大處置的理由也很簡單，因為他們認為這次的叛亂是羅馬人爭奪帝位搞內鬨的餘波，所以不願意怪罪他人。

重要的是，這是羅馬人承認本身的錯誤，而非妥協於對方的實力。因此巴達維族、高盧行省的民眾，以及向高盧帝國宣誓效忠的羅馬軍團兵，都能在沒有罪惡感的狀況下重回羅馬帝國。

對於戰敗的維特里斯方面的人也同樣貫徹「不再追究」的作風。穆夏納斯深知第二次貝德里亞克會戰的起因，就在於第一次貝德里亞克會戰的戰後處理失當。因此維特里斯派唯一的犧牲，就是他年幼的兒子，以及率軍反抗的弟弟。維特里斯的其他家人親戚沒有因此遭流放。元老院中的維特里斯派也不予處罰。維特里斯從旗下的萊茵河軍團挑選編制的近衛軍士兵，也沒有人遭到解雇。

不過，近衛軍是義大利境內唯一的軍事力量。所以不能讓支持前任維特里斯皇帝的士兵整群聚集在此。穆夏納斯以將近衛軍從維特里斯擴編的一萬七千名恢復成傳統的九個千人大隊為由，將士兵陸續分發到各個防線的軍團中。而在進行這項作業的同時，也陸續將支持維斯帕先的士兵轉調到近衛軍中。並且在西元七十一年，提圖斯結束猶太戰役返國舉行凱旋儀式後，讓這名皇子轉任近衛軍長官。按照羅馬帝國的慣例，近衛軍長官一般出身於次於元老院階級的「騎士階層」（經濟界）。讓與父親共享許多權力，幾乎可說是國家共主的提圖斯擔任這項職位，無疑是一項降調人事。不過維斯帕先和穆夏納斯都是講求實際的人物。而且在不產生恨意與反感的前提下，將近衛軍中的維特里斯勢力完全清除，也可以使政權輪替時少了一個社會亂源。在此要重新強調，近衛軍真正的威力，不在於士兵的質或量，而在於他們營區設於首都，是義大利境內唯一的軍事力量。

穆夏納斯在處理戰敗者時，沒有犯下錯誤。賠償受內戰之害的城鎮或個人時，也不分敵我雙方。求償地區包括成為戰場的波河流域、戰勝士兵行軍途經的弗拉米尼亞大道沿線城鎮，以及忍受維特里斯軍將近半年的羅馬市民。不管是求償的地方政府數量、求償人數或金額，想必都是天文數字。於是穆夏納斯於內戰結束後的西元七〇年一月立即成立專門負責賠償問題的委員會。西元六十九年三個皇帝輪替引起的內亂，特色在於以義大利為戰場。損害賠償的對象是能影響到維斯帕先帝位穩固與否的本國民眾——亦即有權者，因此必須儘速賠償完畢。

同時穆夏納斯也開始重建在卡匹杜里諾丘上，因內戰燒毀的朱比特神殿。在羅馬諸神之中，以朱比特（希臘名為宙斯）為最高神。在羅馬的傳統中，獲得殊榮舉行凱旋儀式的將軍在儀式之後，必須前往神殿祈禱致謝。換句話說，再怎麼華麗的凱旋儀式，都會在卡匹杜里諾丘朱比特神殿的莊嚴祈禱中畫下句點。凱旋歸來的將軍在四匹白馬拉著的戰車上行進，沿途接受群眾的歡呼喝采。而戰車到達卡匹杜里諾丘上的朱比特神殿之後，將軍必須下車，讓背上緋紅色的披風隨風飄逸，獨自登上神殿前的白色大理石階梯。而這座倍受羅馬人崇敬的朱比特神殿，竟然被自家人親手摧毀。這件事情情節之嚴重，足以讓萊茵河地方的行省居民認為諸神已經拋棄了羅馬帝國，成立「高盧帝國」的步調因此急速加快。因此羅馬帝國的領導階層，必須儘速掃除迷信的平民心中對帝國前景的不安。而朱比特神殿重建的工程，在皇帝歸國之前就開工了。維斯帕先在歸國後，還親自背著石材爬上卡匹杜里諾丘，加入建築工的行列中。

在帝國的東西兩個地方，領導人爭取民眾敬意與好感的必要姿態是如此的不同。在東方展現奇蹟有其效果，而在西方則是加入民眾行列較有效。如果帝國東方的民眾看到皇帝背著石材加入施工行列，不知道會有什麼感想。

話說回來，維斯帕先回到已經由穆夏納斯整頓過的羅馬以後，也並非只顧著跟工人一起上工。西方民眾不管最高領導人有沒有超能力，一律會要求最高領導人善盡其職責。

而維斯帕先最幸運的是，他得到穆夏納斯這個無可替代的助手。

第一個理由是穆夏納斯在之前的十個月期間施政良好，當維斯帕先要正式執政時已經減輕了許多負擔。

第二則是穆夏納斯的處世之道。這個無可取代的助手在維斯帕先歸國的同時，沒有當場交棒一走了之，也沒有覬覦執政官的職位。他也沒有像克勞狄斯帝時代的維特里斯（登基的維特里斯皇帝之父親）一樣，追求與皇帝同時擔任較執政官更為尊貴的「財務官」一職。與現任皇帝同時就職的財務官與執政官，其威望與權力往往高於在其他年份就職的官員。由於穆夏納斯認同維斯帕先打算建立世襲制的想法，因此將這些職位留給了維斯帕先的兩個兒子。如果穆夏納斯強烈要求擔任這些職務，既然之前維斯帕先是依靠穆夏納斯的協助才能登基，回國之後當然也無法拒絕穆夏納斯的任何要求。而日後穆夏納斯並未擔任這些職位，表示他本人沒有這種欲望。

不過穆夏納斯也並非在維斯帕先歸國的同時就退休養老。他雖然沒有擔任公職，但是與維斯帕先的關係就好像開國皇帝奧古斯都與馬爾凱斯一樣。亦即在維斯帕先任期的前半段，他以私人顧問的身份協助皇帝治理國家。進入維斯帕先任期後半段以後，政壇上已經沒有他的消息。反而對維斯帕先來說，長子提圖斯的重要程度與日俱增。

穆夏納斯曾經寫過數冊有關地理的著作，到現代還有部份章節倖存。學者之間對這些著作的共同意見是，在獨創性與文筆方面都很普通。

然而，並非文筆普通的人能力也就一定普通。像凱撒那樣文筆和政務兩方面都出類拔萃的天才是少數。就連實務能力一流的奧古斯都，寫起文章來也只能讓人搖頭苦笑。如果讓維斯帕先寫文章，只怕也會留下庸才的名聲。不過可以確認的是，尼祿過世為帝國帶來一片混亂，而負責收拾局面的穆夏納斯與維斯帕先兩人在實務方面都是一流好手。

維斯帕先身上最大的擔子，就是如何重建因內亂而負傷的羅馬帝國。然而與當年必須收拾內亂，重新統合羅馬民心的奧古斯都比起來，負擔其實輕了許多。

開國皇帝奧古斯都在任內，必須隨時設法讓羅馬人接受還不習慣的帝政統治系統。而第九任皇帝維斯帕先卻不必為這些事情煩惱。施行帝政百年以來，羅馬人已經理解到當初不甘不願吃下的這帖藥方其實相當有效。如果以現代人的說法，就是對於帝政的認同 (consensus) 已經穩固。因此羅馬帝政的危機不是皇帝統治系統本身的問題，而是由每個皇帝的適任程度所引發。

維斯帕先身負的課題是重建帝國，因此既不必像凱撒一樣具有創造新制度時不可或缺的先見之明與獨創力，也不必像背負確立新制度責任的奧古斯都一樣擁有一流的政治實力。時代要求他的課題，只要擁有足夠的責任感，就有完美達成的可能。因為這項課題需要的是健全的精神，而既沒有獨創性也沒有特殊能力的維斯帕先，如果用一句話來形容，正巧就是個「精神健全的人」。帝政施行至此已百年，就像任何制度都有僵化期，羅馬此時也面臨到了危機。而要克服這種危機，最上策就是回到健全的精神重新出發。西元七〇年的羅馬帝國於是有了適當的領導人。

精神健全的人不會認為所有的過去都必須丟棄。維斯帕先在登基之後，全名改為皇帝·凱撒·維斯帕先·奧古斯都 (Imperator Caesar Vespasianus Augustus)。儘管由凱撒起始、奧古斯都確立的朱利斯·克勞狄斯王朝已在尼祿之後崩潰。但是由凱撒繪製藍圖、奧古斯都建設的羅馬帝政體系，卻由弗拉維斯王朝的創始人維斯帕先繼承了。而且在維斯帕先之後，不論任何人登基即位，羅馬帝國皇帝的全名按慣例都會加上「凱撒」與「奧古斯都」。這項措施顯示了羅馬人儘管排除了不適任的皇帝，但仍將承續帝政體系的想法。維斯帕先在即位後的第一份聲明，就是自己將承續奧古斯都、臺伯留與克勞狄斯的施政。這表示儘管史學家塔西圖斯批評臺伯留與克勞狄斯是昏君，但是大多數羅馬人不這麼想。不過各位請注意，在這份聲明中並未提到卡利古拉、尼祿以及其後任期短暫的噶爾巴、歐圖、維特里斯。因為當時的人民認為這些人不是好皇帝。

在歷史上一般以東方軍團士兵擁立維斯帕先稱帝的西元六十九年七月一日為維斯帕先任期的起點。不過根據之前筆者敘述過的許多內情，維斯帕先真正統治國家的時間應該是從西元七〇年十一月起算，而到他逝世的西元七十九年六月為止。也就是他從六十一歲到七十歲的這段時光。這是個只知道邊境軍團基地生活的武將，轉型成為必須理解遼闊帝國整體情勢的政治家的一段過程。

這名從軍中一路攀升的皇帝，提出了以和平與秩序作為施政目標。而和平還需要秩序作為後盾，因此這只是將當年的"Pax Romana"（羅馬和平）重新提出來而已。不過經歷了一年半的政治動亂，要獲得羅馬人的同意並不困難。

維斯帕先首先關閉了亞瑞斯神殿的大門。這個雙頭神的神殿大門敞開，代表羅馬進入戰爭狀態。而關閉大門則代表恢復和平。對於羅馬人來說，這項舉動的涵義不必多做

亞瑞斯神

解釋。

維斯帕先其人

維斯帕先發表建設「和平廣場」的消息，並立即動工。我們從現今存留的羅馬廣場遺蹟就可以得知，「廣場」(forum) 是集合政治、經濟、行政等國家營運所需功能的區域總稱。在羅馬時代，任何都市都會有廣場。而 "Foro Romano" 則是「羅馬的廣場」之意，也就是帝國的中樞地帶。

然而，隨著羅馬的疆域日益擴大，共和時期的羅馬廣場場地已不敷使用，因此凱撒才會在緊臨羅馬廣場北邊的地方建設「凱撒廣場」，而奧古斯都也在其北邊建設了「奧古斯都廣場」，擴大了這些集合國家營運必要功能的區域。在第V冊中筆者曾經敘述過，由凱撒創設的「廣場」也就像是小型的羅馬廣場一樣。和羅馬廣場同樣地，內部有兼作為神殿、法庭、經濟活動地的會堂，並且也是收集希臘文與拉丁文書籍（當時為卷軸）的公立圖書館。其中還有稱為艾賽德拉的半圓形角落，用於私塾教育。總之是提供都市生活所需各項服務的地方。

維斯帕先所建設的「和平廣場」在功能上和凱撒與奧古斯都興建的廣場一樣，目的是讓最高領導人能提供市民享受公共生活的地方。而按照羅馬的習慣，建設公共建築時，往往會為

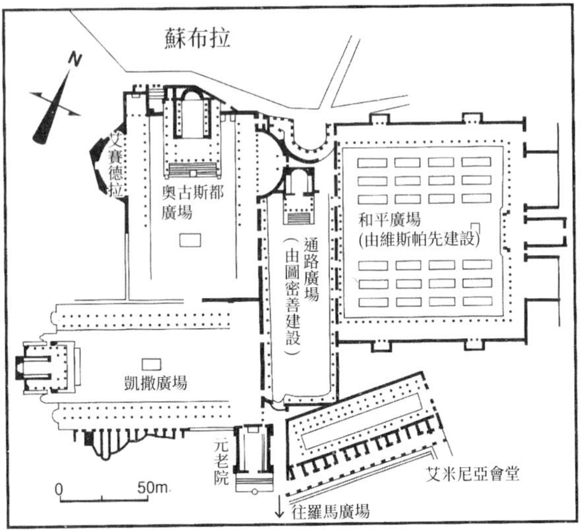

涅爾瓦時代（西元 96-98 年）的「諸皇帝廣場」

建築冠上興建者的姓名。因此即使他將廣場命名為「維斯帕先廣場」，也沒有人會批評他。然而他沒這樣做，卻將其命名為「和平廣場」。這是為了向群眾廣為宣傳，新任皇帝以恢復與維持和平為施政的最高目標。

不過之所以沒有命名為「維斯帕先廣場」，其實另外還有一個隱情。由於維斯帕先出身鄉下，而且並非既有的統治階層，因此不像首都名門凱撒或是凱撒的養子奧古斯都一樣「血統尊貴」。在這兩名「神君」的廣場旁邊興建自己的廣場還好，但他實在不敢模仿神君，為廣場冠上自己的名字。

但話說回來，維斯帕先並未對自己的出身感到羞恥。當登基之後，曾經有人這麼建議他：海克力士曾經造訪維斯帕先的故鄉列提附近，而且當地還有平民祭祀海克力士的小廟。新皇帝何不宣稱自己身上有海克力士血統？眾所周知，名門凱撒一家的歷史可以回溯到羅馬建國時期，而且帶有當年特洛伊城失陷時從城內逃出的依里亞斯的血統。因此凱撒家流有依里亞斯的母親女神維納斯血統。而當年獨裁者蘇拉也曾公開宣稱自己是維納斯的後裔。維斯帕先如果宣稱自己有海克力士的血統，說不定平民們會相信。然而他是個精神健全的人，在大笑中拒絕了這個提案。如果他真的接受這項提案，想必會成為元老院議員冷笑的對象。

維斯帕先體格壯碩，臉型又有如發酵不完全的麵包，總之是個讓人一看就知道是平民出身的人。而他也從不做任何不適合自己的行為。他既不建設華麗的宮殿，也沒有參觀雖未完工但裝潢華麗、由尼祿興建的"Domus Aurea"（黃金宮殿）。他的妻子在猶太戰役期間過世，因此目前單身。但是他不打算續弦。雖然身邊有個情婦，但不是上流階級出身的女人，而是青梅竹馬的解放奴隸。他不但不打算將其迎為皇妃，也不許情婦插嘴公務、私事。日常生活也和稱帝之前一樣樸素。對他來說，登基之後依然認為身為士兵是值得自豪的事情。以往有人晉見皇帝之前，必須先搜身檢查是否攜帶武器。而維斯帕先將這項規定廢除了。

他的言行舉止離洗鍊的標準遠得很。雖然他能說當時被視為高等教養的希臘語，但不是令人佩服的辯論能手。不過這個鄉土味十足的皇帝，卻擁有相當高度的幽默感。

由於出身低下，因此只要有人求見，維斯帕先通常不會拒絕。他也接見過當時已經淪為少數派，但公然宣傳打倒帝政的共和主義者。這些人大多是在首都羅馬教哲學的教師。

維斯帕先曾經傾聽某位人士在他面前大談恢復共和制度的言論。最後他終於忍不住開口了：「你好像為了讓我處決你，什麼話都說得出口。不過我可不會為了一隻狗開口亂叫就殺了牠。」之後這一派的哲學家就被稱為「犬儒派」。

他這一生與病痛無緣，病倒後分外知道自己大限將至，於是說「可憐的我啊，快要當神了」。因為當時皇帝死後神格化已成慣例。而這也證明，羅馬人心目中的神地位僅止於此。

不過維斯帕先也並非只是個討人喜歡的皇帝。當他親自執政的西元七〇年秋季起，或說從他稱帝的西元六十九年夏天時，他就已經表明將由兩名兒子繼承皇位，以及立法確立皇帝的權限。對於維斯帕先來說，明示皇帝繼任人選可以免除爭奪皇位的風波，而確立皇帝權限可以改變朱利斯·克勞狄斯王朝以來歷任皇帝與元老院之間關係惡劣的情勢。

〈維斯帕先皇帝法〉

維斯帕先有兩名成年的兒子提圖斯與圖密善。計畫明定這兩人的繼承權，無疑也是為人父母必有的感情。在維斯帕先與兩名兒子統治的弗拉維斯王朝之後是史稱「五賢君時代」的盛世，根據學界定論，這五名皇帝施行善政的最大理由就在於養子繼承系統。然而，這與五名皇帝之中有四名沒有子嗣多少也有關係。例如五人當中唯一有親生兒子的馬庫斯·奧理略，後來不也是把帝位傳給了長子高摩達嗎？可見有親生兒子的人無法抵抗世襲制度的誘惑，實屬人之常情。另外，當時培育領導人的主要單位為家庭，也是使世襲制容易為人接受的原因。

可是尼祿的下場卻證明光是世襲制還不足以安邦定國。所以維斯帕先設法為擁有繼承權的提圖斯提供累積資歷的機會。當初他之所以退出第一線，讓提圖斯接替自己擔任猶太戰役總指揮——耶路撒冷攻城戰總指揮的原因也在此。

尼祿的下場還給人另一個教訓。就是只要讓元老院蓋上不適任皇帝的烙印，具體來說，是多數贊成通過「共同體公敵」投票之後，權力再大的皇帝也馬上淪為庶民。也就是只要元老院通過不信任議案，皇帝的日子也就完了。就連有開國皇帝奧古斯都血統的尼祿，也逃不過這個下場。出身無法與尼祿相較，又是羅馬統治階層新人的維斯帕先，為了要鞏固工作基礎，當然得試圖立法明定皇帝的權限。

維斯帕先的這個想法在他的助手穆夏納斯協助之下，精確又迅速地付諸實行。當先帝維特里斯過世不到十天，西元六十九年十二月底時，穆夏納斯進入首都。由於他沒有元老院會議召集權，因此他請擁有召集權的首都法務官朱利斯．弗隆提努協助召開會議。在會議上他立即要求元老院議決這兩項議案。

關於皇位繼承問題，維斯帕先曾經這麼說：「所謂皇位繼承人問題，就是承認我的兒子；或是回到無政府狀態，兩者擇一的問題」。

元老院議員歷經一年更替三次皇帝，每次都只能事後追認的經驗，因此深深感受到無力感。也難怪他們會投票通過促使政權安定的皇位世襲制度。

另一項則是皇帝權的明文化。在現代的卡匹杜里諾美術館藏有法案碑文——〈維斯帕先皇帝法〉(*Lex de imperio Vespasiani*) 碑文大意如下：

一、如同神君奧古斯都、臺伯留、克勞狄斯諸帝擁有之權力，皇帝維斯帕先亦擁有與其認為適當之任何國家暨君主締結同盟乃至友好條約之權力。

二、如同奧古斯都、臺伯留、克勞狄斯諸帝擁有之權力，皇帝維斯帕先亦擁有召集元老院會議之權力、向元老院提出法案之權力、退回法案之權力。

三、由皇帝召集之臨時元老院會通過之法案效力，等同一般元老院會通過之法案。

四、每逢於本國執行政權之法務官、財務官、執政官等公職；職掌行省統治實權之皇帝行省總督、元老院行省總督、埃及長官；執掌稅務之皇帝財務官等公職選舉時，皇帝所推薦之人選應獲相當之優遇。

五、當首都羅馬之住宅區域應拓寬時，應如同克勞狄斯帝擁有之權力；維斯帕先亦擁有拓寬之權力。

六、當合乎國家尊嚴與利益時，無論任何舉措，維斯帕先均享有提案並執行之權力。此

〈維斯帕先皇帝法〉碑文（卡匹杜里諾美術館藏）

亦為奧古斯都、臺伯留、克勞狄斯諸帝享有之權力。

七、如同上述三皇帝所享有之權力，維斯帕先亦得以對元老院會議及公民大會之決議行使否決權。

如果各位曾經閱讀筆者的第VI冊《羅馬和平》，想必會發現這些都是開國皇帝奧古斯都所擁有過的權力。而實際上也確實如此。上述的第一條是得到皇帝稱號時，同時會獲得的權力。因為皇帝身為羅馬軍最高司令官，因此軍事與相關外交活動是皇帝的工作。第二條和第七條則是擁有「護民官特權」就能行使的權力。第三條和第六條則是不須立法明定，之前朱利斯·克勞狄斯王朝歷任皇帝實際行使過的特權。而第四條則是便於自身派系人員晉用的策略。但是有現任皇帝做靠山的人在競選時受到優惠也是理所當然的事情，實在用不著實際立法明定。筆者認為這是因為維斯帕先出身低下，連帶使得他作風鄙俗的象徵。

不過百年前創建帝政的奧古斯都之所以沒有這樣露骨表露自己手上的權力，是因為當時的羅馬人對君主政體有強烈排斥感。各位只要想起暗殺凱撒一事就可以了解了。而到了西元七〇年時，已經事隔百年。羅馬式的君主政治累積了充分的實效，甚至獲得了統治方的羅馬公民與受統治的行省民眾認同。儘管表現得露骨一點，也只有少數理想主義者會感到反感。而且從維斯帕先講求實際的軍人性格來說，他也許認為要即位當然可以，不過要立法明示皇帝的各項權力，免得事後有人嘀嘀咕咕批判個不停。

其實維斯帕先在維特里斯死亡後成為唯一的皇帝時，元老院已經給了他下列的權力：「全軍最高指揮權」、「護民官特權」、「最高裁判權」、「奧古斯都稱號」、「第一公民」。前面三項為實權，後面兩項則用於賦予權威。因此即使不明定〈維斯帕先皇帝法〉，這些權力老早已經有所保障。也就是說通過〈維斯帕先皇帝法〉也只是明確化既有的權力，避免讓人挑剔罷了。然而〈維斯帕先皇帝法〉的真正目的，在於追加於其後，總括前述規定的"Sanctio"，意譯的話則是「免於罰則之認可」。〈維斯帕先皇帝法〉第六條規定，皇帝在判斷符合國家利益時施行任何政策，可說是這項認可的伏線。由於獲得了「免於罰則之認可」使得第六條規定效果更為強力。

"Sanctio"的文章內容和之前七條法規風格完全不一樣，似乎出自於專業法律人士之手。內容的一字一句都特別講究不能有模糊的解釋空間，反而使得整篇內容不清不楚，是標準的所謂法學著作風格。如果要條列其中的內容，大致可整理如下：

由於〈維斯帕先皇帝法〉之成立：

一、即使皇帝試圖違反元老院及公民大會之決議，亦不須為其負責。

二、不須繳納任何罰款。

三、不得有任何人以實施違反元老院及公民大會之決議為由控訴皇帝或申請彈劾審判。

〈維斯帕先皇帝法〉如此強化皇帝的權力。然而這項法案卻不是由維斯帕先的助手穆夏納斯以皇帝名義提出的法案，亦即皇帝立法的形式通過。而是設法由元老院的立法手段，所謂「元老院勸告」的形式投票表決通過。也就是說，形式上這不是皇帝維斯帕先的要求，而是元老院主動提出並通過的法案。簡單來說，維斯帕先派的〈維斯帕先皇帝法〉及“Sanctio”提案人想表達的意義是，既然投票通過並簽署這項法案，之後元老院也就沒有資格開口攻擊皇帝。

也許維斯帕先只是很單純地不希望重蹈覆轍，和尼祿一樣不受元老院信任，被打為「國家公敵」並被迫自裁。然而這項〈維斯帕先皇帝法〉的成立卻代表了帝政制度上的一大轉變。元老院再也不能提出彈劾審判，或是以多數決認定不適任，將皇帝打為「國家公敵」，因此也無法依靠上述行動更替政權負責人。原本連開國皇帝奧古斯都也承認元老院對皇帝的監督功能，但〈維斯帕先皇帝法〉立法之後，元老院也失去作用了。

維斯帕先能夠做這種程度的要求，是因為他有帝政百年下來的政績作為背景。當年奧古斯都之所以不要求到這個程度，是因為正值由共和制轉型到帝政的敏感時刻，因此不能忽視羅馬人對於帝政的排斥反應。不過若是奧古斯也站在今天維斯帕先的立場，不知他是否也會做同樣的要求。

在羅馬史上，「羅馬的元老院」幾乎可以代表整個羅馬。而其功能也隨時代不同跟著轉變。

在王政時期，元老院是聚集各個家門的家長，為國王提供建議的機構。名額從一開始就固定為三百人。

西元前五〇九年轉型為共和制之後，元老院名額同樣為三百人，也同樣是聚集有力人士的機構。但是從建言機構搖身一變，成為執行政策的機關。如果我們用現代的私人企業來打比方的話，在公民等員工之上，有由三百名董監事組成的董事會。而每年會舉辦一次員工大會，從這三百名董監事中選出兩名任期一年的執行長。之所以需要兩名，是因為一名擔任「國內」施政，另一名擔任「國外」策略。而共和時期的「國外」策略，也就是指揮擴充霸權的戰爭。

進入帝政時期之後，執行長已經不再由董事會中選任。而是透過世襲制或由前任執行長以指名養子的方式，擔任沒有任期的終身執行長。公民大會也轉變成在競技場上歡呼或大喊反對的形式，再也不舉辦選舉執行長的員工大會了。

最初試圖將制度轉型成這個樣子的人是朱利斯．凱撒。筆者認為他真正的意圖，是因為既然羅馬已經成長為國際級的大企業，每年更替一次領導人，以及三百名董事會的合議制度，在營運上已經不堪發揮充分的功能。而帝政是羅馬追求提升統治能力時不可避免的一條路。

真正實現凱撒的想法的，是開國皇帝奧古斯都。不過他還是為董事會保留了當執行長不適任時，得以彈劾的功能。也就是為元老院保留監督帝政的功能。

而且儘管進入了帝政時期，元老院也並非純粹是個監督機關。它同時也是儲備就任國家要職人員的培育機構。因此奧古斯都也認為元老院應當享有適當的權限，才足以完全發揮其功能。從心理學的角度來說，如果希望人能夠發揮充分的能力，也應該給予適當的權限。就連靠軍事力量打倒「元老院體制」的凱撒，也沒有做出廢除元老院的暴行。不但如此，凱撒還增加了元老院的名額。不過凱撒心中的國家並非像共和時代由元老院主導的政治體制，而是由皇帝主導的政治體系。等到奧古斯都繼承凱撒後，元老院儲備治國人才，並輔助皇帝治理國家的色彩也更濃厚。儘管如此，當元老院認定在位的皇帝不適任時，依舊擁有推出不信任案的權限。

而維斯帕先通過的〈維斯帕先皇帝法〉卻明定儘管元老院認為皇帝不適任，依舊不得彈劾皇帝。筆者認為，如果奧古斯都站在今天維斯帕先的立場上，可能連想都不會想立這種法案。

因為既然元老院失去所謂的不信任提議權，亦即當年的彈劾審判，如果今後遇到認為在位的皇帝不適任時，唯一的應變手段只剩下暗殺。也許各位認為讓元老院議決為「國家公敵」之後，皇帝只剩下自裁一途，那和暗殺其實也沒有什麼差別。但是握有「利器」卻不使用，與武器遭人剝奪，狀況其實相去甚遠。筆者之所以不想把維斯帕先的領導能力評為滿分，主要原因也就在此。維斯帕先打算以立法的手段，解決立法之後依舊無法完全解決的問題。而法律條文也會反映出提案人的人格。

也許維斯帕先認為今後他就能夠安心做他的皇帝。然而〈維斯帕先皇帝法〉的第一個受害者，就是二十六年後他遭到暗殺的次子圖密善。這是一個愈是極力消除風險，就愈容易被風險擊倒的例子。如果擔任皇帝有風險，任何人在位時都會戰戰兢兢。因此會有意無意試圖修正政策路線。而身為羅馬皇帝的人，也就因此必須隨時意識到事情的輕重緩急、應不應當進行。

然而有趣的是，儘管在通過〈維斯帕先皇帝法〉之後使得帝政更加專制，維斯帕先在位的九年期間自始至終一直維持著安定和諧的行政。他的行政之優秀，根本不需要剝奪元老院的不信任權。套一句史學家的評語，就是這九年之中沒有值得特別記載之事。而這段期間，能夠達到這種「八方無事諫書稀」的局面，除了施行善政與幸運之外，還要歸功於維斯帕先的平民出身與行為舉止，以及他健全的精神，使得他人對於這名皇帝有較為良好的印象。維斯帕先的形象就是一名平民皇帝，他本人對這形象感到滿意，也深知其效果。

不過九年之中無事可書，也代表在事件發生之前就已經作好妥善處置。我們從他歸國之後的施政業績，就可以得知他對於重建帝國的想法如何。因此以下不以年代順序，而採用分項說明的方式。

繼承人問題

在之前已經敘述過，西元七〇年一月，維斯帕先人在埃及伺機而動，提圖斯尚未進行耶路撒冷攻城戰的時候，穆夏納斯設法在羅馬召開元老院會議，讓維斯帕先與提圖斯當選當年的執政官。而第二年西元七十一年時，也靠著穆夏納斯的策略，讓滯留埃及的維斯帕先繼續連任。

等到西元七〇年秋季維斯帕先歸國之後，也幾乎年年（西元七十二、七十四、七十五、七十六、七十七、七十九等年份）都由父子兩人雙雙當選執政官。由維斯帕先和其

圖密善

提圖斯

他人同時擔任執政官的，只有西元七十一與七十三年兩年。兩名執政官都由他人擔任的，只有西元七十八年而已。

維斯帕先並非僅以讓提圖斯擔任執政官的方式提升長子的名聲。在慶祝猶太戰役獲勝的凱旋儀式時，是由父子兩人分別駕駛四匹白馬的戰車，擔任凱旋將軍。西元七十一年凱旋儀式的特徵就在於，並非分成主角配角，而是有兩名凱旋將軍。

而且皇帝維斯帕先在凱旋儀式結束之後，立刻就賜給提圖斯和自己一樣享有“Imperator”個人名的權利。除此以外還賜給他「絕對指揮權」、「護民官特權」。由於最高指揮權屬於羅馬全軍領袖，因此只能由皇帝享有，提圖斯只能擔任次席。不過能享有公民大會召集權和否決權的「護民官特權」則與皇帝一般無二。因此提圖斯可說是和維斯帕先一起擔任國家共主。這些特權就如同奧古斯都晚年給予繼承人臺伯留的待遇一樣。

另外維斯帕先還賜給提圖斯和次子圖密善「凱撒」的封號。於是從此以後，皇帝被人稱為「凱撒．奧古斯都」，而皇位繼承人的稱號則是「凱撒」。由於維斯帕先深信之前內戰的原因之一在於皇位繼承人不明確，因此他才會明定皇位繼承人的封號。一來滿足父親期望兒子繼承的心願，二來又剪除了帝國內鬨的源頭。

元老院對策

以專制味道濃厚的〈維斯帕先皇帝法〉立案人來說，維斯帕先對元老院的態度其實相當溫和穩健。相信這是因為維斯帕先擁有相當優秀的政治平衡感。而且無疑地，這也是因為他考慮到大多數的元老院議員出身與教育都好過他。

即使沒有重大議題，他也一定會參加每個月初一與十五的例行元老院會議。當然這也是因為他在位時幾乎年年擔任執政官，必須執行議長的職務。

他獎勵議員在會議踴躍發言討論，不論正反兩面意見一樣洗耳恭聽。不管內容多麼辛辣惡毒，也不會表現出憤怒的樣子，只不過他也會設法反駁。只可惜維斯帕先才能不及凱撒。凱撒機智幽默，能夠一針見血，三言兩語引發滿場爆笑，讓反對者孤立在議場上。維斯帕先在進行反駁時，頂多只能扭曲著臉，說道誰叫我這把年紀還跑來當皇帝，才會落得如此不堪之類的話。

不過這麼一來議場的氣氛立即緩和下來。因為維斯帕先雖然沒有才氣，但是相當具有魅力。

他獲得議員好感的另一項原因，在於公開表示不會以叛國罪名將元老院議員送上法庭。既然通過了〈維斯帕先皇帝法〉使得元老院議員失去彈劾皇帝的能力，照理說他用不著再三向議員表示善意才是。然而他之所以還這麼做，顯示在他出身鄉下的純樸外表下，其實深諳著偽善之道。維斯帕先不只有魅力，還是個相當圓滑老練的人物。

另外，他還不忘資金援助經濟陷入困境的元老院議員。因為要擔任終身無給職的元老院議員，必須擁有百萬塞斯泰契斯以上的資產。當初維斯帕先受推舉擔任元老院議員時沒有這種經濟能力，還是以哥哥薩比努斯為保證人借貸，才勉強獲得了元老院的席位。

除此之外，皇帝維斯帕先也恢復了第二代皇帝臺伯留創設並活用的委員會制度。當遇到事態緊急或是需要專門知識、能力的議題時，不是由六百名元老院議員相互討論交付表決，而是委由五名元老院議員組成的委員會進行處理。這是個為了提升統治效率而創建的制度。這讓人回想起來，維斯帕先是繼臺伯留之後，第一個熟悉軍事、會為了執行軍務而親自走遍帝國全境的皇帝。

晉用人才

在登基之初，維斯帕先公開宣言將因襲奧古斯都、臺伯留、克勞狄斯的政治路線，事實證明的確如此。他晉用了十二名行省出身的元老院議員。如果僅止於晉用行省出身的人士，那不過是在模仿當年克勞狄斯帝為中部、北部高盧人開放席次罷了。維斯帕先更進一步地，賜給其中五個人貴族的稱號。

按照元老院的傳統，議員在起身演說時為了向諸位議員致意，會以「帕特雷斯．康斯克里普提」為起始。直譯其內容則是「各位父老、各位新進人士」。所謂的父老，指的是建國以來的名門貴族。具體而言有科爾內留斯、克勞狄斯、朱利斯、瓦雷留斯、艾密留斯等。像西塞羅這種一門之中第一個當上元老院議員的人，就不是「父老」，而是「新進人士」。也就是說，維斯帕先把前述五名新人拉上與父老平等的地位。由於朱利斯．克勞狄斯王朝的既有統治階級不能發揮功能，才會引來尼祿失勢與其後的一片混亂。因此維斯帕先打算為缺乏活力的統治階級注入新血。而這些「新血」的人選實力堅強，讓家族代代屬於統治階級的人也無話可說。

這五個人裡面，只有下列三個人的姓名流傳到二千年後的現代：

M．烏爾漂斯．圖拉真——自始至終率領第十軍團參加猶太戰役的武將。之後成為皇帝的圖拉真之父親。出身於西班牙。

C．朱利斯．阿古力克拉——八年後派遣到不列顛戰場的武將。史學家塔西圖斯的岳父。出身於高盧地區。

L．朱利斯．弗隆提努——晉用當初只是一名法務官，但之後擔任水道廳長官等各項公職，並著作水道系統的解說書，一直流傳到現代。這個人可能亦出身於高盧地區。

包括這三個名人在內，十二個人的出身地點包括西班牙、高盧、希臘、小亞細亞、敘利亞、北非等帝國的各個行省。相對於為帝國西方行省仕紳開放元老院席次的凱撒與克勞狄斯，維斯帕先還開放元老院的席次給出身東方行省的人。

以當年的情勢，即使沒有成為貴族，能當上元老院議員就已經相當有意義了，因為幾乎所有國家的要職都由元老院議員之中選出。而執政官、行省總督、指揮數萬大軍的司令官等，都必須先擔任過元老院議員才有資格。所以一旦當選，地方的鄉親會認為當選者光耀鄉里，為此大肆慶祝。而也是因為實施這種平均化的政策，才使得行省與本國之間增強了同為羅馬帝國命運共同體的認同感。

而在看這十二個人的姓名時，筆者發現至少有四個人帶有「朱利斯」家門名。能夠為行省民眾賜「朱利斯」家門名的，只有凱撒、奧古斯都、臺伯留、卡利古拉四個人。克勞狄斯與尼祿屬於克勞狄斯家門，如果由這兩個人賜名，受賜者的家門名應該是「克勞狄斯」。就好像維斯帕先賜名猶太史學家約瑟夫之後，這個人的姓名成了弗拉維斯·約瑟夫一樣。

首先談談卡利古拉，他對這方面的事情毫不關心。而奧古斯都雖然並非不關心，但是在這方面相當保守，因此在行省仕紳的門戶開放工作上一直很消極。繼承奧古斯都的臺伯留積極錄用有實力的人才，他們亦博得後世「臺伯留門生」的美譽。但是臺伯留一向以不做奧古斯都不願做的事情為宗旨，因此應該也沒有到處賜名。結果每當提到賜朱利斯家門名的問題時，最後都一定會提到朱利斯·凱撒。也就是說，這又是一次一百二十年前凱撒播種，百餘年後維斯帕先收割的記錄。雖然不久前引發叛亂的也是「朱利斯」，但羅馬帝國有的是進入帝國中樞，為國奉獻的「朱利斯」。

「騎士階層」（經濟界）與平民對策

維斯帕先並未因為自己出身「騎士階層」（經濟界），就設法優待這些帝國的次等階級，這點相當值得讚賞。不過話說回來，他也只是跟著前人的路子走罷了。

在這方面的前人，指的是奧古斯都與克勞狄斯。當年是奧古斯都起用於共和時代便活躍於經濟圈的「騎士階層」（經濟界）進入行政行列。使得這些經濟經驗豐富，實務能力優秀的人，能夠成為帝國營運時不可或缺的官僚。因此共和時期可與「經濟圈」畫上等號的「騎士階層」（經濟界），到了帝政時代則成了活躍於經濟、軍事、行政各方面的專業人才。

羅馬社會共分成元老院階級、騎士階層（經濟界）、平民階級、解放奴隸、奴隸五個社會階級。羅馬人並未廢除由共和時期延續下來的階級制度，而是承認階級之間的流動性。不但承認，甚至於獎勵階級間的流動性。奴隸可以成為解放奴隸，如果符合資格，就能獲得羅馬公民權，進入平民階級。而出身騎士階層（經濟界）的維斯帕先，也因為軍功與行政資歷而進入元老院，甚至當上皇帝。

如果社會之中人人平等，反而會造成對外來者的排斥感。因為眾人必須承認新進者與既有民眾享有同等的權利。然而一旦承認，會引起既存者的反彈。各位只要想想現代的白種優越感，就可以理解這個問題有多嚴重。而如果像古羅馬一樣承認階級差異，但允許階級間相互流動的話，既存者也就沒有拒絕外來者加入的理由了。對於這些沒有辦法表現實力的人，首先讓他們進入最低階層，之後能否攀升全看他們的本事。而任何人只要表現實力，立即允許加入合乎實力的階層。我們從歷史上可以得知，力守民主體制，遵守全體平等理念的希臘城邦國家雅典，對於奴隸與其他城邦出身的人相當冷漠封閉。而共和時代由元老院領頭施行寡頭政治，帝政時期轉向君主政治的羅馬，社會卻更加開放。這一點值得我們後世深思。古羅馬其實在當時條件極限下實現了機會均等的社會。而維斯帕先所做的，就是走在凱撒開創、奧古斯都奠基，臺伯留與克勞狄斯不斷保養的路上。

儘管通過〈維斯帕先皇帝法〉，剝奪了元老院彈劾皇帝的權力，維斯帕先並不認為從此自身與繼承人的地位就安泰了。平民階級同樣能擁有羅馬公民權，也就同樣是有權者。儘管到了西元一世紀後半，施行帝政已經過了百年，執政官以下的國家要職都改由元老院選舉通過。因此公民大會已經失去意義，而且多年沒有召開。然而這些有權者表達聲音的機會並未完全遭到廢除。由國家主辦，或皇帝、高官贊助的大會與祭典，就成了平民表達意見的地方。儘管他們身為平民，但依舊以身為羅馬公民為榮。因此在表達意見時毫不客氣，足以讓主政者感到恐懼。即使皇帝本人沒有興趣，但民眾依舊歡迎皇帝列席鬥劍士決鬥與馬車賽會場，因為這也是一般民眾向最高領導人表達意見的場合。

在盡心政務的同時，奧古斯都也常常出席這些會場。因此平民對奧古斯都的評價甚高。而臺伯留雖然充分盡了皇帝的職責，卻隱居在卡布里，而且他不喜歡鬥劍士比賽，因此絕不出席，使得民眾對他的評價相當惡劣。而卡利古拉與尼祿雖然在適任與否上讓人質疑，卻因為他們的「全勤」表現，而相當受到一般民眾喜愛。

後世的人將此稱為"Panem et circenses"（麵包與娛樂），視為羅馬帝國最大的弊端。然而「麵包」制度保障貧民不因此餓死，而"circenses"制度對當時的人來說也有娛樂之外的意義。為了證明這個論點，以下將介紹維斯帕先本身經歷過的一個實例。

猶太公主

維斯帕先的長子提圖斯在父親指揮下參加猶太戰役時，已經與猶太公主貝雷尼凱陷入熱戀。貝雷尼凱是在克勞狄斯帝時代恢復王位的阿古力巴一世之女，也是在猶太戰役中協助羅馬作戰的阿古力巴二世的姊姊。她比提圖斯年長十二歲，曾與東方君主有兩次婚姻經驗。

父親阿古力巴一世才氣縱橫，青年時在羅馬留學還被臺伯留帝視為危險人物。而父親的才氣似乎大部份都遺傳給了女兒。和個性耿直，被羅馬視為理想同盟者的阿古力巴二世不同，身為姊姊的貝雷尼凱性格孤傲強硬，如果羅馬派來的長官迫害猶太人的話，甚至不惜當面嚴正抗議。她不只天資聰慧，受過的教育也相當良好。由於沒有留下肖像，所以我們只能相信史學家的記錄，不過據說她是個身材修長、舉止優雅的美女。

而提圖斯在精神與肉體方面都與父親維斯帕先相像。不過可能是因為年輕，所以沒有維斯帕先特有的一種圓滑氣息。根據約瑟夫．弗拉維斯所著的《猶太戰記》所述，提圖斯雖然身為總司令官，但戰鬥時卻有如士卒，雖然勇猛但稱不上智將。他是個純樸有良心的年輕人，但不夠冷靜。也許正因為如此，他才會愛上了這名美麗知性的年長女子。

貝雷尼凱也設法回報提圖斯的熱愛。當阿古力巴二世到羅馬向維斯帕先進行親善訪問時，她也隨行參加。這位猶太公主與皇位繼承人終於再度相會了。提圖斯讓情人住進了皇宮。由於當他與貝雷尼凱陷入熱戀時，已經與育有一女的妻子離婚，所以在當時是個自由的單身漢。而羅馬人不認為與猶太女性同居是件醜聞。當時在帕拉提諾丘上的皇宮除了皇帝一家人之外，還住著猶太史學家約瑟夫．弗拉維斯。而出身猶太民族的前任埃及長官臺伯留．朱利斯．亞歷山卓，在猶太戰役結束後轉任首都警察長官，也經常出入皇宮。對這些事情，羅馬人根本管都懶得管。

如果提圖斯與這位出身高貴的猶太女性僅止於情人關係，就像當年的凱撒與克麗奧佩脫拉一樣，那一點問題都沒有。或者說他只是個高級官

提圖斯

員，而不是皇位繼承人，要迎娶猶太女性也是他的自由。貝雷尼凱有一位姊姊，同樣也嫁給了羅馬派遣來的猶太長官。然而純樸的提圖斯不願意讓情人沒有名份。而偏偏他又已經是皇位繼承人。

事隔二千年，我們不能得知當提圖斯向維斯帕先懇求允許結婚時，維斯帕先如何答覆。不過我們可以聽見人民的聲浪。

當天維斯帕先與提圖斯站在貴賓席上，也許貝雷尼凱也同時列席吧。而觀眾席上的群眾向這幾個人高聲抗議。

羅馬的民眾並非反對提圖斯與猶太女性成婚。而是對羅馬的平民來說，他們一聽到東方的公主，馬上就會想起埃及女王克麗奧佩脫拉。雖然事隔百年，但是羅馬的平民沒有忘記馬爾克斯·安東尼因為愛上希臘裔埃及女王克麗奧佩脫拉，最後與祖國羅馬敵對。不管是希臘人也好，猶太人也好，對這些民眾來說都差不多。光是出身東方王族這一點，就讓民眾恐懼是否會重演安東尼與克麗奧佩脫拉的戲碼。

提圖斯放棄了這段感情，而貝雷尼凱也回到了猶太王國。九年後維斯帕先駕崩、提圖斯即位時，貝雷尼凱再度訪問羅馬。但是提圖斯沒有忘記那天競技場上的群眾一致反對的聲浪。這名猶太女性也只能再度回到東方去。

提圖斯雖然不能與情人結合，卻沒有斷絕這段感情。他和貝雷尼凱分手之後，沒有另尋結婚對象，身邊甚至沒有半個情婦。年逾三十依舊維持單身。當朱利斯·凱撒三十出頭時，曾經說過「在上位者的自由比在下位者少」。這時的提圖斯只怕是全羅馬最能體會這句話的人了。儘管皇帝受到〈維斯帕先皇帝法〉的保障，但如果因此認為自己無所不能，就是在自掘墳墓。

圓形競技場

對現代人來說，如果要以一張圖來表示羅馬的都市，通常大家都會想到“Colosseum”（義大利文是colosseo）。這棟建築是由維斯帕先興建，因此圓形競技場的正式名稱為“Amphitheatrum Flavium”，意思是弗拉維斯圓形劇場。由於半圓形的劇場是由希臘人發明，所以用兩個半圓相合的希臘文“Amphi”加在名稱之前，組成「圓形劇場」的意思。但是如果考慮到在這劇場中舉行的活動種類，則要譯成「圓形競技場」；雖然實際形狀其實為橢圓形。不管怎麼說，這種形式的露天競技場還真是羅馬人首創。至於為何只有設在首都的這座圓形競技場被稱為“Colosseum”呢？這是因為附近有座尼祿在興建黃金宮殿時一併建造的尼祿巨型雕像(colosso)。維斯帕先沒有拆除這座巨型雕像，只把頭部換成太陽神。而之所以沒有拆除，是因為這座雕像體積龐大，民眾對巨大的事物向來有莫名的好感。

圓形競技場的建設地點，位處尼祿原本預定開挖人工湖的平地上。這裡位於居民散步的去處、布滿公共建築物的羅馬廣場與凱撒、奧古斯都的「廣場」附近。而為什麼維斯帕先要犧牲掉尼祿為民眾提供綠化空間的計畫，在人工湖的預定地點興建容納五萬人的圓形競技場呢？

在第VII冊中敘述尼祿的部份時，筆者曾經假設過，整個包括人工湖與自然公園在內的「黃金宮殿」，就是尼祿的首都中心綠化工作。而這項計畫之所以不受民眾歡迎，是因為尼祿與民眾之間對於都市計畫的想法不同。尼祿喜好希臘文化，也許他只是想把羅馬建設成希臘式的理想國(Arcadia)。然而當時居民多半在郊外另有別墅，認為都市並非享受大自然的地方，而是眾人聚集之處。也許尼祿會反駁說，自然公園與人工湖一樣能聚集民眾一同享受。

但是畢竟獨樂樂與眾樂樂感覺不同。都市的中心不只要能聚集眾人，還需要能讓眾人一起參加共同的活動。我們只能說，維斯帕先排除人工湖計畫、興建圓形競技場，是因為他了解都市中心真正的價值。

也許尼祿還會有意見，認為都市中心已經有了個大競技場(Circus Maximus)。大競技場的義大利文為"Circo Massimo"，是四頭戰車賽用的巨型競技場。當時已能容納十五萬人，據說上限可以達到二十五萬名觀眾。然而一旦到達這個規模，反而使觀眾難以將意識集中在同一點。因為地方太大，使得注意力渙散了。相反地，如果只有五萬人，而且是在封閉的空間裡，就能夠強化群眾的參加意識。各位只要想想現代的足球賽場，應該就能體會這種感覺。

圓形競技場的大小正好適合皇帝與平民碰面。對於百萬人口的大城市羅馬來說，五萬人既不多也不少。而且對於最高領導人皇帝來說，建設圓形競技場除了有提供娛樂場所的目的之外，還具備接受批評與讚揚時政場所的意義。而居民們也很能理解這一點。儘管他們強烈反對

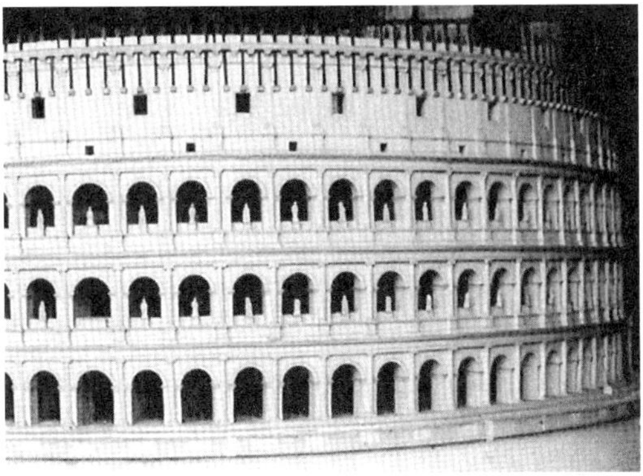

圓形競技場復原模型

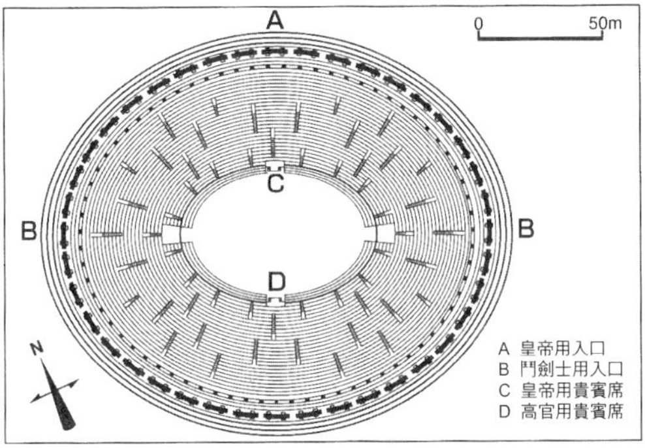

圓形競技場平面圖

殘存於現代的圓形競技場

勞動文明宮 (EUR)

圓形競技場的三層拱門

人工湖計畫，但是卻舉雙手贊成建設圓形競技場。

圓形競技場可說是美學與技術的最高傑作。這麼龐大的一棟建築，卻不會讓人感受到單調與壓迫感。建築採用羅馬人喜愛的拱門，拱門兩側是圓柱，拱門內則設置人像。一樓的柱子採用有份量感的多利亞式；二樓是俐落的愛奧尼亞式；三樓則採用精緻的科林斯式。由於每一層樓的柱子都採用不同的風格，因此得以免於單調與壓迫感。我們可以和據說是墨索里尼 (Benito Mussolini) 在 "EUR" 區模仿圓形競技場興建的建築相較比對。

在功能方面，由於出入口的設計良好，發生緊急情況時可以在十五分鐘內疏散所有的觀眾。用於決鬥的猛獸，也可在不危及負責人的情形下，經由地下的運輸裝置送到地面。另外為了避免觀眾暴露在強光之下，還利用帆布在觀眾席上方製作頂蓋。據說每當圓形競技場舉辦活動時，都由米塞諾海軍基地派遣水兵

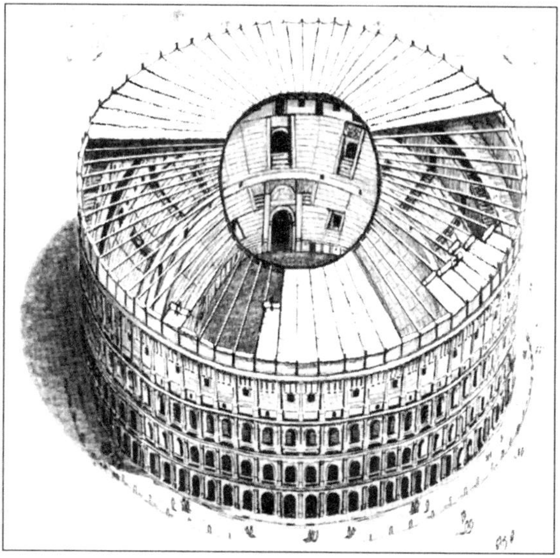

圓形競技場的帆布頂蓋（想像圖）

進行鋪設。至於羅馬人怎麼辦到的，現代人則不得而知了。

圓形競技場殘存了二千年，我們到現在都還能親眼見到，不過其實留下來的只有當年的三分之一。自從天主教主導政權以後，羅馬時代的建築物就成了絕佳的石材場。因此能拆下來的建材統統被拆得一乾二淨。每個拱門裡的人像、牆面上的大理石板統統遺失。我們可以說近日能夠看到的只是圓形競技場的「骨骼」。德國文豪歌德 (Johann Wolfgang von Goethe) 曾說，要到義大利旅遊，除了肉眼，還要帶著心靈之眼。圓形競技場正是個好例子。

儘管新任皇帝建設「和平廣場」，強調恢復和平與秩序的精神；建設圓形競技場提供平民娛樂場所，並加強皇帝與平民之間的關係，皇帝因此獲得民眾絕大的支持，但畢竟一切都要用到預算。歷經尼祿的豪奢濫用和一年內亂之後，重建國家財政更是當務之急。而在財政重建方面，維斯帕先可說是史上最有名的人物。有位學者說，維斯帕先是最佳的國稅局長官。

他被人稱為「最佳」的原因在於，既不調高稅率，也不濫設新稅，僅思索如何增加稅收並獲得成功。而筆者認為，在知道維斯帕先成功的原因之前，必須先了解羅馬的國家財政結構。

重建財政

關於羅馬帝國的國家財政細節，儘管學術界如何努力，至今還是未能得知。而且只怕這個任務永無完成的一天。這並非因為羅馬人不重視稅制，隨意徵收、濫行逆施。相反地，是因為羅馬的皇帝知道範圍寬廣、稅率輕薄的稅制，才是善政的基礎。因此古羅馬帝國施行了綿密的稅制，並依狀況彈性對應。現存的史料不足以掌握整體全貌，是因為當羅馬帝國滅亡，進入中世紀以後，割據各地的諸侯與仕紳隨意開徵稅金與通行費，陷入了稅制的無政府狀態，因此對於羅馬時代的稅制也失去了興趣。只怕倖存於當時的古羅馬稅制史料，也因為未曾刻意抄錄而喪失殆盡。不過我們從散見於各個史料中的記錄，可以為羅馬帝國稅制整理出下列輪廓。

歲　入

一、稅收

㈠直接稅——古代城邦都市的公民認為，參加國政是公民的權利，而服兵役保衛國家則是義務。因此就連城邦都市雅典的公民，都只有服兵役的義務，而沒有交直接稅的義務。而羅馬帝國原本也是城邦都市起源的國家。主力軍隊軍團兵的資格就是從擁有羅馬公民權起始，因此保障帝國安全的羅馬公民不需繳納直接稅。然而羅馬和雅典不同的是，擁有羅馬公民權的人，不只有義大利或行省出身的羅馬人。儘管出身行省，只要服完二十五年的輔助兵兵役，就能獲得羅馬公民權。而醫生與教師在直接擔任醫療與教育工作的同時也能取得羅馬公民權。另外還有不少人基於政治上的理由（例如凱撒大肆賞賜被征服民族的仕紳階級），或個人的理由（例如維斯帕先賜給猶太史學家約瑟夫）取得羅馬公民權。獲得羅馬公民權的好處，除了得以列入羅馬法保護範圍以外，另一個直接利益就是得以免除直接稅。

因此，行省稅占了直接稅的絕大部份。由於行省民眾沒有羅馬公民權，因此免除了保衛國家的義務。既然如此，羅馬政府便要求行省民眾拿錢出來負擔國防費用。而行省稅則以能產生利潤的資產與人力為課稅對象，稅率為百分之十。女性、兒童與老人視為不能產生利潤的人力，因此排除在課稅對象之外。

不過也有專門針對羅馬公民的直接稅。這是由開國皇帝奧古斯都所創設，古代前所未有的遺產稅，稅率為百分之五。不過六親等以內的人排除在課稅對象以外，而且也不是年年必繳的稅金。除此以外，則是對於在脫離奴隸身份時，向當事人徵收的奴隸解放稅。這個稅金的稅率是當年奴隸遭販賣時售價的百分之五。至於詳細的說明，筆者已經在第VI冊敘述過了。

(二)間接稅——羅馬帝國大致上有兩種間接稅。

關稅——在奧古斯都的時代，隨著各地經濟力量不同，關稅有從百分之一．五到百分之五的差異。到了維斯帕先在位時，由於步入帝政已經百餘年，各個地方的經濟力量差距已經逐漸拉近，所以帝國整體的關稅也慢慢趨近於百分之五。不過，通過埃及海關進口的香料、絲綢與寶石等東方奢侈品，依舊維持奧古斯都時代的百分之二十五稅率。

營業稅——類似日本的消費稅，稅率為百分之一。但自從尼祿皇帝之後，作為主食的小麥已經免稅。

以上是可考的羅馬稅收歲入。

二、國有的金、銀、銅礦及其他礦山收入

羅馬帝國極力避免擁有國營事業，但只有礦山國有化。這並不只是國家重視礦山的收益，也是因為帝國政府必須負責維持國內流通貨幣的面額價值與材料價值一致。

三、國有土地的租賃收入

羅馬在義大利與各個行省擁有大批的「國有土地」。國有土地大多數為耕地，並租賃給農民。也就是國家為「地主」，農民為「佃農」的關係。但在西元前五十九年，凱撒擔任執政官時，通過了「朱利斯農地法」保障農民的租地權。由於法案保障了租地權的世襲，以及承租二十年後讓渡土地的權利，因此要說是佃農，不如說是向政府借貸生產設備的自耕農。田地的租金為每年收成的百分之十，畜牧業的資金稅率也與農耕業相同。

以上是羅馬的一般歲入。而農牧業者一般是以產物代替金錢繳納，亦即所謂的「實物繳納」。另外羅馬帝國還有下列兩種臨時歲入。

㈠戰爭獲勝時販售戰利品所得之收入。

㈡沒收因叛國罪處死或流放者資產所得之收入。

可是維斯帕先卻無法指望這些臨時收入。一來羅馬進入帝國時代以後，國防目標由征服轉變成防衛。二來維斯帕先已經公開宣布不會以叛國罪控告元老院議員。接著，我們來看看國家營運時不可避免的歲出部份。

在某次餐會上，筆者曾經有幸與前首相宮澤喜一同席。於是筆者趁機向這位經濟專家請教多年來的疑問：為什麼現代的先進國家稅率比羅馬帝國高？而他的回答是，也許是為了要負擔社會福利的費用吧。

那麼，古羅馬歲出的項目中，沒有社會福利的部份嗎？

歲出

一、軍事費用

各位讀者請不要忘記，羅馬帝國皇帝最重要的職責就在於保障糧食與安全。而且羅馬帝國的每個人都認為，維持和平才能促進經濟發展，因此安全的保障同時也連帶保障了糧食。

在維斯帕先的時代，必須持續進行不列顛稱霸戰，又必須維持在猶太駐軍。全國兵力總計二十八個軍團，主要戰力軍團兵十六萬八千人，輔助兵的人數也大致相當。國家除了提供士兵的吃、住、武器裝備以外，每年還要給付軍餉。而且軍團兵在服滿二十五年兵役之後，還可享有古代少見的退休金制度。我們不必等史學家塔西圖斯或哲學家賽內加說些什麼就能了解，「羅馬和平」是要花錢維持的。

二、公共事業費用

羅馬之所以能以三十萬兵力防衛帝國遼闊的疆域、漫長的邊界，是因為鋪設了能讓大批士兵拖著沉重裝備迅速移動的羅馬式道路網。而且羅馬人認為橋梁是道路的延伸，因此絕對不會有走完石頭路面後，渡過木製橋梁的作法。為了讓道路網功能更加充實，只要有必要，羅馬人絕對不會吝惜花費時間、精力，建設堤防與港口的工程。不管面前是海洋或河流，要建設港口就勢必要施工。

由於這些基層建設初期目的在於軍事，因此是由每個軍團分工修建。因此軍事費用與公共事業費用無法明確區隔，或者說兩者密不可分。而羅馬街道又相當於古代的高速公路，並免費開放給民間使用。

另外一個需要國家出資負擔的事業是神殿的興建工程。由於羅馬信奉多神教，因此神殿的數目也多。能興建神殿的不只朱比特、阿波羅、維諾斯（維納斯）等上級神祇，還包括融和女神等小神。這些神殿的修築工作，一般是發包委託人稱“Societas”（英文 society 的語源）的私人企業施工。而同為重要公共事業的上下水道、公共浴場、競技場等工程，也採用相同的發包施工體系。就連和平廣場和圓形競技場，也是委由私人企業興建的。大多數的“Societas”並非由一名資本家，而是由數位資金提供人合資成立，可說是近代股份有限公司的雛形。

首都的重要公共建築物有不少是在共和時代末期由私人捐資興建。比方說龐培劇場、凱撒廣場、朱利斯公會堂、朱利斯投票場。這些建築因為初期費用是由私人提供，因此不需要國家出資。但是再怎麼堅固的建築，興建之後都需要保養維護。公共事業費用有一大部份是用於街道、上下水道、公共建築物的整修費。

三、人事費用

既然帝國幅員如此遼闊，當然會需要負責營運的人員。在首都值勤的執政官、法務官、會計檢察官、按察官等政府高官是無給職，但在首都當差的事務官是有薪階級。派駐於外地的行省總督，則得以支領必要經費，而在總督之下工作的地方事務官也理所當然地要支領薪水。這些人的人事費用自然是一筆天文數字。不過令人訝異的是，儘管羅馬帝國疆域這樣遼闊，居然沒有變成一個處處官吏的國家。也許這是因為包括徵收稅金在內，帝國政府有許多事業委任民間處理。就連首都羅馬內部，也沒有類似行政人員辦公室的區域。

四、節慶費用

羅馬人沒有週休的習慣，而以獻祭諸神的日子作為假日，這是多神教民族才有的現象。而節慶費用之所以昂貴，不只因為花在神殿內部的祭祀活動上。大多數的資金，是花在按慣例祭典後以獻給諸神為名義的競技大會。對羅馬人來說，所謂的假日，是在神殿向諸神祈禱後，觀賞競技與決鬥取樂的日子。

五、社會福利費用

「小麥法」保障身在首都的公民每個月可以免費領到五墨狄斯（約三十公斤）的小麥。這項措施的歷史相當悠久，可以回溯到西元前二世紀。到了維斯帕先時，這項制度已經足足施行了兩個世紀。這項制度的起源，是在西元前一二三年，護民官格拉古兄弟的弟弟蓋烏斯提案的「小麥法」。這項法案初期的內容是保障貧民可以市價的六折購得小麥。不過出於法案淪為政治鬥爭的工具，因此從西元前一世紀起改為免費給付。到了帝政時期後總支領人數已經達二十萬人。這些人每個月可以支領五墨狄斯的小麥。

支領這項補助的資格為居住於首都的羅馬公民。施行的範圍限定在首都，是因為自古以來貧民往往向大城市集中。而且能直接間接表示對皇帝支持與否的，也正是這批定居首都的「有權者」。所以「小麥法」同時也是一項民心政策。

女性與兒童沒有支領資格。而理論上，不論是元老院議員或是騎士階層（經濟界）的"Societas"總裁，都可以免費申請。

「小麥法」的最重要目的在於解救貧民免於飢餓。但同時也是爭取民心的政策，所以若將受益人限制為貧民階級，會失去政策的效果。因此羅馬當局想出了一個解決方案。如果想要申請免費支領每個月五墨狄斯的小麥以及節慶活動的門票，並獲得上述權益的證明書(Tesserae Frumentariae)，必須由本人親自申請。於是對富裕階級的人來說，申請時遇到的下列狀況是無形的障礙：要和平民、解放奴隸一起在馬爾斯廣場排著漫長的隊伍，並忍受路過的親朋好友眼光，還要花上一大堆時間才能弄到手。經由這項措施，使得福利落在真正需要的人手上。

「麵包與娛樂」

後世批評羅馬時，首先第一個會舉出「麵包與娛樂」，說羅馬人有國家保障食物供給，因此整天不工作，每天只懂得觀看國家舉辦的競技醉生夢死。

我們先假設有一家五口的古羅馬人好了。三個小孩有兩個已經滿二十歲，其中一個為女性，而次子今年未滿十歲。在這一家人之中，能根據「小麥法」享受補助權益的，只有父親與長子。這兩個人每個月可以領到十墨狄斯、相當於六十公斤的小麥。古代給付的似乎是已經去殼但尚未磨粉的麥穗，平均每天約有兩公斤左右的麥穗可使用。不過首先，受惠者必須要支付磨粉所需的費用。而磨成粉之後，羅馬人一般會採用兩種烹調方式。第一種是請麵包店烤成麵包；第二種則是加上蔬菜或起司煮成濃湯。不管哪一種方式，都要花費額外的支出。首先第一種必須支付給麵包店工錢；而第二種則要湯的材料以及燃料費。假設我們不計算這些額外的支出，每天消耗兩公斤小麥能獲得的熱量只有四千大卡。這樣真的能維持一家五口的生計嗎？

在日本施行的生活保障措施，一到就業取得酬勞時就結束了。然而古羅馬不會因為取得職業而失去領取小麥的資格。一家五口每天四千大卡的熱量，只能保障不餓死而已，其他的事情政府不予保證。即使是單身漢，境遇也差不多。就算每天可以支領一公斤免費的小麥，要維持生活還是得交房租，另外還得花錢買衣服。而且如果每天只吃小麥，遲早會因為營養不良而生病。所以無論如何還是得自己賺錢維持收入。在此重複強調一次，國家保障的只是不讓人餓死罷了。

「麵包與娛樂」的原文是拉丁文，由此可知這是羅馬人自己說的言論。然而這是諷刺作家戲謔的文章，如果毫不思索就當真，便無法理解真正的歷史背景。而且不能忽視的是，就是因為有「小麥法」的存在，才會使得百萬人口的首都沒有人餓死。而且隨著帝國的經濟力量提升，地方都市與行省也開始施行類似的社會福利制度。這樣遼闊的羅馬帝國，竟然沒有出現集體餓死的事件，難道不值得我們記上一筆嗎？羅馬帝國離我們已經有二千年了，而我們現在每天都可以在電視新聞上看到非洲或亞洲的饑荒消息。

儘管這些給付只是勉強維生的量，但人數多達二十萬人還是會對國庫造成負擔。當時一墨狄斯的小麥市價十塞斯泰契斯，不過「小麥法」對國庫造成的負擔不能以市價計算。而小麥從尼祿皇帝的時代起，已經成了免稅商品。因此除了向生產者支付的批發價以外，還要加上裝載到“Societas”所屬的船隻，運到奧斯提亞港上岸為止的運輸費用。這些總計起來，大約每墨狄斯只要六塞斯泰契斯左右。

二十萬人每年所需要的小麥約有一千二百萬墨狄斯，所需費用約七千二百萬塞斯泰契斯。也就是說帝國的社會福利費用相當於全羅馬軍將士年薪的三分之一。為了讓國內無人餓死的政策，對國家造成的負擔其實相當沉重。然而，歷任皇帝依舊沒有廢除，而且還盡心充實港灣與倉儲設備，為不受「小麥法」保障的人民，提供供給量充足且價格穩定的小麥。因為羅馬皇帝的兩大職責在保障糧食與安全，這兩項工作只要有一項做不好，不是讓民眾在競技場上齊聲攻擊就算了，弄不好自己也要賠上一條命。

以我們熟知現代國家福利制度的眼光而言，會覺得不該欠缺醫療與教育方面的補助。可是羅馬人並不認為這兩項是國家應該負擔的責任。唯一的例外是每個軍團基地中常設的軍醫院。前線的軍團基地中有著完善的醫院，然而首都裡卻沒有應該建設的大型醫院。如果要討人民歡心，皇帝們應該搶著蓋大型醫院才是。可是皇帝們卻急著興建大浴場，以及夏季依舊水量充裕的水道。而在帝國時代的首都羅馬復原圖之中，同樣地也看不到學校這項公共建設。

教育與醫療

這並不代表古羅馬人對教育與醫療毫不關心。在西元前五十四年時，朱利斯·凱撒已經立法通過：不論出身地、民族、膚色，任何人凡擔任教師與醫師工作，即可享有羅馬公民權。擁有羅馬公民權的人，也就免除了繳納行省稅的義務。也就是說，凱撒試圖以免除直接稅的方式，讓人能以適當的收費從事醫療與教育工作。如果以現代的日本做比喻，則是不論出身於日本或韓國，甚至美國、德國、印度都無所謂，先賜給日本國籍，然後免除直接稅，請這些人在日本進行教育與醫療工作。也就是說，藉由優待措施產生知

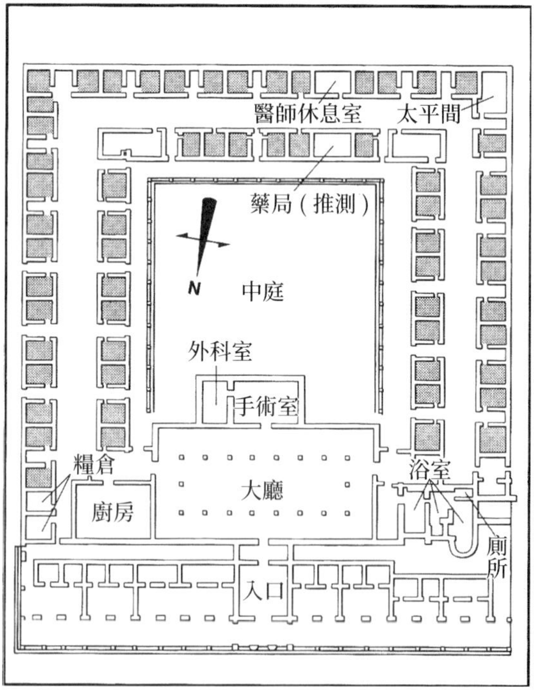

占田軍團基地的軍醫院平面圖（▨的部分為病房）

識業界的自由市場，並藉自由市場機制提升業界水準與調整收費。因此雖然首都沒有大型的國立醫院和公立學校，但是小診所與私塾則四處林立。進行醫療工作的地點，推測是在醫療神阿斯克雷庇歐斯的神殿附設診療所，或醫生私宅中。而根據記載，私塾則是在神殿、廣場或會堂一角進行教學。在凱撒廣場裡頭，還留有疑似中小學生留下的塗鴉。

這種凱撒式的制度，一直持續到羅馬帝國亡國為止。也許就是因為在醫療與教育方面貫徹委由民間自理的方針，所以羅馬的社會福利費用才沒有壓垮國家財政。簡單來說，就是因為羅馬帝國貫徹了除非國家不可的事務以外，一律委由民間自理的政策，所以才能實現現在我們所說的「精簡政府」。

不過，之所以能完成這種制度，也是基於羅馬人本身對於教育與醫療的看法。羅馬人基本上認為，有意願、天資與經濟餘裕的人才需要受教育。而就算是有意願、天資，卻沒有經濟實力的奴隸，也有機會和主人的兒子一起接受家庭教師的教育。另外，在羅馬社會裡不會因為受教育的多寡而影響出路。在歷任皇帝中，沒有人曾經到當時被視為最高學府的雅典與羅德斯留學。不過歷任的皇帝都熱心於在首都整備國立圖書館。而當時的圖書館本身就是研究機構。由於包括元老院議事記錄在內，羅馬的公文是公開任民眾調閱的，因此收藏這些文書的「公文書館」，也可說是研究機構。經濟富裕的羅馬家庭往往不惜花錢讓子女受教育。而在圖書館進行研究與寫作的同時，又能為兒童上課的話，還可以獲得免除直接稅的優待。既然環境整頓得這麼好，人自然也就開始聚集了。行省出身的優秀年輕人因此一個個前往羅馬留學，他們可以藉由為羅馬的小孩子上課幫自己賺學費。

羅馬人對於醫療的看法，也與羅馬人的生死觀念有關。如果是為了維持帝國共同體的和平負傷，國家保證一定會治療到痊癒。但是在陽壽方面，羅馬人相當認命。因此在治療疾病時，也就不會拼死拼活緊抓著最後一絲希望不放。歷任的羅馬皇帝中，沒有任何一個人為了多活兩天四處求醫的。不但如此，具有高社會地位的老人中，有不少人當臥病在床之後，覺得大限將至，因此選擇拒絕接受治療或斷食、自殺。羅馬人不會想為自己延長壽命。愈是知性、社會地位愈高的人，愈不希望當自己的才智、精神、肉體都消耗殆盡之後，還存活在世上。這也許是因為羅馬普遍信奉斯多噶哲學，認為人類應在有生之年盡情活著。

羅馬人也相當遵守希臘醫學之父希波克拉底的教誨。因此重視維持抵抗力重於治療疾病。羅馬皇帝對於興建大浴場與水道的興趣高過大型醫院，原因可能也就在此。

養成保持身體清潔的習慣，可以提升免疫力。而保障民眾飲食自由，又能幫助人民維持體力、遠離疾病。在維斯帕先的時代，羅馬有兩個公共浴場。一個是奧古斯都時代由阿古力巴捐贈；另一個則是由尼祿皇帝捐贈。除了這兩個浴場以外，維斯帕先之後的提圖斯也在能俯瞰圓形競技場的高臺上興建了第三個大浴場。

我們雖然稱呼羅馬時代的這種建築為浴場，但其實內部以入浴和按摩設備為中心，還包括運動場、圖書館、遊樂區、庭園等，是種休閒娛樂的綜合設施。使用者在清潔身體、按摩促進氣血循環後，可以隨興自由參加球賽或下棋，也可以選擇讀書或散步。當年凱撒賜給醫師羅馬公民權，而維斯帕先則將這項得以免除直接稅的優待賜給了按摩師。這固然證明羅馬人喜歡按摩，另一方面也證明了羅馬人多重視按摩的效果。入場時間是從黎明到下班時段的下午兩點，並於天黑時閉門封館。

這種羅馬特有的浴場入場費用是男性二分之一亞西銅幣，女性一亞西銅幣。女性的費用較高這點讓身為女性的筆者略有不滿，不過據說這是因為女性沒有負擔肉體勞動。除了兒童免費入場以外，士兵及擔任公職的解放奴隸與奴隸亦免費。附帶一提，這種浴場開放給上自元老院議員下至奴隸等每個國民，而遇到特殊節日時會全天免費開放。

不過，二分之一亞西銅幣和三百公克的小麥同價位。這種程度的入場費用實在無法營運冷熱三溫暖以及其他設施、庭院等，因此浴場非國營不可。無疑地，因為浴場有提供休閒活動用地與確保衛生水準兩項目的，所以才能維持這項經費。在帝國內部的任何地方，都可以見到這種浴場。就連義大利的中小型都市龐貝遺蹟裡，儘管找不到醫院的遺蹟，一樣挖掘出了浴場。而當筆者在英國參觀哈德良帝時代的城牆時，看到城牆邊緣的浴場遺蹟以後不禁為之失笑。這個浴場在涓涓清流之下，感覺彷彿日本的溫泉區。不過設施採用羅馬式的堅固直線式建築就是了。

以上敘述的，就是羅馬帝國的年度預算。國家預算會反映出該國人民的想法，羅馬帝國的

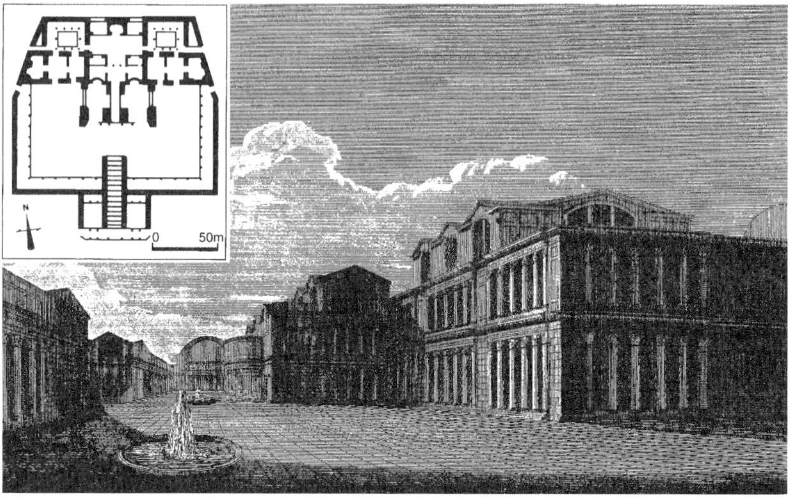

提圖斯公共浴場（復原想像圖、平面圖）

預算，自然也反映出了羅馬人的想法。如果想刪減反映羅馬人想法的預算，就等於否定羅馬人的生活型態，因此絕對不可能。

但如果要調高稅率，又一定會造成社會動盪，因此無法著手。就連被人視為昏君的卡利古拉和尼祿，也不敢使用這一招。話說回來，目前要重建在高盧帝國事件中瀕臨崩潰的萊茵河防線、持續進行不列顛征服戰，為了施行直轄統治，還要派駐一個軍團到猶太，因此有不少部門預算緊繃。所以不論如何，必須設法增加稅收。

稅收開源

維斯帕先是個精神健全的人。當健全的人遇到非重整經濟不可時，首先會試圖正確把握現狀。西元七十三年維斯帕先與長子提圖斯就任財務官之後，皇帝與太子兩個人親自指揮進行了國勢調查。

包括維斯帕先任內，自從羅馬進入帝國時代以來一個世紀，範圍包括帝國全境的國勢調查一共執行了三次。

西元十四年——奧古斯都與帝位繼承人臺伯留擔任一年半的財務官時。

西元四十七年——克勞狄斯與最佳助手魯其烏斯·維特里斯就任財務官時。

西元七十三年——維斯帕先與帝位繼承人提圖斯同時就任財務官時。

在古歐洲，羅馬是唯一進行國勢調查的民族。這種調查初期最大目的在於正確了解年齡介於十七到四十五歲，可以服兵役的成年男性羅馬公民數量。到了帝國時代以後，變成用於了解包括行省在內，帝國全體民眾生產方式的調查。因此若說羅馬帝國的「國勢調查」與現代的國勢調查接近，不如說較為接近我們每年的稅金申報。儘管徵稅的工作已經交給私人企業進行，但是這些人只負責徵收，並不負責調查。而這種類似稅金申報的國勢調查不是每年進行，而是每隔三十年進行一次。一方面因為執行要花上相當大的勞力，另一方面也因為當時經濟變化速度相當緩慢，通貨膨脹幾乎不存在。

話說回來，維斯帕先的企圖當然是藉著國勢調查增加收入。從上次調查至今，已經過了二十六年。這二十六年以來，除了內亂的一年之外，每年都是有利於經濟成長的和平時期。按常識而言，這段期間之中經濟力量當然會有所成長。

維斯帕先另一項增加收入的措施，在於重整筆者剛舉出的羅馬第三種歲入——國有土地租金。

西元前五十九年，凱撒通過的「朱利斯農地法」設定了借用國有土地的面積上限。因為這是一項扶植中小自耕農的措施。

戶長最高可以借得五百尤格（一百二十五公頃），另外每個兒子的名義可借得二百五十尤格，但全家總額不得超過一千尤格。

按上述說明，國有耕地的最小分割單位為二百五十尤格（六十二．五公頃）。而退除役官兵可以支領的土地下限為二百尤格。我們假設國家提供／租借耕地的最小單位為五十公頃好了，比這個面積更小的耕地便不在提供／租借範圍內。

然而並非每塊土地都適合這種分割法。因此各地都存在著「切剩」的土地。而這些不滿二百尤格的土地，就在借用鄰接土地的人耕作之下，成了實質上的租地。然而名義上不是由戶主向國家租借，因此也沒有繳納租金的義務，而這種狀況已經持續了一百三十年。

維斯帕先所做的，就是重新精密測量這些「切剩的農地」並徵收租金。光是這一項，就使得國庫收入大增。

皇帝維斯帕先增加稅收的最後一項措施，成了喜好說三道四的羅馬人眾矢之的。他新開徵了一種叫做“Vectigal Urinae”的稅金，直譯的話，就叫「小便稅」。

羅馬人的衛生意識相當重，不但熱心整頓下水道，而且城鎮的重要地點都設置有公共廁所。不過維斯帕先的「小便稅」並非向公共廁所的使用者收費。他是向收集公共廁所中的尿液，用於去除羊毛油份的紡織業者收費。理由是使用小便可以產生利潤。

這項措施連身為兒子的提圖斯都忍不住要抗議，認為這未免做得過火了。於是維斯帕先拿了一把銀幣湊在提圖斯的鼻尖，問他有沒有味道。提圖斯回答說沒有之後，維斯帕先皇帝說「沒有嗎？不過這是小便稅的稅收哦」。

直到現代，維斯帕先的各國拼音，也成了各國公共廁所的通稱。連在義大利說維斯帕西亞諾，也不是指羅馬皇帝，而是公共廁所。

駕崩

西元七十九年六月二十四日，皇帝維斯帕先駕崩。剛生病時，他為了養病，曾經一度回到故鄉的溫泉療養。當發現沒有療效時，他說身為皇帝應當站著死去，而在正要起身時過世。享年七十歲，稱帝至今共十年。

不過這個幽默的武將皇帝，是在完成所有帝國重建工作之後逝世的。雖然有些事務已經著手，但尚未完成，幸好其後安排有長子提圖斯，提圖斯之後則由次子圖密善即位，因此可以放心的離開人世。

羅馬帝國發行的金銀銅幣，除了讓面額與素材價值一致，作為促進經濟健全活性化以外的主軸通貨之外，同時也是將皇帝的政績傳遍全國的宣傳手段。一般而言正面是皇帝的側臉肖像，反面鑄有象徵政績的圖像。但也經常發行滿面鑄有縮寫文章的硬幣。在維斯帕先時代發行的硬幣文字如下：

「皇帝恢復了和平」

「維斯帕先與其子確立永續和平」

「恢復軍隊對國家的忠誠」

「維斯帕先，公民自由的守護者」

「皇帝的公正統治」

「身為羅馬公民的幸運」

「羅馬公民萬歲」

維斯帕先實現了在即位當初約定的恢復與維持和平秩序的諾言，而且是以既有統治階級外出身的身份達成的。當維斯帕先逝世時，元老院階級中已經沒有人因為皇帝出身於社會的第二階級「騎士階層」（經濟界）而感到反感。在維斯帕先逝世後，如同他生前在病床上說的「可憐的我啊，快要當神了」一樣，逝世之後的確被神格化。有趣的是，在羅馬帝國想神格化都要看實績。

而其子提圖斯繼承皇位的過程也一帆風順。一來是因為事先制定了〈維斯帕先皇帝法〉保障。不過在父親維斯帕先在世時，提圖斯與其共同統治國家的政績也不可忽視。另外對提圖斯有利的是，他親自處理了羅馬人視為行省民眾叛亂，而非宗教問題的猶太戰役。在敘述羅馬人的歷史時不能忘記，羅馬皇帝身為帝國的安全最高負責人。從拉丁文的皇帝 (Imperator) 一詞定義來說，羅馬皇帝必須具有軍事方面的知識、能力、業績也是理所當然的。

第六章

皇帝提圖斯

只怕沒有任何一個皇帝比三十九歲即位的提圖斯更盡心要當好皇帝的了。如果說天下真有公僕，那無疑地提圖斯就是真心相信公僕理念，貫徹身為公僕的努力。如果國民不願意，他甚至願意放棄一生一世的大戀愛。

當他出生時，鑑於維斯帕先當時的經濟狀況，是住在一種叫做「茵斯拉」的出租公寓。不過他受的教育並非一般平民教育。維斯帕先深受當時的皇帝克勞狄斯頭號祕書、解放奴隸納爾奇索斯喜愛，因此少年時代的提圖斯得以和皇子布里塔努克斯共同就讀。他幾乎天天前往帕拉提諾丘的皇宮，學習拉丁語、希臘語、理則學與辯論術、武術、騎術、樂器演奏等技能。他的身體不差，但是身材低矮，外型、舉止上都算不上高貴。但是因為率真且有人情味，所以受人喜愛。

不過這段從破舊房子通學的日子並不長久。父親維斯帕先寧可讓兒子接受軍團的實地教育，而不願意兒子成為皇子身邊的跟班。在當時的羅馬，兒子陪伴父親赴任是很正常的。於是年少的提圖斯離開母親、離開羅馬，與父親一同到萊茵河軍團基地開始了新生活。而當父親調任不列顛與北非時，身為兒子的提圖斯也隨侍在側。也當然地，在這段期間內累積了軍事、實務的經驗。當他二十八歲時，在獲任猶太戰役總司令的父親旗下，升格擔任軍團長。當父親受推舉稱帝之後，三十歲的提圖斯代替他的父親擔任耶路撒冷攻城戰總指揮，並且獲取相當戰果。

提圖斯一心成為好皇帝，而且所有的條件都已經備齊了。不論年齡、經驗、實績都相當充分。由於他與維斯帕先共理國政時施行善政，因此政壇上也沒有需要他壓制的反對勢力。然而這名充滿善意的皇帝任內，卻經常發生重大災害。

西元七十九年六月二十四日——維斯帕先駕崩、提圖斯即位。

兩個月後，八月二十四日——維蘇威火山爆發，龐貝、赫庫蘭尼姆（位於今日的埃爾科拉諾）等拿坡里灣東部沿海地區遭掩埋，死者據說高達五千。

次年西元八〇年春，首都羅馬中心發生大火。

又次年西元八十一年春，包括首都在內，全義大利發生大規模流行病，有許多民眾病死。

當年九月十三日，提圖斯皇帝彷彿油盡燈枯般地逝去。享年四十歲。在位短短兩年期間可說是日夜埋頭於大型災害的應變與善後之中。

龐貝

在此筆者又遭遇到敘述猶太戰役時碰到的類似問題，亦即在敘述這個羅馬史上不甚突出，但對後世具有重大意義的事件時，要如何處理、表現。

猶太戰役在西元六十六年夏季爆發，西元七〇年耶路撒冷攻城戰達到高潮，並結束於西元七十三年春季馬薩達要塞失陷。對於猶太民族來說，具有重大的歷史意義，而在現代也有

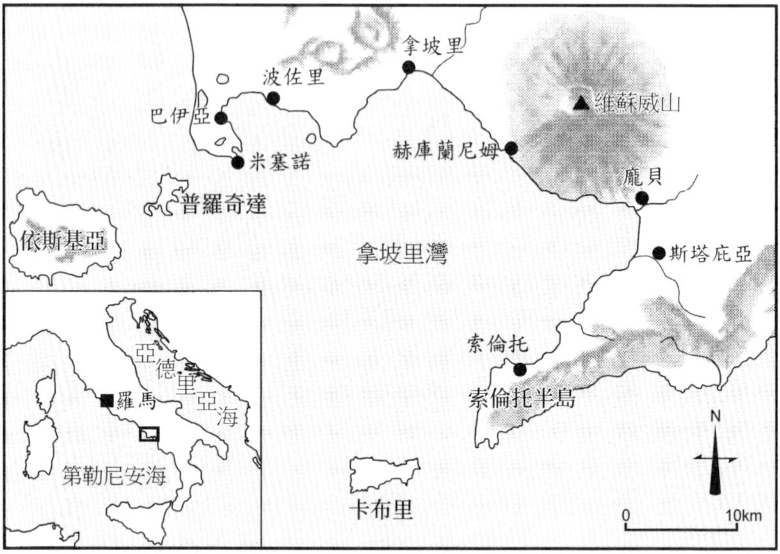

拿坡里灣周邊圖

眾多的學術著作、史書、傳記、小說等。對現代的以色列人來說，馬薩達要塞是個聖地。

而在西元七十九年夏季維蘇威火山爆發，使得龐貝與赫庫蘭尼姆等城市遭掩埋，這確實是一件發生在義大利的不幸意外。然而這只是羅馬上千年歷史中必須承受的諸多傷痛之一。直到一千八百年後，西元十九世紀時，才重新挖掘出來，而現在則是全義大利聚集最多觀光客的地方之一。就算有人沒聽過羅馬廣場，至少也知道龐貝城。然而在同一個時代的塔西圖斯著作中，災區裡根本連龐貝的名字都沒留下來。對當時的人而言，龐貝只是「坎帕尼亞地方富足的城鎮」之一。不過就因為如此，龐貝才能以羅馬帝國時代典型的地方都市姿態繼續存留，等到一千八百年後供人發掘。而就是因為這一點，考古挖掘工作才會持續進行。

不過筆者的書名是「羅馬人的故事」系列，講述羅馬的通史。因此以筆者的立場，不論如何都得以當時羅馬人的角度來敘述。如果詳述龐貝城的意外，可以藉機暴露出當時羅馬政府內部的問題，那麼筆者也很樂意動筆。然而龐貝的意外和神戶震災不同，是一場純粹的天災。當維蘇威火山噴發後，不管採取任何措施，都無法減少傷亡人數。

而且現代由於龐貝城的名氣影響，相關著作真的是多如牛毛。與通史相反，專門以單一的歷史事件為背景的著作稱為專題論文(monograph)，關於龐貝城的詳細敘述，我們就把它留給這些專題論文，以下僅記載不可或缺的部份。

以拿坡里為中心，坎帕尼亞地方的人對地震習以為常。拿坡里西方的商港波佐里、高級避寒地巴伊亞、軍港米塞諾到依斯基亞等地皆是溫泉湧出的火山地帶。而從拿坡里往東可以到達維蘇威火山與山腳下的龐貝城。當尼祿還在位的十七年前，西元六十二年時，龐貝周邊曾經遭遇一場大地震。不過到了西元七十九年時，當年地震受害的地方已經幾乎完全修復。

然而當時沒有人預料到維蘇威火山會爆發。因為這座火山有九百年以上沒有爆發，大家都以為這是座死火山。維蘇威火山沒有休火山或活火山特有的光禿表面，從山腳到山頂，整座山布滿了樹木。西元前一世紀斯帕爾塔克斯之亂時，這裡足以讓戰敗的奴隸逃亡躲藏。所以當爆發的時候，死傷人數大為增加。大家都以為這只是習以為常的小地震，所以每個人都躲在家中等待地震結束。

然而當天的地震卻搖個不停。伴隨著劇烈搖晃，灼熱的碎石開始降雨一般地落下。儘管每顆石頭的重量有限，但累積以後足以壓壞屋頂。等到屋頂被壓垮之後，眾人才想到要逃難。這時離開始爆發的時間已經過了五六個鐘頭。由於火山是在下午一點左右爆發，因此等到想逃難時已經天黑了。這時落下的碎石更大、速度更快，人們只得以衣服或墊子保護頭部，提著油燈匆忙逃離。

然而真正讓逃亡者遇難的，是無聲無息飄來的，伴隨大量火山灰的雲狀氣體。不幸逃往下風處的人們無論如何都逃不過這種後世稱為 Surge（氣湧）的氣體。就連龐貝城南方五公里處的斯塔庇耶（今斯塔庇亞）也有人因此遇難。不論是龐貝或是赫庫蘭尼姆，所有遇難者都是窒息而死。八月二十四日下午一點發生的這場悲劇，在第二天早上結束。龐貝與赫庫蘭尼姆被埋在厚度四公尺的碎石與火山灰之下，而且最後開始下起帶著火山灰的雨，使得整片災區有如被水泥掩埋一般。

犧牲者總數有人說是二千，有人說是五千。而當時龐貝的人口據說是一萬五千到二萬之間。在海邊的避寒地赫庫蘭尼姆，大多數居民都逃亡到海邊，但因為地震的關係浪濤大作，因此無法讓船隻靠岸或出航。這些人於是成了 Surge 氣體的犧牲者。

現場證人

西元七十九年夏天的這場悲劇有一個證人。

從米蘭向北三十公里，可以到達風光明媚的科摩湖。湖邊的科摩起源自西元前一世紀朱利斯·凱撒派遣退除役官兵移民。而普林尼·凱其留斯·塞克德斯於西元六〇年尼祿皇帝任內出生於此。當維蘇威火山爆發的那一年，他剛年滿十八歲。由於父親早逝，因此他被單身的大舅收養。火山爆發時他身在舅父的值勤地點，隔著拿坡里灣與維蘇威山對望的軍港米塞諾。

他的舅父是以三十七卷《博物誌》(*Naturalis Historia*)聞名的大普林尼·塞克德斯。大普林尼曾將這部大作獻給提圖斯皇帝。這個科摩出身的人生於西元二十三年，維蘇威火山爆發時五十六歲。

在西洋史上一般將這對甥舅分別稱為大普林尼與小普林尼，而日本則稱為大普林尼與小普林尼。之所以會特別區分，是因為這對甥舅同樣擔任中央公務員，而且雖然領域不同，但同樣身為作家。自從凱撒以來，一邊從事公職一邊進行創作的生活型態並不少見。或者說，這種生活型態在古羅馬相當普遍。

大普林尼是個青年時離鄉到首都求學的典型地方有志青年。他的公務員生涯從萊茵河軍團附屬騎兵隊隊長起始，之後以皇帝財務官的身份到南法行省赴任。皇帝財務官的工作是負責行省稅等各種稅務徵收工作，有如現在的地方稅捐局長。他在這方面的工作評價似乎不錯，之後以同樣的官名調派北非、西班牙、高盧北部等地。後來回到羅馬擔任要職，最後被調派為米塞諾駐軍海軍司令官。他似乎跨越階級與直屬上司維斯帕先交好。據說他曾經當面告訴維斯帕先，自己的著作活動並未妨礙正常職務，調查與研究的時間都是犧牲睡眠換來的。而維斯帕先帝也只能苦著一張臉說「好吧好吧！」事實上，他的時間除了用於工作以外，全都投入了研究，使得同住的外甥小普林尼不得不感到敬佩。

至於外甥小普林尼的公務員生涯，和舅父有所不同。他首先從軍團的大隊長起步，之後升任軍團會計檢察官，後來回到首都選舉護民官當選，之後進入元老院並擔任歲出財政負責官。當圖拉真帝登基後，調任小亞細亞的俾斯尼亞行省總督。他在這段期間內與圖拉真帝的往來文書，是了解當時羅馬帝國的一流史料。

這個生於帝國鼎盛期的樂天派，不知道為什麼與年齡相近的悲觀主義者塔西圖斯成為死黨。這大概是因為小普林尼相當敬重年長他將近十歲友人的文采。不論對同業與否，小普林尼絕對不會嫉妒才華洋溢的人。這兩個人同時也是律師，曾經一度共同擔任辯方律師。

西元七十九年夏天維蘇威火山爆發的唯一證人記錄，是由塔西圖斯寫給小普林尼的信件，希望他能轉述大普林尼逝世的過程，作為提供史學著作的資料，以及小普林尼的兩封回信所構成。這三封信件的年代，應該是塔西圖斯為了準備寫作《歷史》而收集資料的西元一〇〇年左右。也就是說，從意外發生以來，已經過了二十年。

以下筆者將介紹這數封信件的全文。由於關於維蘇威火山爆發與龐貝城毀滅的書籍多如牛毛，讀者們如果想知道更加詳細的內情，可以自行參考。畢竟在通史中不可能如同專題論文一樣敘述詳盡的事實。筆者之所以要介紹這些信件的全文，除了介紹現場證人的言論以外，還希望能利用這些信件介紹帝國鼎盛期的兩位，或者包括大普林尼在內的三位代表性文人姿態。

第一封信件

普林尼致塔西圖斯，打從心中向您問候。

您曾經要求我，為了讓世人能正確得知舅父逝世的過程，因此希望我能以親人的身份提供一些資料。如果能透過您的文筆，確實舅父之死也可以獲得不滅的光榮。因此，我要先向您道謝。即使舅父在風光明媚的那個地區無人聞問地死於破磚碎瓦之下，就好像被這場天災埋沒的城鎮與遇害的人不應遭人遺忘一樣，舅父的行徑也值得人們永遠緬懷。儘管舅父在後世的光榮，在他生前已經由他的著作所保障，如果能得您的文筆之助，將更加穩如泰山。

我常常在想，一個人若能完成值得歌頌的行為，或是能完成值得一讀的著作，同樣都是諸神所賜的幸運才幹。更加幸運的，就是同時擁有這兩項才能了。而舅父透過自己的著作獲得了後者的幸運；而前者正要藉由您的文筆獲得。正因如此，我很榮幸答應您的要求。不，正因為您對我做這要求，身為外甥的我才有這機會為舅父的名聲不朽有所貢獻。

我打從心中為此感到快樂。

當時舅父身為艦隊指揮官，待在米塞諾基地之中。那天正是八月二十四日下午一時許，首先發現情勢不對的是家母。她喊著說看到了巨大的烏雲。舅父當時結束了日光浴和冷水浴，在寢室內吃過簡單的午餐，正如往常一般坐在桌前。聽到喊聲以後提著室內鞋來到了陽臺。官邸位於海濱的高臺上，因此官邸的陽臺是最適合觀察這個異象的地方。如同烏雲一般的巨大煙霧又高又寬闊。從遠方（作者注：米塞諾海岸距離當地至少有四十公里）瞭望無法得知是那座火山。到了事後我們才知道那是維蘇威火山爆發。維蘇威火山噴出的煙霧，有如傘松樹一樣。長長的樹幹直上天際，之後分枝到前後左右各方。也不知道是受到爆炸的威力衝上天際後，暴風的勁道衰退了，或是煙霧本身的重量影響。煙霧從中央向左右散開時顏色也隨之變化。有的地方是白色，有的地方是灰色，還有的地方又紅又黑。這個顏色的變化，只怕是受到內部帶有的火山灰與碎石比例影響。

舅父對萬事萬物都具有強烈的好奇心與研究欲望。他一心想就近觀察這個奇特的現象，因此立即命人準備快艇。而他也對我說，如果想一起來就來吧！不過我因為還未完成舅父交代的功課，所以告訴他我要留在家中。

當舅父離開官邸前往軍港後，收到了塔斯克斯之妻雷克提娜的信件。信中說道他們位於維蘇威山腳下的別墅情狀危急，但是唯一的逃亡路線又只有海路。舅父的心一下子從博物學家轉換成艦隊司令，立即下令編組四層槳的大型排槳船（galley）船隊向對岸出發，而他本人也親自前往。這不只是為了解救熟識的雷克提娜，也為了拯救陷於危險中的許多人。那一帶（作者注：應該是赫庫蘭尼姆）氣候舒適、風光明媚，有許多別墅與居民。船隊離開米塞諾港之後，朝正東方前進。沿途與許多載滿逃難民眾的船隻交會，但米塞諾艦隊所屬船隻的舵依舊直朝危險的地方，直線向東方挺進。在船上足以觀察維蘇威火山爆發中的恐怖模樣。

火山灰終於開始落在甲板上了。而且當船隊愈是接近，溫度也愈高、降下的灰燼也愈多。到後來甚至開始掉下燃燒殆盡的石頭與燃燒中的大石塊，使得船隊實在無法靠岸。愈是接近岸邊，波浪愈是洶湧。露出頭的淺灘阻礙了船隊的航路，火山碎屑流的前端也已經到達了海岸邊。

當舅父見到這副景象，似乎有了一絲絲猶豫。也許他在想要不要放棄救難折回港口。然而根據之後向我傾訴一切的舵手所說，當時舅父說道幸運將幫助有勇氣的人，並下令船隊轉向前往波波尼亞努的別墅。波波尼亞努的別墅位於東南方的斯塔庇亞。然而到了這個時候，平日風平浪靜的拿坡里灣也已經一片驚濤駭浪。

在波波尼亞努的別墅裡，也許是因為大家知道雖然情勢危急，但不會立即遭遇危險。所以碼頭上還停留著由奴僕裝滿家財的船隻，等待風向轉變就要立即出航。不過舅父到達當地之後，風向依舊是逆風。波波尼亞努已經害怕得心臟都快破了。不管舅父如何安慰

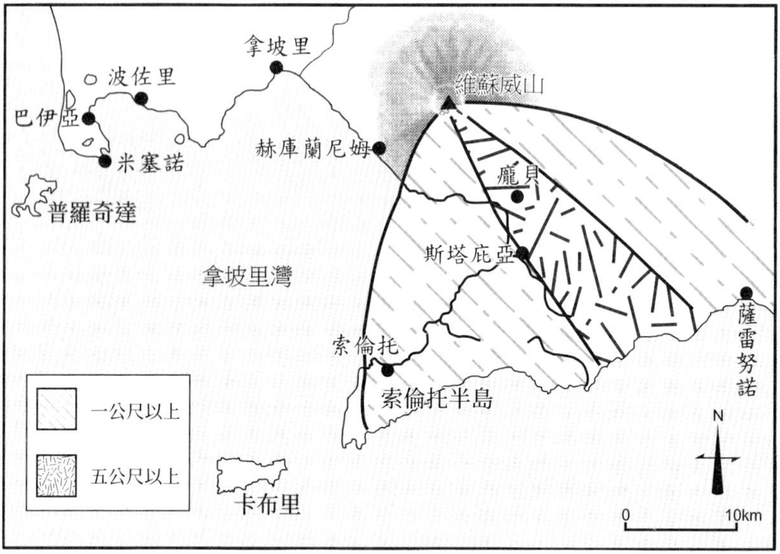

維蘇威山火山灰大量飄降的地區

鼓勵這個朋友，都沒有一點效果。為了讓這個朋友認為現在與日常無異，他們一同入浴、接受按摩，並一起享用晚餐。

這時的維蘇威山的稜線已經被熔岩染成一片赤紅，火苗四處竄起。由於夜色的襯托，噴火的樣子更是鮮明光亮。為了安撫看到這個景象後消沉的人，舅父四處走動，宣稱這是由於人為意外發生的火災，火苗是從山上的小屋中延燒起來的。之後舅父到臥室就寢。也許是累壞了吧！身材肥胖的舅父在熟睡中鼾聲如雷，連身在臥室窗外的人都聽得見。

然而過了一會兒以後，臥室外的院子地面開始震動，整個地表突起。火山灰和燃燒後的石子落下的數量變多、速度變快。如果就這樣在屋內熟睡，只怕臥室的門會被累積的灰與石子擋住，舅父就再也出不來了。舅父被人叫醒以後，前去迎接未曾安眠的波波尼亞努與眾人，一同商討今後的對策。

現在必須決定是留在別墅內，或是到別墅外避難。

別墅與庭院不斷地搖晃。這場地震簡直要將整個地面都翻過來一樣，讓人連站著都嫌困難。而且震動不只上下搖晃，好像是離去了又回來的波浪一樣，從頭到尾沒有停過。就算要到戶外避難，也要面臨遭到飄降碎石打傷的危險。不過這兩種方法之中，往戶外逃難的風險似乎較小。因此眾人將枕頭或坐墊放在頭上，用長長的布條固定住，準備向外逃生。

在其他的地方，這時應該已經天亮了。然而對於身在維蘇威下風處的人來說，他們當時身處於比一般夜晚更加黑暗的無明之中。儘管有維蘇威散發的火焰和閃光，眾人還是一點也不覺得明亮。人們在黑暗中提著油燈趕往碼頭，只為了親自確認是否可以出港。然而大家看到的卻是比昨天更加兇猛的波濤，而風向依舊是逆風。這下大家只好又回到別墅裡。舅父在鑲嵌畫的地板上鋪上布當作臨時的床鋪。並且躺著向下人要了兩次冷水喝。後來充滿硫磺味道的灰燼氣體開始充斥四周，眾人急忙開始逃離。舅父也在兩位傭人的攙扶下站起了身，但隨即倒下死去。依我猜測，可能是爆發所產生的氣體造成呼吸困難所致。畢竟舅父平日呼吸器官就不好。

等到天光再度降臨，這已經是舅父最後一次看到陽光的三天後了。回到現場的人看到舅父還維持剛倒下時的姿勢。身上沒有任何損傷，衣服也沒有一絲凌亂。雖是屍體，但看來卻像是個睡著的人。

這時家母與我在米塞諾……。不，這些話已經與歷史無關，而且您想知道的是舅父過世時的真相，所以我將在此停筆。不過我要多告訴您一件事。我在這裡所訴說的一切，都是我親眼所見的事實，或是由劫後餘生的人事後親口告訴我的。

至於這些事物的取捨，自然完全看您要如何運用。畢竟寫信與記載歷史是兩回事。向朋友寫信，與寫作公開問世，自然也是不同的。

再次向您問候。

第二封信件

普林尼致塔西圖斯，打從心中向您問候。

您曾經要求我，叫我把上次訴說舅父逝世過程的信件中欲言又止的部份寫完。也就是說，您希望我寫寫身在米塞諾的我感到哪些不安與痛苦、又遇到哪些危險。

儘管我的心中將再度浮現不幸又恐怖的回憶，我也不惜訴說（作者注：此引用自維吉爾的《伊里亞斯》）。

舅父的船出航之後，我一直用功到傍晚。因為我本來就是為了用功，所以沒有陪伴舅父一起行動。我唸完書之後照常入浴、用晚餐、就寢。但因為地震的關係，睡得不是很安穩。坎帕尼亞地區雖然常常地震，但那天晚上的地震卻是特別的。不只是搖晃而已，簡直像是要把牆壁都給弄倒。

母親衝進了我的寢室，而我這時也正好爬起身來。我們兩人想的都一樣，如果對方還在睡夢中，就要前去搖醒對方。

母親和我坐在內院一角。這個內院離海岸只有一小段路。我不知道是勇氣十足，還是不知死活（畢竟只有十八歲），竟然要下人拿提圖斯．李維的書給我，坐在院子裡讀了起來。而且我不只是翻閱而已，還一邊抄錄重點一邊閱讀。當時舅父有一位朋友從西班牙來看他，就借住在官邸裡。他看到坐在院子中的母親，以及在母親身邊唸書的我以後感到很生氣。他指責我的平靜和母親允許兒子胡為的態度。不過我還是自顧自的看著書。

時間耗著耗著，天也亮了。我們在微弱的光線下往外一看，發現周圍的房子大多已經倒塌。儘管我們所住的房子蓋在離周遭房子有段距離的高臺上，雖然不華麗但堅固寬敞。不過看到周邊其他房屋的慘狀後，我們也不敢保證這棟房子的安全了。這也就難怪家人會為此擔心。

我們於是決定到戶外避難。見到我們一行人離開官邸向郊外前進之後，附近不知所措的民眾也開始跟了上來。想是他們認為在恐慌之中，與其堅持自己的想法，不如跟隨別人的決定較為聰明。所以，帶著奴僕同行的我們隊伍之後，又多了一大批民眾。

當我們到達房屋稀疏的郊外時，在此暫時停下了腳步。這邊發生了許多異常的景象，使得我們感到驚懼。我家裝滿貴重物品與必需品的車子明明走在平坦的道路上，但左搖右擺地完全無法穩定。就連在車輪兩側壓上石頭，也於事無補。

而我們俯瞰海洋時，景象又與平日大不相同。當海水衝上岸邊又退下之後，海灘上布滿了貝殼與魚類。在海的另一邊是又黑又大，令人感到恐懼的烏雲。巨大的煙霧夾雜著不斷噴出的火焰，有如在黑夜中發亮的雷霆。

當家母與我目光被這些景象吸引住時，剛剛提過的舅父友人來到我們面前喊著：「如果你的哥哥，還有你的舅舅普林尼平安無事，最擔心的會是你們兩個的安危。如果他不幸遇難，最遺憾的也會是你們兩個的生死。要逃難還有什麼好猶豫的？」

家母與我回答說，在不知道舅父的安危前，實在沒心思考慮我們自身的安危。於是這個朋友也就不再說什麼，離開我們自行逃難去了。

過了一會兒以後，噴出的煙霧開始瀰漫整個海面。本來我們已經看不見卡布里了，這下子連附近的米塞諾海岸都看不見了。家母看到這景象以後，要我馬上離開，拼命勸說我單獨逃亡。她說：「你還年輕跑得掉，而我已經年老體衰，只要不拖累你送命，我就可以死得很安心。」而我則向家母說：「如果沒有和母親在一起，我不打算苟且偷生。」之後我拉起家母的手開始往前走。母親勉強跟著我走了起來，但還是一直責怪自己拖累逃難的速度。

這時火山灰開始往下掉。我突然感受到一種奇怪的預感。回頭一看，看到一種濃霧般的物體，好像河水過多開始溢出河面一樣，漸漸從我們背後逼近。我對家母說：「我們躲到路邊去吧！免得被後面來的人踩到。」

我們兩個人躲到離道路與難民潮有段距離的地方，終於獲得了些許休息的時間。這時已經晚上了。然而這既不是沒有月亮的夜晚，也不是烏雲蔽天的夜晚，而是彷彿被人關在沒有燈火的房間一樣的奇妙夜晚。在黑暗之中喊聲四起，有女人哀嘆的聲音、小孩的哭叫聲、男人的怒吼；有人尋找雙親、有人呼喚孩兒、有夫婦為了找尋對方大聲呼喊的。有人抱怨自己的厄運，有人為親人的噩耗感到哀痛，更有人因恐懼死亡，反而為此送命。有許多人高舉雙手向諸神祈禱，但又有同樣多的人喊著諸神已經不在，這是永無止息的黑暗世界末日。

因恐懼與絕望而扭曲的資訊，也帶來了許多的災害。我們聽說米塞諾的哪棟房子倒塌，而哪一棟又失火了。這些當然都是假資訊，但當時人人深信不疑，使得絕望更加深沉。

周圍開始有點明亮了，但不是因為白天來臨，而是因為火災。幸好火災只發生在遠方，然而這時開始降起灰塵了。這次飄降的是沉重的火山灰。我們必須不時站起身子抖落灰塵，如果偷懶不這麼做，身上會立刻布滿灰燼，被火山灰壓死。當時我沒有隨眾人一起恐慌，也沒有因動搖而跟著群眾逃難。以我當時的年紀來說，能夠冷靜的行動而沒有自怨自艾、絕望哀號，真是值得自我讚許。很奇妙的是我當時既不認為我會同身邊人群一起死去，也不相信我將在此時此刻失去這短暫的生命或今後大有可為的機會。照當時的情況來說，死亡應當比存活來得輕鬆、安詳。夾雜灰塵的濃霧終於變薄，成為一陣雲煙。陽光也終於回來了。然而這天的陽光淡淡地，好像日蝕一樣。我們實在不敢相信自己所見的一切。我們能看到的東西，好像下過雪一樣，都埋沒在灰塵之下。

我帶著家母、激勵下人回到米塞諾。一回到官邸後，第一件事情就是讓疲憊至極的身體能獲得休息。當天晚上也在恐懼與希望之中渡過。我實在無法擺脫對於地震可能永不止息或是更加嚴重的恐懼感。如果是平日的我，見到人們會感到恐懼的徵兆時，往往會一笑置之。不過不管遇到多大的恐怖或不安，家母與我的意志已決，要在這邊等待舅父的消息。我們除非知道舅父的下落，否則絕對不離開官邸半步。

可惜的是，經過中世紀以後，塔西圖斯的《歷史》敘述這一段的部份已經失傳。所以我們無法得知塔西圖斯如何引用這兩封信件。

親自坐鎮

西元七十九年八月二十四日發生的這個噩耗，相信在兩天內，二十六日左右就會傳到羅馬。以軍事立國的羅馬深知資訊傳達的重要性，因此不是在確認事情原委之後才發報，是在事情剛發生時就立即向外傳訊。而且能在拿坡里灣沿岸擁有別墅，是社會地位的象徵。因此對於首都的有力人士來說，這場災難也並非事不關己。

提圖斯並非既成的統治階級元老院出身，家中也不富裕，因此在那一帶沒有別墅。儘管登基才兩個月，他還是以保障糧食與安全為職責的皇帝。而且提圖斯勵精圖治的意念比任何人都強。儘管這時餘震未消，他還是決定將救災指揮總部設於災區中。火山爆發當時的風向，吹向維蘇威山西邊與南邊之間九十度的方位，因此其他地方可能沒有遇難者。不過周邊地區應該有受到地震的影響。換句話說，整個拿坡里灣沿岸都是災區。

龐貝是當時典型的義大利地方都市。由於埋在深達四公尺的火山灰與碎石之下，之後又被雨水凝固，所以當地連回收遺體都沒辦法。當時神殿的圓柱和圓形競技場的上半部份可能還露出地表，不過之後受到植物與風沙覆蓋，直到近代才由後人發掘。西元七十九年時，不論提圖斯皇帝有多大的善意，龐貝與赫庫蘭尼姆等城鎮還是只有放置不理一途。

不過還是有不少人幸運逃過一劫。坎帕尼亞地方是義大利數一數二的富裕地區，在當時的人口密度比其他地方都要高。所以由提圖斯親自坐鎮指揮的救災本部有了處理不完的工作。

羅馬人認為，在榻上鋪設墊子，單手撐在墊子上躺著吃飯才叫做用餐。搬來椅子坐在桌前吃飯的方式，屬於小孩與奴隸。經濟能力足以住在有餐廳的家庭中的人，不該這樣子吃飯。不過在羅馬時代，這種輕鬆享受的吃飯方式也僅止於晚餐。早餐、午餐，或是忙碌抽不開身子時，一樣是在桌子前匆匆用膳。可是對於羅馬人來說，這感覺就有如現代人站著吃飯一樣。提圖斯在當時忙於救災策略，因此與正常的飲食生活無緣。除了必須由皇帝親自主持的祭典，否則他絕對不會回羅馬。

由於提圖斯在其父維斯帕先在位時，父子兩人有長年共同治理國家的經驗。他一來熟悉皇帝的業務，二來又已經整頓了所需的人力與系統，所以能立即投入救災重建工作。在塔西圖斯的《歷史》中應該有其救災措施的詳細記錄，但可惜這一段也已經失傳了，所以後世無從得知。唯一可以確定的是，按慣例沒有親人的遇難者資產將歸入國庫，但這次的規定有所變更，這些資產將用於災後重建。龐貝是個盛行海外貿易的城鎮，因此有不少居民在海外擁有資產。全家遇難的龐貝居民資產，將不會歸入國庫，而用於幫助劫後餘生的人們。

在稅金方面有何措施，我們也無從得知。如果同樣的災難發生在行省地區，可以免繳三至五年的行省稅，但坎帕尼亞位於義大利境內，因此也沒有繳交行省稅的義務。不過當年可能施行免除關稅和營業稅的措施。至於修復基礎建設，則完全是國家的工作。而西元七十九年的這場災難，對地方政府來說負擔太重。儘管西元六十二年的那場地震對龐貝城造成的傷害正在逐漸恢復中。

到了西元八〇年，提圖斯仍舊維持他的救災指揮總部生活。然而西元八〇年四月的一場大火，卻逼得身在坎帕尼亞地方的提圖斯皇帝急忙趕回首都羅馬。四十歲的皇帝連喘口氣的機會都沒有，又得應付另一場災難。

西元八〇年的這場大火起自卡匹杜里諾丘，延燒至旁邊的馬爾斯廣場南半邊，受損不及尼祿時代的「羅馬大火」來得嚴重，不過這一帶正是各種公共建設林立的地區。因為這一區的房舍都是堅固的石造建築，因此沒有引起倒塌意外。但在滅火後若是置之不理，隨時還是有倒塌的危險。受損最嚴重的是臺伯河岸邊的弗拉米尼烏斯競技場。這座競技場，是特連吉梅諾湖畔一戰敗於漢尼拔而死的弗拉米尼烏斯在執政官任內興建的。他在任內的另一項重大建設，則是北義大利的兩條幹道之一「弗拉米尼亞大道」。自建設以來的三百年間，弗拉米尼亞大道依舊發揮著幹道的功能，而競技場也還是活動會場兼少年的體育訓練場地。可惜的是在西元八〇年這場大火中損害得實在太嚴重，使得政府放棄重建，擱置原地不管。不過競技場的遺蹟並未閒置太久。這座競技場原本就由堅固的石材建成，要轉變成一排排的住宅花不了多少時間。到了現代，這裡已經是以西納克格為中心的猶太裔羅馬人聚集地。

弗拉米尼烏斯競技場是個三百年來與民眾在一起的公共建築，而建設者弗拉米尼烏斯又是平民階級的英雄。當初建設的目的，原本就是為了提供一座平民專用的體育競技場。在共和時代，它是平民階級的根據地。即使公民大會按例在羅馬廣場舉行，但只要是由護民官召開，場地一定是選在弗拉米尼烏斯競技場。儘管共和時代結束，進入帝政至今已有一個世紀，然而只要是了解「統治」是怎麼一回事的人一定清楚，有必要建設新的建築用以代替無法使用的弗拉米尼烏斯競技場。

提圖斯當然懂這一點。只是他並不知道，死神已經悄悄逼近。建設新的競技場，用來代替弗拉米尼烏斯競技場的工作，只有等待繼任的圖密善帝接棒了。今日稱為拿佛納廣場的美麗廣場，就是之後接棒的圖密善為取代弗拉米尼烏斯競技場所建造的「圖密善競技場」原址。

受害僅次於弗拉米尼烏斯競技場的公共建築物，則是緊臨其北，由奧古斯都興建的「奧古斯塔迴廊」，以及凱撒興建的「朱利斯投票所」。

以這些公共建築為主的建築重建費用，除了提圖斯皇帝私人出資之外，還由羅馬的上流階級捐款補貼。對於羅馬人來說，捐資興建公共建築物，是所謂的"Noblesse oblige"（受尊敬者的義務）。

在先帝維斯帕先時開工的弗拉維斯圓形劇場，通稱「圓形競技場」，也在這一年終於完工。提圖斯為了激勵受維蘇威火山爆發與羅馬大火打擊的民眾，特別舉辦了盛大的啟用慶典。盛裝打扮的男女老幼占滿了嶄新建築的每一個座位。最上層則免費開放給奴隸階級入場。我們不知道這場慶典持續了多少天，不過可以想見，最受歡迎的應該是鬥劍士決鬥。身處決鬥業的鬥劍士之中有三分之二出身奴隸，剩下的三分之一則是自由之身。由於這項職業高風險高獲利，因此有不少自由人選擇就業。而且若是在場上表現優異，也可能被有錢女性倒追。這情形有點像是現代的拳擊等職業選手。

提圖斯帝在尼祿計畫興建黃金宮殿的地方，修建了人稱「提圖斯浴場」的羅馬式公共浴場

（請參照第五章）。這座浴場內部包括入浴設備、體育館、圖書館、遊戲室、庭園等。他本人經常來這裡入浴，而且沒有施行皇帝入浴當天禁止一般人出入的限制。他常常帶著朋友和熟人一起入浴，而脫光衣服以後，人與人之間也就沒有皇帝與奴隸的差距了。這也是提圖斯所期望的。羅馬的浴場雖然男女有別，但本來就是上自元老院下到平民，人人都可以進出的地方。當小普林尼到別墅渡假時，因為停留期間短暫，所以沒有特別在別墅內準備浴室，而是到附近的公共浴場洗澡。對羅馬人來說，入浴要歷經溫水、熱氣、冷水三道程序，不能像日本人一樣燒些熱水就算了。

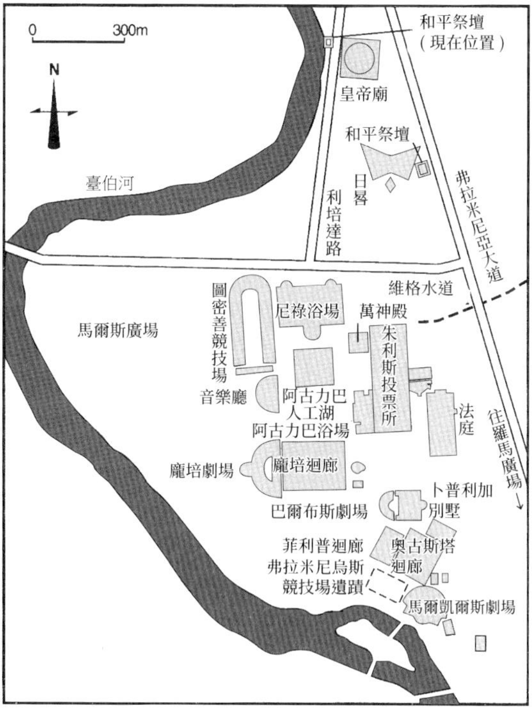

西元 1 世紀末的馬爾斯廣場

駕崩

史學家蘇埃托尼烏斯所說的「前所未有的疾病」，

發生於西元八十一年。但我們不知道究竟有多嚴重。

不過無論程度如何，當年確實發生過流行病。而提圖斯也迅速地成立了專門的對策委員會。這種情勢下，政府會動員平時在個別的治療所中從事醫療工作的醫師。雖然醫師階級多是希臘人，但他們既然獲得羅馬公民權，享有免除直接稅的優惠，那也就有與羅馬人同等的義務。不知道是這個系統的功勞，還是這場流行病的規模不嚴重，抑或是兩者皆有，總之入秋時流行病已經消滅了。然而儘管沒染上流行病，還算年輕的提圖斯卻病倒了。

也許是因為災難不斷，使得皇帝身心疲憊至極。就像當年維斯帕先病倒時回到故鄉泡溫泉療養一樣，提圖斯也回家鄉療養，並由其弟圖密善同行。然而返鄉沒多久，提圖斯就辭世了。時為西元八十一年九月十三日。提圖斯生於西元四〇年十二月三十日，因此逝世時未滿四十一歲，在位期間二年又三個月。

知道皇帝辭世的消息後，每個人都打心裡感到悲傷。就連當初反對他與猶太公主成婚的一般民眾們，也打心裡愛著接受批判而終身未婚的提圖斯、親自指揮救災的皇帝、經常出現在公共浴場的皇帝。提圖斯帝正是平民階級心目中的皇帝。提圖斯未曾發放已成慣例的登基獎金，然而民眾知道他屢次為了救災捐出個人財產。

身為皇權監督機關，元老院的反皇帝勢力一向強盛。然而元老院同樣也為提圖斯的逝世感到悲傷。反皇帝派的元老院議員最怕的就是告發者的彈劾。然而提圖斯卻聽都不想聽告發者的話。聽說提圖斯生前曾說，與其逼死別人，還不如讓自己送命。

元老院同時也是協助皇帝治國的機構。對他們來說，皇帝適不適任才是真正的評價標準。而提圖斯生前不僅處理了羅馬與義大利的政務，也不忘帝國整體的統治工作，因此在這方面元老院也給他相當高的評價。我們可以舉出幾項施政實例：西班牙、北非的努米底亞、塞浦路斯、人稱亞洲行省的小亞細亞西部等地的道路網路全線修復。而在義大利，則在西元七十九年修復馬爾奇亞水道、於西元八〇年部份修復奧雷里亞大道與弗拉米尼亞大道。西元七十九年開工，由現在義大利的特里斯特到現代的克羅埃西亞（Croatia，古名波拉）為止的街道，由於是全新的路線，因此以提圖斯的家門名弗拉維斯為依據，命名為「弗拉維亞大道」(Via Flavia)。

至於紀念他本人戰勝功績的凱旋門則因為並未加速趕工，所以直到他逝世後才落成。由於提圖斯帝與其父維斯帕先一樣，對於開放行省民眾加入元老院的工作相當積極，所以行省民眾也相當欣賞他。不過唯一例外的，就是住在猶太地區的猶太人了。他們不能原諒燒毀耶路撒冷大神殿的提圖斯，也不會忘記他就是使得「提圖斯凱旋門」上永遠刻著耶路撒冷失陷記錄的元兇。不過決定與羅馬人共存的猶太人並不討厭提圖斯。在帝國各個都市的猶太社區中，至今還沒發現過批評提圖斯的史料。而《猶太戰記》的作者約瑟夫．弗拉維斯與提圖斯相識十二年，兩個人之間一直維持著互敬互愛的感情。

不過羅馬人生性喜歡嘲諷，所以也絕對不會光顧著讚頌提圖斯。當時的人曾留下這麼一句話：「只要在位時間短，人人都是好皇帝。」

繼提圖斯兩年任期之後，登基的是其弟圖密善。圖密善在位期間則達十五年。

第七章

皇帝圖密善

「記錄抹煞刑」

羅馬帝國有一項刑罰叫做“Damnatio Memoriae”，意譯的話叫做「記錄抹煞刑」。這是一種經由元老院公審，亦即由原告提出控訴理由，與被告代理人，亦即辯方律師進行辯論，並由全體議員裁決審判的皇帝彈劾體系。打個比方來說，這有點類似現代將不信任的政治人物送上法庭的體制。不過當時羅馬皇帝的權力遠比現今的美國總統要大，彈劾的方法也更為激烈。具體而言，有下列幾項處置：

一、破壞被裁決有罪的皇帝所有肖像雕像。
二、從所有官方記錄、碑文、通貨上消去該人物的名字。
三、剝奪該名皇帝的末代子孫以“Imperator”為個人名的權利。
四、在皇帝任內制定的暫定措施法案（未等待元老院通過便頒布的勒令）全部廢除。

羅馬人不相信來生，因此羅馬的菁英階級十分重視生前功績所帶來的名譽。對這些人來說，「記錄抹煞刑」可說是最不名譽、最嚴重的刑罰。而元老院手中卻握有這把武器，可以用來對付皇帝。筆者曾一再強調，帝政羅馬與其他帝王制度不同的是，有監督皇帝的機制存在。

當然，如果與元老院並列為兩大主權者的羅馬公民一致表示支持皇帝的話，就連元老院也不敢輕易拿出這種「武器」。不過平民能表達意見的地方，只有在競技場上，或是大舉前往元老院抗議。不同於經由現代選舉產生的議員不能無視選民的意見，羅馬的元老院是終身制，只要不犯罪就不會失去席位。

所以只要民眾意向不明，元老院中皇帝彈劾派占了多數，元老院就能隨時祭出這把武器。就連維斯帕先成立的〈維斯帕先皇帝法〉，也沒有否定這項權力。所以這個羅馬帝國特有的體系，也是皇帝與元老院間維持緊張關係的主要原因。要理解羅馬皇帝與元老院的關係，可以想想美國總統，以及參眾兩院由反對黨占多數時的情形即可。

在過去，尼祿皇帝曾經被判處「記錄抹煞刑」。卡利古拉皇帝實際上也曾受到這個處罰，只不過沒有正式判刑而已。這有兩項主要原因：第一點，卡利古拉性格乖張，專搞一些讓蘇埃托尼烏斯這種喜好說長道短的人開心的事情，政務上卻一事無成，因此也沒留下什麼值得抹煞的記錄。第二個理由在於繼任的克勞狄斯帝性格溫和，不喜歡強硬處置前任皇帝。相對地尼祿在位十四年，比起卡利古拉的四年要長得多，留下的記錄也就更多了。再加上尼祿是在生前遭判刑的，因此這項判決有濃厚的彈劾現任最高統治者的味道。

如果官方記錄是刻在銅板上，則將整張銅板熔解；如果是刻在大理石等石碑上，則將整塊石碑剷除打碎。但是這些記錄往往體積龐大，刻有其他人事物。在這種時候，則設法將當事者的姓名消去或填滿。對於二千年後進行考古挖掘的學者來說，這正是考驗想像力與知識的好機會。不過貨幣的處置方式不同。由於貨幣流通在帝國的各個地區，要全數回收重鑄、交換新幣是不可能的，所以刻有尼祿肖像的硬幣才會繼續存留於世。

在現代其實也有這種情形。當初墨索里尼興建的建築也有同樣的下場。由於無法將整棟建築打掉，因此義大利人將水泥灌到牆上刻有墨索里尼姓名的地方。至於破壞銅像、石像的行為，當蘇聯瓦解的時候我們已經在電視上看多了。流傳至現代的卡利古拉與尼祿像之所以會異常的少，也是因為他們死後遭到破壞。而我們將敘述的圖密善，死後同樣也被判處「記錄抹煞刑」。

筆者認為尼祿是個不適任的皇帝，但要評斷圖密善是否適任就不是這麼容易的了。如果我們完全聽信史學家塔西圖斯的話，那自然另當別論。不過在第VII冊最後筆者也強調過，儘管對方是帝國時代最崇高的史學家，筆者也不會百分之百信任。

而且「記錄抹煞刑」的存在理由也讓人懷疑。不論在共和還是帝國時期，羅馬人從來就不避談自己戰敗與失敗的事實。而記錄抹煞刑的用意是：希望將一想起來就覺得毛骨悚然的皇帝及其治世的一切從記憶中消除。如果是這樣，那麼以羅馬人的作風，絕不可能制定了這項法律卻又因為實際上辦不到，仍然允許鑄著皇帝名字和政績的硬幣繼續在市面流通。再者，繼尼祿與圖密善之後，另一個差點被判處記錄抹煞刑的是五賢君中的哈德良，如果不是繼任的安東尼·派阿斯拼命反對，恐怕連五賢君中都有人要遭遇這種不名譽的刑罰。因此據筆者猜測，記錄抹煞刑應該是元老院的報復措施。因為報復往往不是出於理智，而是流於意氣用事。

圖密善其人

維斯帕先的次子圖密善以皇帝．凱撒．奧古斯都．圖密善(Imperator Caesar Augustus Domitianus)的名字登基時，是在其兄提圖斯駕崩的次日。他生於西元五十一年，登基時才三十歲。因為其父維斯帕先在生前已經取得元老院的同意，在其身後由提圖斯及圖密善陸續繼位，因此登基過程毫無困難。當維斯帕先在世時，提圖斯與圖密善就已經獲得皇位繼承人的「凱撒」稱號。因此在兩年前提圖斯登基時，圖密善的繼位也成為理所當然的事情。

不過年僅三十就登基這件事，只怕超出了其父維斯帕先的意料之外。維斯帕先在生前已經為兩位繼承人準備好繼位的基礎，而從兩個兒子的年齡差距來說，應該不會想到提圖斯在位期間這麼短。當然，提圖斯本人也沒想到。

圖密善（左）與維斯帕先（右）

我們來推測維斯帕先心中的算盤，在他過世時提圖斯四十歲，所以在位期間應該有十到十五年。這段期間之內，提圖斯可以像當年維斯帕先培育提圖斯一樣，給繼承人圖密善歷練的機會。

維斯帕先在位時，大多數的時間都與提圖斯共同治理國家，累積其從政的經驗。提圖斯登基後，只要繼續以前的工作即可。然而維斯帕先在位時，卻沒有對圖密善進行同樣的鍛鍊。相信他認為這些事情可以等提圖斯登基後由長子接替他進行。而提圖斯應該也是這個打算。這對兄弟之間相差十一歲，做哥哥的登基時四十歲，按當時的標準來說，應該可以在位十年到十五年，甚至二十年。這段期間之中大可像當年父親所做的一樣，繼續培育小弟。可是提圖斯沒想到登基兩年中忙著救災，等到災難過去了以後，下一個問題卻是自己的大限。由於即位的基礎已經打好，圖密善毫無問題的當上了皇帝。但是年僅三十的新皇帝卻沒有執政上的實務經驗。

圖密善登基時還有另一項不幸的問題，就是他沒有從軍的經驗。

羅馬皇帝最重要的職責，就如同“Imperator”的字義所示，身為最高指揮官，因此必須保障整個帝國的安全。如果有必要，皇帝必須親自帶兵迎敵。沒有必要的時候，皇帝也必須毫不懈怠地監視防衛體制是否完善。也就是說，皇帝必須熟知戰略戰術，擁有軍事才華。

戰略上的才華有時要看天份，所以未必一定要有作戰經驗。就像經驗老到的百夫長未必能成為統領數個軍團的司令官。不過戰術方面的能力會受到實際經驗的影響。因為主導實戰結果的往往是應變能力。

提圖斯曾經隨著軍人出身的父親維斯帕先到帝國四處的基地赴任；在猶太戰役的三年期間又累積了前線司令官的經驗，因此有了提升軍事能力的機會。而幸運的是，在維斯帕先與提圖斯父子在位的十二年中，由於這兩人的防衛策略相當有成效，因此除了正在進行稱霸戰的不列顛之外，羅馬帝國一片和平。然而對於圖密善來說，這代表他得不到培育軍事能力的機會。

圖密善在繼承年輕有為、人人稱讚的兄長提圖斯即位之後，凡事都被人拿來與長兄比較，想必讓他很不舒服。不過我們不能因此停止比較。因為這對兄弟間有許多方面可以相互對照，這些部份的差異，就是探討其政績真相的關鍵。

當父親維斯帕先登基時，提圖斯三十歲，而圖密善剛剛年滿十八。提圖斯直到三十歲之前，想都沒想過自己將登上羅馬帝國的最高位。相對地弟弟圖密善則是從十八歲起就知道，有一天自己會當上皇帝。相較於平民作風的提圖斯，圖密善則表現出一種意識到自己身份地位的貴族風格，想必原因在於成長的環境。提圖斯讓人覺得他對皇位似乎毫不戀棧，而圖密善在登基時卻表現出一股強烈的意念。這讓人覺得似乎是因為兩個人的年齡差距，以及培育的環境所造成。我們從這兩位兄弟娶的妻子出身就可以得知。提圖斯結婚的對象是個無名人物的女兒，成為皇子的圖密善迎娶的，則是尼祿時代的名將科普洛的小女兒。據說軍團兵背棄尼祿的原由，就是因為尼祿賜死科普洛。這對兄弟精神成形期相差十一年，使得兩個人在各個方面都出現了差距。比起提圖斯低矮壯碩的身材，圖密善則是個身材瘦長，面貌清秀的年輕美男子。

所謂羅馬皇帝

我們後世的人在探討羅馬歷史的時候，往往毫不考慮地就說著寫著「羅馬皇帝」。但是古代的羅馬人即使是進入帝政時代，說與寫時還是以「第一公民」為主，少有稱呼「皇帝」(Imperator) 的。因為 "Imperator" 是共和時期就有的軍隊司令官名稱。由於這個單字的起源，帝政時期的羅馬人平時只有軍團兵會說 "Imperator"，一般民眾更只有在凱旋儀式的時候才會用到這個稱呼。

接下來請大家思索一下這兩個稱呼的意義。"Imperator" 是軍隊的最高司令官，所以其下的士兵有絕對服從的義務。因為命令與服從關係不明確的軍隊將無法發揮軍隊的功能。

然而「第一公民」就不同了。「第一公民」(Princeps) 是羅馬公民之中的領袖，因此這個稱呼早自共和時代就存在。當初打倒漢尼拔的名將西比奧．亞非利加努斯也享有這個稱號。而名律師、哲學家西塞羅也被人稱為法律界的第一公民。由此可知，羅馬公民對「第一公民」沒有絕對服從的義務。

開國皇帝奧古斯都將這個僅有領袖涵義的稱呼作為實際上的君主稱號，這是因為奧古斯都相信，當初朱利斯．凱撒以明確顯示其地位與權力的「獨裁官」為號，是遭到暗殺的主要原因之一。所以奧古斯都不以君主味道濃厚的「獨裁官」，而是以共和政體的「第一公民」為名，順利地攏絡進入帝政以後權勢、地位都下滑的元老院——亦即統治階級。

但這麼一來，羅馬皇帝就不是人民必須絕對效忠的“Imperator”，而只是「第一公民」，本身的立場就相互矛盾。這也是筆者將其命名為「精緻的虛構」原因之一。在史學家中有人批評奧古斯都用這種曖昧的制度開創帝政，但筆者不同意這種論點。事實上，要將施行了五百年共和政治的羅馬轉移成帝國，只有以這種實為「皇帝」，但名為「第一公民」的方式進行才能奏效。至於施行的結果，我們看奧古斯都以後的羅馬國勢就可得知。

首先，要統治帝國遼闊的疆域，由上而下的君主政治要比合議政體的共和制度來得有效率。這已經不是意識型態 (ideology) 的問題，而是統治效率的問題。

第二個問題在於，要營運帝國就需要確保負責的人才，而哪一種體系比較有效。在元老院體制下，由六百人所組成的元老院勢必無法避免自保權力利益的鬥爭，因而形成封閉的統治階級。而君主政治因為以一人治天下，勢必要四處尋求人才。羅馬之所以向身為被征服者的行省民眾開放門戶，也正是因為選擇了由皇帝主導的帝政所致。

如果像西塞羅、龐培或布魯圖斯等共和政體派，亦即主張國家應由義大利出身的元老院議員統治的人獲勝，羅馬只怕會成為和後世的大英帝國一樣，將殖民地踩在本國腳底下的殖民帝國。可是羅馬卻採取了死在布魯圖斯手裡的凱撒所創設的道路，讓本國與行省形成一個大命運共同體。史學家吉朋說，要問羅馬帝國為何滅亡，不如問羅馬帝國為何國祚這麼長。其中的涵義是，人們應該關心這個多民族、多宗教、多文化，難以統御的國家，為什麼可以維持這麼長久的壽命。而問題的答案其實相當簡單。羅馬人不是將其他民族納入統治，而是將其他民族也變成羅馬人。大英帝國衰敗於各個殖民地的獨立，而直到羅馬滅亡為止，各個行省未曾有獨立或背叛的行為。

既然國祚能如此綿長，不管奧古斯都創設的制度如何曖昧，這個精緻的虛構還是有效的。可是既然「精緻」，系統的運用之妙，就會受到當事人的個性與資質影響。除了無論如何都將被評為不適任的卡利古拉與尼祿之外，筆者將這個精緻體系的運用人分類如下：

一、相信羅馬皇帝只是羅馬公民的領袖而已——在位期間前半段的臺伯留、自登基到駕崩為止的克勞狄斯，以及提圖斯。

二、雖然不相信，但假裝相信的人——整個在位期間的奧古斯都，以及維斯帕先。

三、既不相信，也不假裝相信的人——在位期間後半段的臺伯留以及圖密善。

儘管知道自己遲早會登基，但圖密善還是因為長兄意外早逝而提前在三十歲即位。他所做的第一件事情就是賜予妻子多密提亞「奧古斯塔」(Augusta) 的尊稱。「奧古斯塔」是皇帝的尊稱「奧古斯都」(Augustus) 的女性形。筆者將其翻譯為「皇后」，但並非成為皇帝的妻子就能自動獲得這項殊榮。當年奧古斯都為了維持共和制度的表象，因此在身後才以遺言的方式頒令贈與妻子莉薇亞這項尊稱。在莉薇亞之後獲得「奧古斯塔」尊稱的，是克勞狄斯帝的皇妃、尼祿帝的母親小阿古力琵娜。因此多密提亞是帝政百餘年來，第三個獲得「奧古斯塔」尊稱的女性。

不過沒有任何羅馬人表示異議。元老院似乎打心裡感到同意，而民眾也沒有在競技場上給皇帝難看。第一點在於多密提亞是為帝國奉獻心力的名將科普洛之後。而歷經只有納妾的維斯帕先、為了與猶太公主的愛情終生不娶的提圖斯時代以後，羅馬終於又有了第一夫人。這位第一夫人身材修長、容姿端莊、氣度優雅，實在再也找不到比她更適合「奧古斯塔」稱號的女性了。雖然她端正的容貌會給人帶來冷淡的印象，但這點也讓人聯想起當年的莉薇亞。而且據說青年時的圖密善迷戀已經嫁為人妻的多密提亞，花了好一番工夫才將她弄到手。這一點也和當年帶著小孩改嫁奧古斯都的莉薇亞相似。不過奧古斯都是直接與莉薇亞的前夫談判請其讓妻，圖密善似乎沒有這麼處理。莉薇亞的前夫在奧古斯都的婚禮上擔任保人，多密提亞的前夫艾留斯·拉米亞別說參加婚禮了，他終身都一直對奪妻仇人圖密善抱持敵意。

不過圖密善沒有像卡利古拉一樣為了慶祝登基花了半年時間在慶典與宴會上。似乎他連大型慶典都沒舉辦，因為他知道皇帝的工作是什麼。

公共事業（一）

由於欠缺史料證明，所以不知道詳細的開工日期。不過圖密善在登基不久後就開始了三項

圖密善競技場（復原模型）

現代的拿佛納廣場

公共建設。

第一項是建設中世紀以後成為拿佛納廣場的「圖密善競技場」。因為既然弗拉米尼烏斯競技場已經無法使用，因此有必要提供平民專屬的體育設施。這個競技場在圖密善被判處「記錄抹煞刑」之後，還是一直維持著「圖密善競技場」(Stadium Domitiani) 的名稱。也許是平民感念他建設這座競技場的功績，群起反抗元老院的決議，保住了這座建築物剛興建時的名稱。

第二項公共建築，則是由其父建設，在其兄任內舉辦落成典禮的圓形競技場。其實最上層的工事到圖密善登基時都還沒完工。而圖密善身為維斯帕先的兒子，設法將其完工也是當然的事。

第三項工程，則是因為圖密善死後被判處「記錄抹煞刑」，因此改以次任皇帝涅爾瓦為名，至今仍稱為涅爾瓦廣場的廣場化工程。

這一帶是夾在奧古斯都興建的廣場與維斯帕先興建的「和平廣場」之間，長一百二十公尺、寬四十五公尺

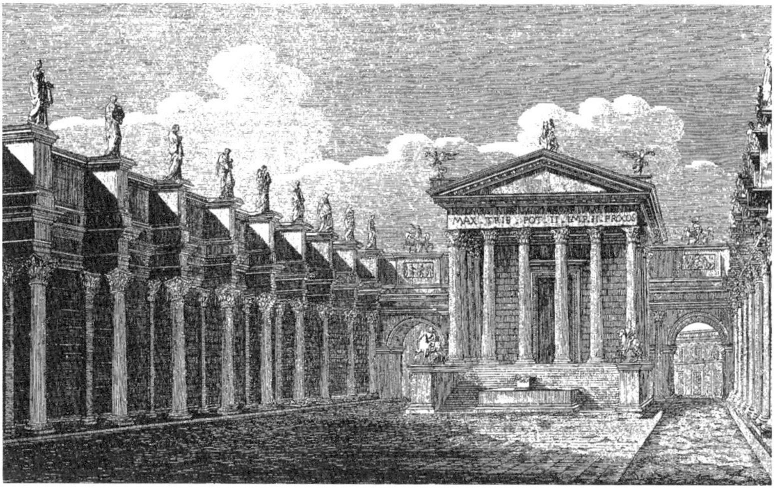

涅爾瓦廣場（復原想像圖）

的狹長地帶。只要通過這裡，經過凱撒廣場旁邊，就能到達羅馬廣場。所以民眾以此為蘇布拉和羅馬廣場之間的通道。蘇布拉是充滿活力的平民住宅區，羅馬廣場則是日益興盛的羅馬帝國政經中心。圖密善認為應當改善這兩個地區間被攤販、拔牙業者、刮鬍子業者占據的現狀。

羅馬人概念中的「廣場化」，是將四面的一面蓋起神殿，另外三面用圓柱迴廊圍起，圓柱迴廊後方按例是用於開設店面或辦公室。這是羅馬人愛用的空間利用法。

不過上述事項都是針對首都居民的事業。圖密善心目中的皇帝，是不負“Imperator”之名，完成帝國最高國防負責人任務的皇帝。而他不希望等到受人入侵才驅逐敵方，希望能預先整頓好防衛體制。在這時，他覺得實行計畫的時間到了。於是在探討羅馬防衛體制時，絕對不可避免的「日耳曼長城」（Limes

Germanicus）建設工程就此開始。但在開工之前，有兩件要先處理的事情。第一個是士兵的待遇問題，第二個則是如何對付日耳曼人。

調升軍餉

圖密善皇帝調高了一百一十年來未曾改變的士兵薪水。根據現有的史料，我們只能得知軍團兵，而且是沒有任何特殊勤務的士兵薪水。至於其薪資變遷則列表如下。附帶一提，兵役期間二十年，以及期滿退伍可領到的三千狄納利斯退休金沒有調整。

當時一個生疏的新進員工，可以領到十二亞西銅幣的日薪。而軍團兵的衣食住都由國家保障。而且在生病或負傷休假時，薪資照領不誤。另外可以享有其他職業沒有的退休金制度。不過在外出時或與喜歡的女性約會時，衣食住還是要自行負擔。

圖密善這項調薪方案，讓元老院相當不滿。他們覺得皇帝

羅馬軍團兵的年薪演變

	狄納利斯銀幣	塞斯泰契斯銅幣	亞西銅幣
共和時期	70	280	1,120
朱利斯・凱撒調薪之後	140	560	2,240
奧古斯都調薪之後	225	900	3,600
圖密善調薪之後	300	1,200	4,800（日薪：約13）

是在用金錢購買士兵的支持。然而儘管當年不知所謂的通貨膨脹，享受了「羅馬和平」百餘年，生活水準已經確實有所提升。百年後的調薪方案，以當時的帝國財政成長來說，應該是可以負擔的政策。而且雖然圖密善打算調高士兵的薪餉，但卻計畫為羅馬帝國裁軍，並在執政末期確實執行了。也就是說，他打算施行精兵政策。國家擁有了百年的和平生活，其間基層建設又不斷在進行，整個帝國的經濟當然也活性化了。在奧古斯都的時代，有許多年輕人如果不從軍日子就過不下去。但是事隔百年，沒有資產、必須要工作維生的青年，卻不一定要選擇從軍這條路。因此要維持軍隊整體水準，只有設法改善報酬。

而在這項政策上，圖密善又施展了一項令人訝異的老練手法。調升的薪水並非立即發放給士兵，而是寄存在軍團的會計檢察官，等到退伍時才和退休金一起領取。這項制度有點類似現代日本的「公司儲金」。而士兵接受這項政策的原因，在於比起非退伍不能領取的退休俸，這筆儲金即使戰死、傷殘也能由本人或親戚家人領取。在圖密善之前，有些司令或軍團長會致贈部份撫卹金給戰死的士兵家屬。然而這是長官個人的好意，不像退休俸一樣有制度。因此，雖然有人可以享受這個好處，但得不到這種好處的士兵也不少。圖密善等於是將撫卹金制度化了。

「日耳曼長城」

之後圖密善命令提升待遇後的士兵建設「日耳曼長城」，筆者認為這可以譯為「日耳曼防壁」。要理解這條防線的重要性，只要仔細閱讀地圖就可以發現了。如果說羅馬帝國的北部防線是多瑙河與萊茵河流域，那麼兩條河的上游聚集之處，就是防禦上最大的弱點。愈往上游，地形就愈陡峭。人們要在上游的山岳地帶活動，只有沿著河邊行走。而這一帶是兩條大河的水源附近，連白天都陰暗的廣大「黑森林」(Schwarzwald) 地帶。儘管羅馬兵在面對面進行會戰時所向無敵，但住在帝國北部防線另一頭的，卻是善用未開拓地形進行游擊戰術的日耳曼人。有道是「森林為日耳曼之母」，只要躲進了森林中，沒有任何民族拿日耳曼人有辦法。就連在不列顛的森林中可以打勝仗的凱撒，也不願意挑戰日耳曼的森林。

這麼一來，將萊茵河與多瑙河防線的某處相互連結，並將兩條河上游的黑森林地帶納入帝國疆域的想法，很自然成形了。這個構想似乎在臺伯留時代就已經出現了。因為在圖密善之前的皇帝中，臺伯留是少數有多瑙河與萊茵河作戰經驗的皇帝。而圖密善對臺伯留留下的命令書、政策立案公文的興趣，勝過他對文學詩歌的熱愛。臺伯留曾經放棄奧古斯都訂定的以易北河為北疆，征服日耳曼中部，將其納入羅馬帝國的構想，而以確立區隔日耳曼西部與中部的萊茵河為防線。因此臺伯留不可能沒發現放任「黑森林」地區不理的危險性。然而臺伯留之後的皇帝對此毫不關心的原因在於，由於臺伯留強化了萊茵河防線，因此不必擔心日耳曼人入侵的問題。羅馬人其實和我們一樣，沒有直接面對危機就不懂得事先準備好對策。不過，要越過既有的萊茵河防線進入日耳曼人的地區興建「日耳曼長城」，不管使用武力或和平方式，勢必要先讓住在當地的日耳曼人屈服。因此元老院批評圖密善掀起沒必要的戰端。不過筆者認為圖密善採取的是必要先行措施。在他之後即位的皇帝中，圖拉真和哈德良都理解這道防線的重要性，並且熱心補強。而圖拉真能夠專心於強化多瑙河防線，就是因為「日耳曼長城」產生作用，使他不必擔心萊茵河防線的問題。

那麼具體而言，「日耳曼長城」到底是什麼樣的東西，又建築在何處？

我們現在所能看到的羅馬帝國時代的邊防，只剩下分布在英格蘭與蘇格蘭交界一帶，由當年哈德良皇帝建造、英國人稱為「哈德良牆」的防護牆。這些石牆串連了各重地的石造碉堡，讓人以為這就是羅馬時代的邊防城牆了。其實這種形式的"Limes"（邊防城牆）只見於古代的不列顛，也就是今日的英國。同樣是邊防城牆，「日耳曼長城」在構

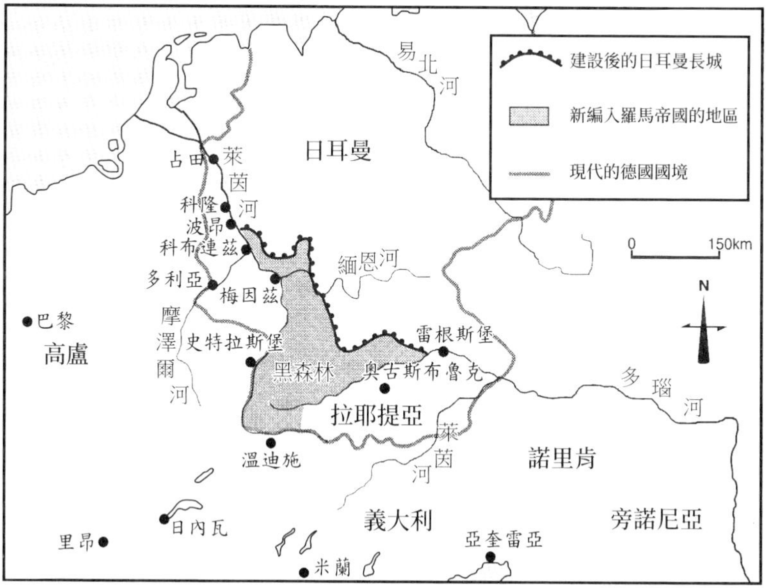

羅馬帝國的北方防線

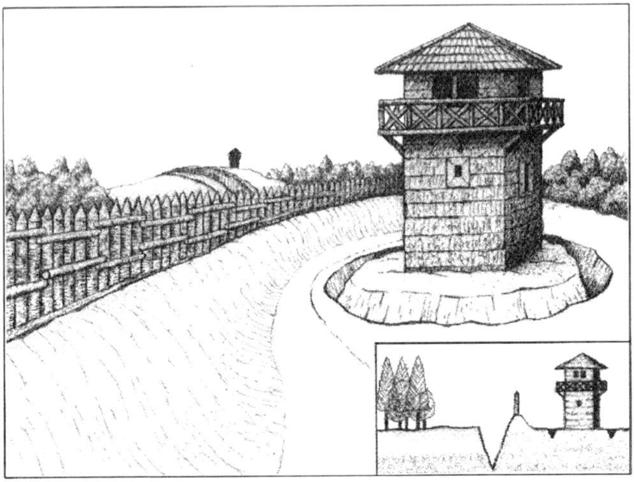

日耳曼長城（復原圖、剖面圖）

造上既不同於不列顛的防護牆，也與幼發拉底及北非防線為了防備來自沙漠敵人的邊防有所不同。

「日耳曼長城」每隔四百到七百公尺，便有一座四十公尺見方的石材碉堡。各個碉堡間的距離隨地勢而異，若是在視野良好的平地上，則距離拉長；若是地勢崎嶇，則距離縮短。碉堡之間沒有石牆相連，但也不是完全沒有建設，羅馬軍即使搭建只過一夜的營區，都會在四周挖掘深三公尺的壕溝，並圍上一層木製柵欄。事隔二千年木頭早已化為塵土，壕溝也已不見，考古調查頂多只找到石製的證據。但是筆者深信當年的羅馬帝國，肯定是挖掘了綿延數百公里的V字形壕溝，內側並架構木製柵欄作為邊防。從當年朱利斯·凱撒首開先例，將日耳曼人編入羅馬軍團的附屬騎兵隊來看，日耳曼人騎馬民族的形象自古有名；羅馬要提防的也正是這些大批武裝來襲的日耳曼騎兵集團，而不是為了經商或其他和平意圖進入帝國的個別日耳曼人。挖成V字形的壕溝與高僅數公尺的柵欄，對於來襲的騎馬部隊應該可以發揮阻擋的效果。至於碉堡的目的，與其說是原地死守，不如說是用於監視。

當確認敵軍入侵時，碉堡會利用狼煙或火把向左右的碉堡及後方的輔助兵基地示警，有時也會利用快馬傳訊。圖密善為了方便碉堡、輔助兵基地之間相互聯絡，在各個據點間鋪設了道路。如果由行省民眾組成的輔助兵不足以應付敵人，還會出動屯駐在更後方，由羅馬公民組成的軍團兵。鄰接「日耳曼長城」的主力部隊軍團兵基地，共有位於今日德國境內的梅因茲、法國境內的史特拉斯堡，以及位於現代秋利希和巴賽爾之間的溫迪施三個基地。

梅因茲基地離「防線」較近，但是位於萊茵河上游的史特拉斯堡與最前線的"Limes"之間卻是黑森林地帶。因此圖密善建設了橫貫「黑森林」中部的羅馬式街道。以羅馬式的街道穿越連白天都陰暗的黑森林，感覺上就彷彿今日以高速公路貫穿森林一樣。對日耳曼人來說，森林中的道路，就是彎彎曲曲、野獸與人類勉強踩出來的獸道，而羅馬人卻讓景色為之一變。羅馬人的街道，不只是平坦的五公尺寬石頭大道，還包括兩側排水用的水溝。而且一方面為了國防安全，二來為避免路面的石頭鬆動，羅馬人還把兩側可能扎根到路面下的樹木統統剷除。因為羅馬大道不是隨便建設，維持人馬勉強通行就好的工程。整座黑森林連白天都顯得陰暗，因此成為日耳曼民族的特大號據點。羅馬人將街道穿越這座森林，也就代表著將森林羅馬化的意味。現代的黑森林中也有數條「高速公路」(Autobahn)，而古代的日耳曼人和高盧人見到這些

“Autobahn”時，想必為羅馬人的技術能力感到驚異不已。而且這些工程建設，使得肩負監視高盧地區任務的史特拉斯堡基地不須變動防區，即可隨時趕往日耳曼長城。而設於現今瑞士境內的溫迪施基地也就此失去重要性。

至於「日耳曼長城」的設置地點則是沿著低地日耳曼和高地日耳曼的邊界，今日的波昂與科布連茲之間，並沿著萊茵河延伸至梅因茲北方。之後渡過萊茵河支流緬恩河向東，並將涅卡河流域包含在防區內，逐步向南延伸至羅爾希，由此向東呈弧線直達雷根斯堡。古代將雷根斯堡稱為「卡斯特拉．雷根那」，日耳曼長城的終點與多瑙河防線就是在此銜接，全長為五百四十二公里。至此，帝國北方兩大防線——多瑙河防線與萊茵河防線得以相互聯絡呼應，因此可以使用人數相對較低的兵力，更有效率地防衛整個邊境。事實上，以往萊茵河需要八個軍團駐防，之後得以裁軍至六個軍團。

「日耳曼長城」由四個要素所組成：監視用的碉堡、輔助部隊屯駐基地、主力部隊軍團兵基地，以及相互聯絡用的道路網。羅馬的街道可說在任何方面都是帝國的動脈。

「日耳曼長城」的完全整頓，一直要等到哈德良皇帝任內才竣工。羅馬的領導人令人讚嘆的是，儘管舊的政策是由惡名昭彰的昏君或是遭判處「記錄抹煞刑」的皇帝提出，只要認為有效就會毫不猶豫地持續推動或加強。

二千年後的軍事家稱讚「日耳曼長城」是個防衛系統的傑作。但是這時並非建設在無人地帶，在動工前必須先妥善處置好建設預定地上的日耳曼人。

加締族

有一條由東流入萊茵河的支流，叫做緬恩河。定居這條河流南岸的馬提亞奇族，算是日耳曼民族中的小族。當年臺伯留擬定的戰略是盡量攏絡有可能交好的民族，其中也包括了日耳曼人。馬提亞奇族便是因此與羅馬維持往來，經常入境銷售當地的產品。然而，馬提亞奇族身處在包圍其東部與北部的大族加締族控制之下，而加締族又長期與羅馬交惡。圖密善的策略是：第一，將馬提亞奇族納入羅馬帝國內。第二，在其北部向東修築防線，確立抑止加締族入侵的系統。「日耳曼長城」的工事於是便從緬恩河流域開始。

既然要建設綜合防禦體系"Limes"，周邊的建設也自然必須以軍事設施優先。其中包括四十公尺見方的碉堡、四百公尺見方的輔助部隊基地，以及穿插其中的道路網。這些網路還要連繫到主力部隊團屯駐的軍團基地，整個體系才算大功告成。林林總總加起來，所需的土地相當可觀。馬提亞奇族雖然不是被趕出居住地，而是仍舊在祖先傳下的土地上定居。但對他們來說，這個工程使得部族所有的土地大幅減少卻是事實。不過圖密善並非免費徵收這些軍用土地，而是以經濟援助為代價換來的。換句話說，羅馬帝國向該族出資徵收土地。這是因為馬提亞奇族並非戰敗者，所以羅馬人在依照慣例徵收軍用土地進行國有化時，不能行使勝利者的權

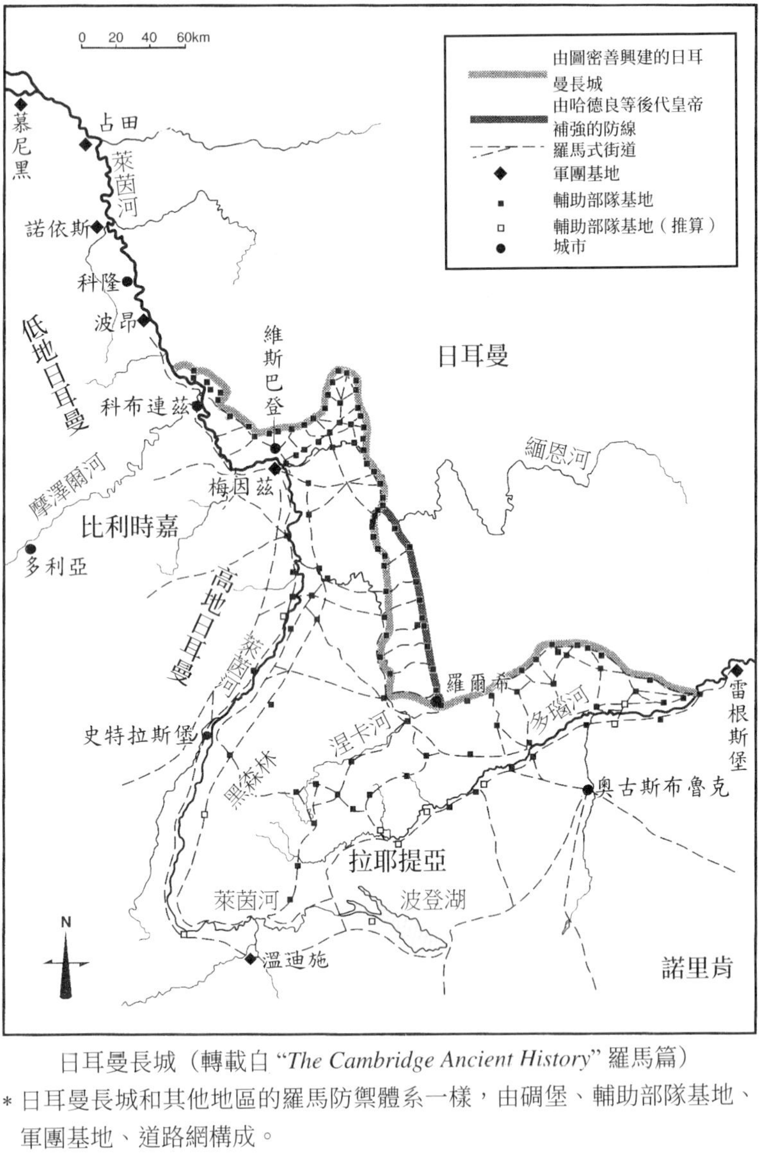

日耳曼長城（轉載自“*The Cambridge Ancient History*”羅馬篇）

＊日耳曼長城和其他地區的羅馬防禦體系一樣，由碉堡、輔助部隊基地、軍團基地、道路網構成。

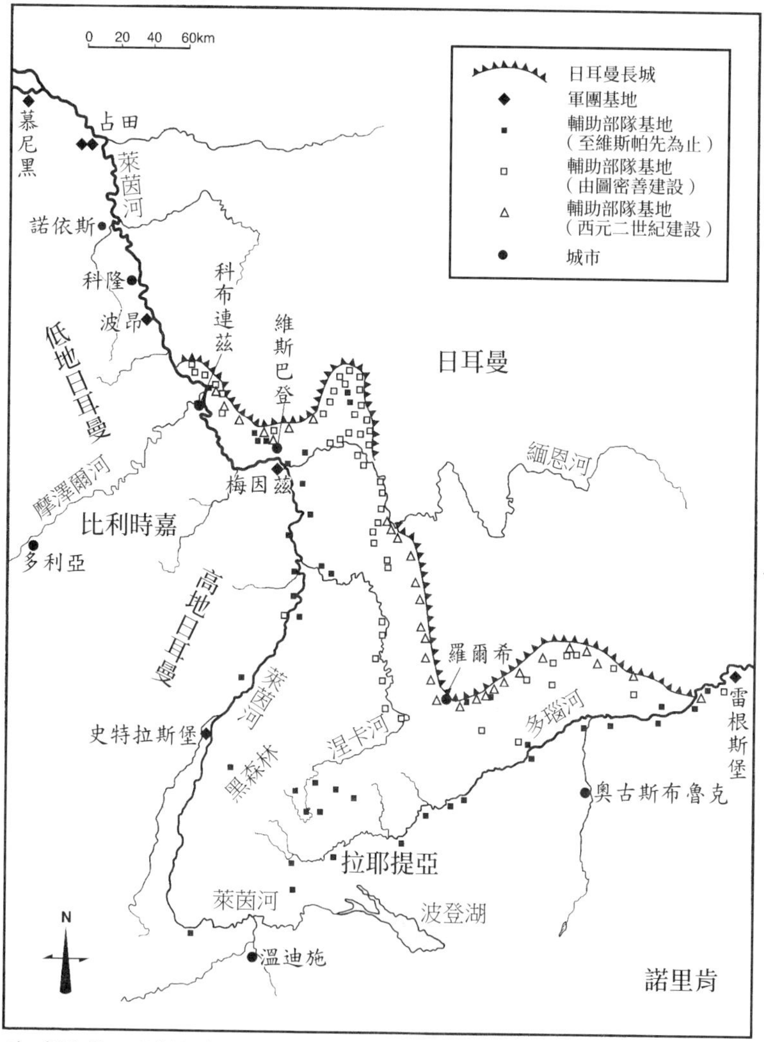

完成時的日耳曼長城（引用自 E. N. Luttwak, *The Grand Strategy of the Roman Empire*）

利。再說，馬提亞奇族是日耳曼人，要將異族納入羅馬體系時的大原則，就是讓他們認為離開同為日耳曼人的加諦族較為有利。於是，馬提亞奇族成功的羅馬化了。

然而確立防衛體制的動作，無論如何會引起被防衛的一方反感。加諦族自然不會坐視"Limes"在自己的面前施工。儘管圖密善沒有公開防線的工程，前往當地時也宣稱是為了進行高盧地區的國勢調查，最後還是不得不指揮起軍隊開始作戰。當時圖密善相當強烈地意識到"Imperator"的身份，並渴望名副其實率軍奪得戰功。即位第二年與加諦族之間的戰爭，足以讓三十二歲年輕的皇帝熱血沸騰。然而不幸的是，他從未有過作戰經驗。

儘管如此，羅馬軍還是戰勝了加諦族。不過這場戰爭打得不漂亮。換句話說，不是讓敵人自嘆不如的勝利。因此在戰勝加諦族之後，圖密善回首都舉辦凱旋儀式，並給自己冠上意為「征服日耳曼民族者」的「日耳曼尼克斯」稱號時，元老院報以冷笑，一般民眾也不狂熱。

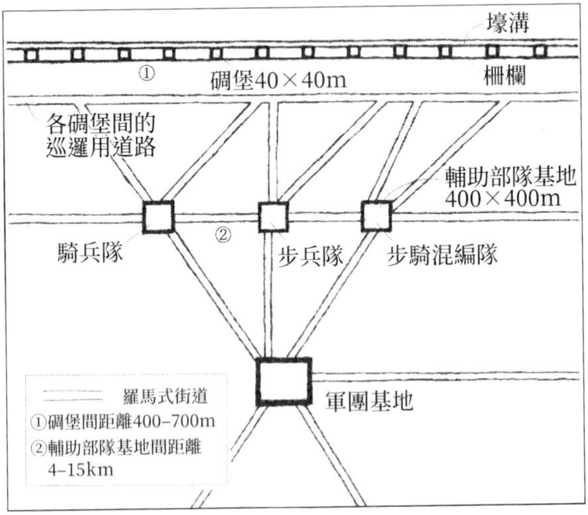

日耳曼長城（略圖）

不過凡事有好處就有壞處。如果與加諦族的爭鬥壓倒性獲勝，也許圖密善今後會陷入與日耳曼民族的長期戰爭。戰事不順遂，正好提醒圖密善不要忘記最初目的在於建設日耳曼長城。第一階段沿著涅卡河建設的防線工事持續進行。而第二階段將涅卡河包圍在內的防線，也在負責工程的軍團工程師心中有了初步的藍圖。之後持續施工並完成整條防線，則要等到五賢君時代以後了。而只有身在首都不知前線情勢的人，才會無法理解日耳曼長城的重要性。這種人的典型就是元老院了。他們甚至大肆批判圖密善對戰敗的加諦族寬大的處置。

建設保護萊茵、多瑙兩大河流上游的防線之後，使得羅馬帝國北部防線更加強化。然而多瑙河防線的建設尚未完成。因為多瑙河北岸未開化民族團結的動向日益明顯，這個地區的防線強化，亦即軍事國界化工作，已經不能再拖延了。圖密善在軍事上的下一個課題，或說羅馬帝國整體防衛體制的下一個課題，就是多瑙河防線了。

在此附記羅馬帝國北部防線，現代歐洲兩大河流的相關各國名稱。

萊茵河 全長 1,320 km		多瑙河 全長 2,858 km	
拉丁文	Rhenus	拉丁文	Danuvius
義大利文	Reno	義大利文	Danubio
法文	Rhin	德文	Donau
德文	Rhein	匈牙利文	Duna
荷蘭文	Rijn	羅馬尼亞文	Dunãrea
		塞爾維亞文	Dunav
		保加利亞文	Dunav

內閣

羅馬皇帝握有強大的權力，這點已經毋庸置疑。但是擁有強大的權力，也代表肩負著許多的責任。圖密善年輕氣盛，在登基時充滿了企圖心。另外，他又是個討厭虛偽不實的人。當年奧古斯都戴著與元老院共同治國的假面具，然而圖密善認為皇帝才是真正的統治者，並且毫不隱瞞這個態度。之後圖密善著手改革的，是筆者譯為「內閣」的「第一公民輔佐機關」(Concilium Princepium)。

《羅馬人的故事》第VI冊中筆者曾經介紹過，奧古斯都創設的這個機構初期成員有二十一人。之後立即增加至二十六人。其中包括「第一公民」亦即皇帝。並由任期一年的兩名執政官、相當於現代部長級官員的法務官、會計檢察官、按察官、財務官等官職各派出一名代表。另外由元老院議員中抽選出二十名成員。由於皇帝經常兼任執政官，而財務官並非年年常設，設置時也常由皇帝兼任，因此內閣人數並不固定。但由此「內閣」治理國家乃是創設者奧古斯都的真意，其後百餘年來也一直維持這個制度。

圖密善改革的方案是，減少原本屬於元老院的二十個名額，由騎士階層（經濟界）遞補差額。所謂「騎士階層」（經濟界），在羅馬社會中僅次於元老院階級。在共和時代中，由於元老院階級獨占國政，因此這些人只有專注於經濟活動，因此大可稱為羅馬的「財經界」。進入帝政時代以後，這些人也獲得了從政的機會。奧古斯都、臺伯留、克勞狄斯等開創帝國命運的皇帝，均相當熱心於晉用騎士階層（經濟界）出身的人才。這些人因為在共和時代騎著私人擁有的馬匹為國作戰，如今雖然有名無實，但當年留下的「騎士階層」（經濟界）稱呼依舊存在。而到了帝政時期之後，這些人又多了擔任皇帝任命的行政官僚的機會。另一方面，皇帝為了制衡對抗元老院勢力，需要培養成為左膀右臂的人員。

埃及長官、各行省的皇帝財務官、相當於市長的首都行政長官、首都警察長官、近衛軍長官、上下水道的最高負責人、地方政府的議會首長等，幾乎全由騎士階層（經濟界）獨占。而隨著帝政的演進，軍團長以及指揮複數軍團的司令官等，也引進了許多騎士階層（經濟界）出身的人才。不過晉用這些人的皇帝賢明的地方在於，並非將這些騎士階層（經濟界）培養成元老院階級的對抗勢力，而是將這些人才送進元老院，壓制原本元老院階級的反彈聲浪。

要讓這些人進入元老院其實相當簡單。只要讓他們當選能自動獲得元老院席位的會計檢官或護民官即可。再不然的話，則由皇帝親自推薦擁有驚人功績，使元老院無話可說的人選。而騎士階層（經濟界）出身的人認為進入元老院是項榮耀，也樂於接受這個工作。在本書中出現的人物，包括維斯帕先在內，有半數以上就是騎士階層（經濟界）出身的元老院議員。這些人在共和時期沒有從政的機會，但帝政卻讓他們享有了機會與地位。

不過圖密善倒是第一個刪減「內閣」中的元老院階級名額，納入騎士階層（經濟界）的人。也許對他來說，騎士階層（經濟界）已經負擔了部份的國政，這個措施也是必然的演變。

但這絕對不是元老院階級願意接受的變化。不過元老院的反彈並非立即浮出表面。因為加入了騎士階層（經濟界）的「內閣」，的確效率不錯。以筆者的想像來說，圖密善改革的「內閣」，就好像將日本現有由國會議員擔任部長的內閣，轉換成類似由總統指定國會外部人員組成的美國總統府架構。我們無從得知圖密善的「內閣」到底刪減了多少元老院議員的名額，但可以肯定的是，對元老院階級來說，將騎士階層（經濟界）納入「內閣」，已經是濫用皇帝權力的行為。

圖密善另外進行了「官邸」的組織化。主要目的在於整頓祕書官制度，協助皇帝處理大量集中的業務。各個祕書官的負責業務範圍，已經在第Ⅶ冊克勞狄斯的部份敘述過了。圖密善採用的系統也與當年克勞狄斯的系統相同，但當年這個祕書官系統雖然效率極佳，卻不受人歡迎。原因在於克勞狄斯錄用的是解放奴隸。因此圖密善將所有祕書官改由騎士階層（經濟界）擔任。不知道是為了讓祕書官系統更加有效率，或是為了讓皇宮更適合皇帝的身份，圖密善重新建設了占去將近半個帕拉提諾丘的宮殿。這座宮殿的公共性質多過私人用途，其中還備有足以供居民參觀比賽的競技場。建設這座宮殿以後，以往還有其他住家的帕拉提諾丘成了專供皇帝居住的地方。

一路看下來，也許各位會認為圖密善只注重騎士階層（經濟界）出身的人，但他並未輕視元老院議員。當年臺伯留創設了委員會制度，目前已經成為帝政統治體制的一環。而圖密善視臺伯留為皇帝的模範，因此只要遇有必要情事，立即會選出五名委員，活用委員會制度解決問題，而委員會的成員便固定是由元老院議員擔任。

司法

圖密善似乎是個有板有眼的人。也就是說，他不僅是為了維持社會功能而尊重秩序，而是喜好秩序，凡事若非有條不紊就感到難過。

如果這個個性只表現在確立劇場與競技場前方元老院、騎士階層（經濟界）仕紳席次上，那也無傷大雅。然而若落實在嚴格執法方面，有時會讓人感到毛骨悚然。

羅馬從剛建國時起，就有守

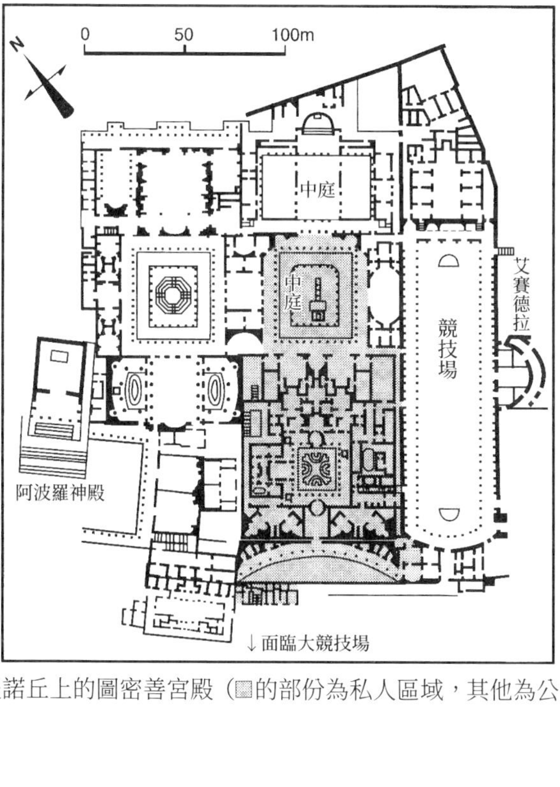

帕拉提諾丘上的圖密善宮殿（▒的部份為私人區域，其他為公共區域）

護聖火的女祭司組織存在。這些人在三十年的任期之中，有維持處子之身的義務。如果違反了這項義務，將受到活埋的刑罰。而這些高社會地位的女性，則住在羅馬廣場東南方的一角。

儘管並非終生禁止結婚，但這些人必須從少女時代起擔任祭司，無法在肉體最成熟的時期接觸男性。雖說女祭司並非從未爆發緋聞，但歷代皇帝也未曾嚴格執行過傳統的法律。可是圖密善卻嚴格執行了。而且爆發緋聞的是女祭司長，使得情況更加惡化。依照傳統的法律，女祭司長遭活埋，緋聞的對象則在大眾面前鞭打至死。

不過尊重秩序的個性，也會為社會帶來良好的影響。圖密善就是第一個制定法律禁止雛妓，並懲罰逼迫雛妓賣淫的人。對羅馬人來說，十七歲以下為未成年。

而圖密善最痛恨的，就是行省統治者的瀆職。羅馬自從共和時代起，就設有允許行省民眾控訴任期結束後的行省總督瀆職、濫用職權的制度。行省總督皆由元老院議員擔任，然而負責代理行省民眾控訴前任總督的，按例也是元老院議員。羅馬時代的律師，名為"Orator"。他們既可能成為原告，也常常擔任辯方律師。當年克勞狄斯制定律師的酬勞上限為一萬塞斯泰契斯，這項規定一直維持至圖密善掌政。我們無法得知身兼史學家與律師身份的塔西圖斯身價如何，不過因為他擔任以百萬塞斯泰契斯為資產下限的元老院議員，所以應該屬於富裕階級。至於他的好友小普林尼原本就出身富貴，加上在舅父大普林尼死於維蘇威火山爆發災害之後，繼承了舅父的遺產，因此想必身價高昂。對這些人來說，一萬塞斯泰契斯的律師費用並不是什麼了不起的金額。他們之所以願意一再接受"Orator"的工作，是因為認為以法律為工具出庭進行告發或辯護，是上流階級的義務。想必連歷代皇帝也有相同的觀念。當年臺伯留與克勞狄斯常常出席這類事關行省政績的法庭，而圖密善也因襲了這種作法。就連只對皇帝醜聞有興趣的蘇埃托尼烏斯，也寫下文章稱讚圖密善致力於維持公正的行省統治。因為行省的統治成效十分重要，足以左右整個帝國的政治環境。在羅馬帝國裡，不論是皇帝或厭惡帝政的塔西圖斯都同樣認識到這一點。

當筆者看著西元四世紀初期，亦即君士坦丁大帝時代的首都羅馬地圖時，心中有不少感觸。第一點就是發現四百年前建設的公共建築物，到了當時還維持竣工時期的樣子。最主要的原因就在於，歷任皇帝都相當注重公共建築的維修。尤其阿庇亞大道，在西元三〇〇年時已經是一條六百年的老道路了。

第二個感想，就是「世界首都」羅馬沒有原本應該存在的大型醫療與教育機構。至於緣由，筆者已經說明過不少次，並且提出教育醫療全委由「民間活動」的假設。

在這張首都羅馬地圖上還欠缺一個可說羅馬帝國從未存在的建設。就是營運帝國不可或缺的行政官僚聚集地，亦即現代的「行政中心」。

我們可以將原因推為當年官僚體制尚未發達。不過羅馬帝國的疆域，幾乎可說已經超越了後世的每個國家。也許以下的推論才合乎現實也未可知。

羅馬之所以沒有行政中心，是因為沒有獨立的官僚組織。那為什麼沒有獨立的行政官僚組織，卻又能營運這樣龐大的帝國？我們可利用學術研究與考古發掘的成果來進行探討。

地方自治

當羅馬人的領土只及義大利半島時，就已經成功將地方自治與中央集權分離並立了。當時的「中央」是戰勝者羅馬人，「地方」則是位於義大利，在抗爭中敗給羅馬的其他希臘裔、伊特魯里亞裔都市。當時羅馬已經清楚地將「中央」應負擔的工作與可以委由「地方」自理的工作分開。這個原則在步入帝政時期後，則改由本國與行省的形式繼承下來。羅馬人一向講求實際，因此並非心中有堅定的理念認為應當這樣做，而是知道這是營運龐大帝國的唯一方法。就結果而言，羅馬帝國沒有成為中央集權的國家，而成功統合了性質相反的中央集權與地方分權，建構了能發揮兩者長處的體系。

簡單來說，「中央」的工作就是國防、稅制與充實基礎建設。「地方」的工作則是概括承受中央不負責的部份。羅馬人稱為「地方政府」(Municipia) 的城鎮都市裡，一定會有個如同小型元老院的議會，並選舉產生議員。在龐貝城遺蹟的牆上塗鴉可以發現，比起公民大會有名無實已久的羅馬，地方的選舉運動更加興盛。

到了帝政時代，在本國義大利與行省都有為數眾多的「地方政府」。但若沒有財源，地方也無法行使自治權利。為了確立地方自治的體制，首要工作就是確保財源。而且當年並沒有所謂的地方稅。

開國皇帝奧古斯都沒有考慮到這方面的問題，可能是因為他必須以樹立帝政體制為優先工作。不過負有確立帝制任務的第二代皇帝臺伯留，以及第四代的克勞狄斯帝，都盡力於確保本國和行省各地方政府的財源。後世的維斯帕先與提圖斯任內，也在這方面設法導正。所以地方財源政策並非像是「日耳曼長城」一樣，由圖密善開頭、後世皇帝持續完成。不過圖密善的確是特別熱心於擴充地方財源的皇帝。到了現代，要了解羅馬帝國時代的地方財源，還只有從圖密善時代以後的碑文等記錄去求證。

根據這些資料，主要的收入在於地方政府擁有的土地、辦公室、店面的租金。具體而言，假設想要在城鎮中心的「廣場」迴廊裡開店，必須支付租金給地方政府。其他還包括公共浴場的入場費與水道使用費。羅馬帝國的「高速公路」雖然免費，水費可是照收不誤的。

不過，一來沒有地方稅，二來公共浴場的入場費因為是公定價格，所以相當低廉。至於水道方面，如果居民自己到街上汲水，則不必支付費用。也許各位會認為，只向引水到家中的人收費，實在不足以負擔政府財政。不過會有這個想法，是因為忘記了有許多現代歸由地方政府負責的工作，在當時卻是由私人出資捐贈。羅馬人認為捐出私產為自己所屬的共同體服務，是家境富裕者的義務，也是一種榮譽。建設橋梁道路是國家的工作，而維修則是地方政府的事情。到了現代，在各地還挖掘出不少碑文自誇捐資維修工程。

羅馬帝國可說是由共同體與個人雙方營運的組織。就國家體制而言，可能還不夠成熟，但有趣的是這種體制還能順利營運、發揮功效。

公共事業（二）

古羅馬重視個人的施政，因此理所當然地，皇帝的工作中少不了公共建設事業。就好像皇帝還必須身兼內政部長一樣。在這方面來說，圖密善的業績遠超過其父兄維斯帕先與提圖斯。除了之前敘述過，位於首都羅馬的公共建築物以外，從發掘出的碑文中還能得知大量由圖密善開工的公共事業。如果考慮到「記錄抹煞刑」造成的破壞，也許圖密善的實際政績要超過我們的想像。以下將列舉已知的部份：

羅馬近郊的臺伯利、羅馬外港奧斯提亞、弗拉米尼亞大道的終點利米尼、西西里西部的港口，與北非迦太基之間的聯絡港馬爾薩拉等，各個城鎮的水道工事。

埃及的尼羅河流域灌溉工事。附帶一提，義大利所需的小麥有三分之一由埃及提供。

位於希臘德爾佛伊的阿波羅神殿全面整修工事。圖密善和其父兄不同，是個希臘文化愛好者。

修復設置時代早於阿庇亞大道，連結羅馬與加普亞的拉提那大道全線。以常識來說，羅馬與南義大利之間的道路，也是羅馬與東方之間的聯絡通路。光是阿庇亞大道實在不足以負擔這項工作，應該多設置數條道路。

建設在遭到「記錄抹煞刑」後，依舊維持以圖密善為名的「圖密善競技場」（今拿佛納廣場），以及「圖密提亞那大道」(Via Domitiana)。阿庇亞大道由羅馬南下，從今日的西涅沙轉向內陸直達加普亞。而圖密提亞那大道則是由西涅沙沿海岸南下，通過商港波佐里到達拿坡里。經由陸路前往軍港米塞諾的路程因此更加方便。曾經有古人留下詩歌說，以往黎明出發，要到日落時分才到達米塞諾，但今後只要兩個鐘頭就可以了。另外從阿庇亞與拉提那兩條幹道交會處「加普亞」，又延伸出兩條道路。一條通往波佐里，另一條通往拿坡里。我們目前無法得知這是由圖密善建設，或由圖密善逝世兩年後即位的圖拉真帝所修建。總之這些都讓人在在感受到，羅馬街道並非純粹是交通事業而已，還包括政治策略在內。

整頓環繞薩丁尼亞(Sardinia)的道路網。在薩丁尼亞建設道路網進行羅馬化，以羅馬人的角度來說就是文明化。這項工程的意義和在白天依舊陰暗的日耳曼

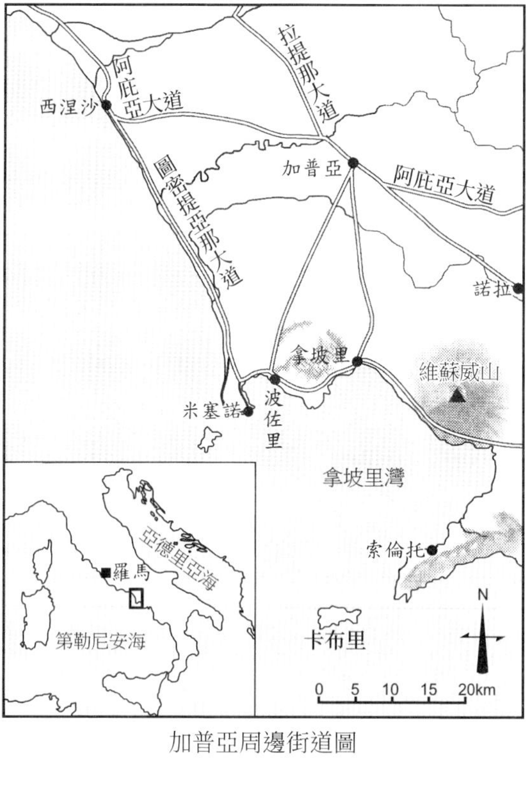

加普亞周邊街道圖

黑森林鋪設羅馬街道的意義一樣，亦即讓當地長年認為掠奪不是罪行的牧羊人不得繼續肆無忌憚。

全面修復當年由奧古斯都在西班牙倍帝加行省鋪設的「奧古斯塔大道」(Via Augusta)，並於西元九〇年完工。

修復連接非洲行省總督官邸所在地迦太基與努米底亞行省的特維斯提斯（今特貝沙）軍團基地之間的街道。

整備小亞細亞北部瀕臨黑海地區的道路網。

鋪設在多瑙河下游，位於今日的塞爾維亞、羅馬帝國時代「莫埃西亞行省」兩個軍團基地間的街道，並於西元九十二年完工。附帶一提，為了國防目的，圖密善將統括在「莫埃西亞行省」的多瑙河下游流域分為兩個區域。將一個行省分為兩個，自然總督人數也增加成兩名。而分派到前線的行省總督，行政目的也主要在國防方面，是由皇帝親自任命的武官，具有指揮由兩個軍團組成的戰略單位的權力。圖密善帝會如此熱心地整頓前線的道路網路，可見他在親自與達其亞族作戰時學得不少教訓。

史學家毛姆森說，羅馬帝國的國界分為軍事國界與政治國界。所謂軍事國界，就是沿著河岸建設軍團基地，在無法依賴天然障礙的地區建設「防壁」，讓天下人都知道，當有外敵入侵時這些防線將立即發動迎擊體系。除了有上述的嚇阻力之外，還帶有節約絕對必要兵力的效果。而政治國界，則是羅馬長年視為國界，但由於沒有強烈需要，因此雖然長年逐步推動，但仍然未完成軍事國界化的防線。

當年是由臺伯留完成萊茵河的軍事國界化。而在萊茵河與多瑙河上游建設「日耳曼長城」，藉此完成軍事國界化的，則是圖密善。多瑙河流域的軍事國界化最終階段，也是由圖密善開始。不過他僅來得及起頭，整個多瑙河防線的軍事國界化，要等後世的圖拉真與哈德良完成。

舉辦夜間競賽

圖密善不只是懂得「大事」，也是個懂得「小事」重要性的皇帝。雖說後世的人將這方面的事業總括為「麵包與娛樂」大肆批判，不過若認為有權者都具有對國政的判斷力，那只是對人性的一種幻想罷了。如果這種幻想能夠成真，世上也就不再需要政策宣導 (propaganda) 了。不管怎麼說，對平民而言既然不必擔心餓死又能觀賞免費的比賽，自然不是壞事。而圖密善還是第一個舉辦「夜間賽」的皇帝。

當時的燈火代價高昂，一般平民還是過著日出而作、日落而息的生活。對這些人來說，在能容納五萬名觀眾的圓形競技場，欣賞燈火通明的夜間競賽，可說是天下最豪華的享受了。儘管當時皇帝與富貴之家的人已經習於在燈火下進晚餐的生活，但平民依舊與共和時代一樣，只能在夕陽尚未下山前匆匆解決晚餐。其實羅馬的夜空並非一片漆黑，尤其在夏季時更是帶著美麗的紺藍色。而夜間賽就在這樣美麗的夜空下進行。

不過要出資開辦夜間賽，想必支出相當可觀。根據史學家的記載，夜間賽只有在國家的重大節慶才會開辦。在這種性質的活動中，往往按例由皇帝提供飲食，因此觀眾在觀戰時，也不必像現代人一樣自費買零食、啤酒。

除了建設"Limes"、強化基礎建設、與外族作戰之外，再加上出資舉辦夜間賽，不禁讓人擔心國家財政會不會出問題。然而有趣的是，羅馬帝國之後依舊維持著健全的財政。在圖密善之後繼任的涅爾瓦，以及隨即繼位的圖拉真都不需為了重建財政苦惱。相信是因為維斯帕先與其子提圖斯共同進行國勢調查(Census)，推動「不提高稅率卻由應取處抽稅」的稅制，使得國庫的收入大增。正由於維斯帕先讓當代人稱為吝嗇，讓後代學者稱讚為最佳國稅局長的政績，才使得其子圖密善能廣泛推動大型建設。富機能性且公正的稅制為善政的基礎，而懂得將其與安全保障、充實社會資本並陳，共同視為「中央」職責的羅馬人，應當就是亞里斯特提雷斯所說的深諳政治之道的「政治人」吧。在人類社會中，凡夫多如牛毛，但「政治人」卻不多見。

然而人的命運註定，當有所成就之後，必定將面對因此引發的新問題。三十四歲時的圖密善要面對的，則是預料中的問題：強化多瑙河防線，亦即多瑙河防線的軍事國界化。

不列顛

在敘述西元八十五年發動的與多瑙河北岸達其亞族之間的戰役時，有必要先敘述表面上似乎毫無關係，但實際上關連不小的不列顛稱霸戰。因為若是羅馬不只奪下當時稱為不列顛，亦即今日的英格蘭與威爾斯地區，而是堅持要完全稱霸當年的卡雷德尼亞，亦即今日的蘇格蘭的話，那麼多瑙河防線的確立工作，勢必將成為帝國的重擔。

不列顛稱霸戰自從朱利斯·凱撒登陸作戰之後，被擱置了九十幾年。後來是由羅馬的第四任皇帝克勞狄斯重新繼續作戰。因此不列顛戰役的真正起始年度，應該從西元四十三年起算。到了第十一任皇帝圖密善時，英格蘭與威爾斯兩個地區已經在掌握中，正在進行蘇格蘭方面的稱霸戰。原本位於科切斯塔的不列顛行省首府，也移到羅馬人口中的「羅狄姆」，亦即今日的倫敦。話說回來，羅馬人為了征服不列顛，前後花了四十年。當年征服有不列顛三倍大的高盧地區只花了八年，相形之下不列顛戰役的進展實在過於緩慢。不過這是因為受到下列四大因素影響：

第一，高盧與本國義大利之間以阿爾卑斯山相隔，為了確保國防體制，必須儘早完成稱霸作戰。而不列顛和高盧不同，與羅馬之間隔著一道多佛海峽，沒有儘早完成作戰的必要性。

第二，羅馬人除了武力之外，還有其他可以逼迫高盧人的手段，但在不列顛卻沒有。

當初凱撒逼迫高盧人的領袖，在接受羅馬的命運共同體統治或是日耳曼人的階級隔離統治之間兩者擇一。對於高盧人來說，渡過萊茵河西侵的日耳曼人，是如同惡夢一般的現實。在凱撒時代，高盧人選擇了羅馬，一百二十年後的「高盧帝國」事件時，高盧人依舊認為羅馬要好過日耳曼。

和高盧人不同的是，不列顛人沒有值得感到恐懼的外敵存在。不列顛與日耳曼之間隔著一道北海，住在愛爾蘭的凱爾特人又不足以讓他們感到威脅。八年與四十年的差距，並不代表高盧人與不列顛人之間的實力差異。

第三個理由，是起因於發動稱霸戰的人物對於稱霸的想法不同。以不列顛來說，則是朱利斯．凱撒與克勞狄斯之間想法的差異。

凱撒首先完成了高盧全境的武力稱霸，並立即進行筆者在第IV冊中命名為「戰後處理」的高盧重編工作，迅速將高盧地區行省化。具體而言，是懷柔既存的部族，將自己的家門名「朱利斯」和羅馬公民權賜給部族族長階級，讓他們成為羅馬的成員，並將元老院議員席位賜給有利部族的族長。這也是凱撒得罪保守派的西塞羅與布魯圖斯等人的主要原因之一。

而克勞狄斯則採用逐步擴大羅馬霸權的方式。進展的方法和凱撒一樣，先以武力稱霸，其次進行重編，中間並實行基礎建設的整頓。不同的是凱撒以國家規模進行稱霸作業，而克勞狄斯則將其列為地方事業，逐步擴大範圍。先不討論這兩者何者適當，這種政治策略的不同，也只能歸於主事者性格的差異。

第四個理由，則在於羅馬人對於高盧與不列顛的看法不同。

第一個渡過多佛海峽的羅馬人是凱撒，他心中的不列顛只是在壓制高盧人之前必須先打擊的對手而已。當時他即將完成高盧的全面稱霸，而若先打擊不列顛人，可以避免厭惡加入羅馬的高盧人與不列顛人聯合作戰。因此在作戰中未曾深入不列顛。

如果凱撒沒有遭到暗殺的話，不列顛的命運又會如何呢？以他的策略性質來看，有可能會展開不列顛的完全稱霸作戰。而且如此一來，可能會在短期內就完成稱霸作戰，並且在不列顛施行凱撒式的戰後處理。然而這些想法畢竟只是假設。在圖密善的時代，六百名元老院議員中，已經有四十人出身高盧。然而不列顛出身的議員人數始終在零與一之間打轉，這個傾向到了日後依舊沒有改變。以元老院的性質來說，成為元老院議員，也就代表負擔帝國全體政治責任。而讓我們為全世界最熱心於研究羅馬的英國人抱屈的是，羅馬時代的不列顛，邊境色彩要比帝國的其他區域都來得濃厚；這點光是從元老院議員的出身地來區隔，就可以清楚明白。也因此，如果要服從羅馬人，當初真的應該讓凱撒，而不是讓克勞狄斯帝征服。附帶一提，像曼切斯特 (Manchester) 一樣語尾有「切斯特」(chester) 的地名，是從拉丁文的碉堡“Castrum”發展而來。

我們將話題回到圖密善時代的不列顛上。儘管進展緩慢，但前後也已經花了四十年。在當時最有組織的羅馬軍進擊下，當然已經小有成果。在克勞狄斯的時代，軍團基地設置於科爾切斯特。到了圖密善即位時，三個軍團的基地已經分別設立在加提夫、切斯特、約克。受維斯帕先拔擢的阿古力克拉總督從西元七十八年就任起，到西元八十四年為止七年之間，已經深入到羅馬人稱為卡雷德尼亞的蘇格蘭地方。而且不只突破了艾吉巴拉與格拉斯格間的防線北上，甚至令羅馬艦隊繞行蘇格蘭北部。這也難怪阿古力克拉的女婿、身為當代人的塔西圖斯要認為，不列顛與卡雷德尼亞的稱霸作戰就要結束了。

後世的歐洲人認為塔西圖斯是有良心的知識份子。我們在此將引用一段由塔西圖斯所著，後世常用於抨擊羅馬是帝國主義國家的著作《阿古力克拉》裡面的文章。這段文章中，塔西圖斯虛構了一個正史上不存在的不列顛人，名叫「卡爾迦克斯」，用來代替作者大發議論。

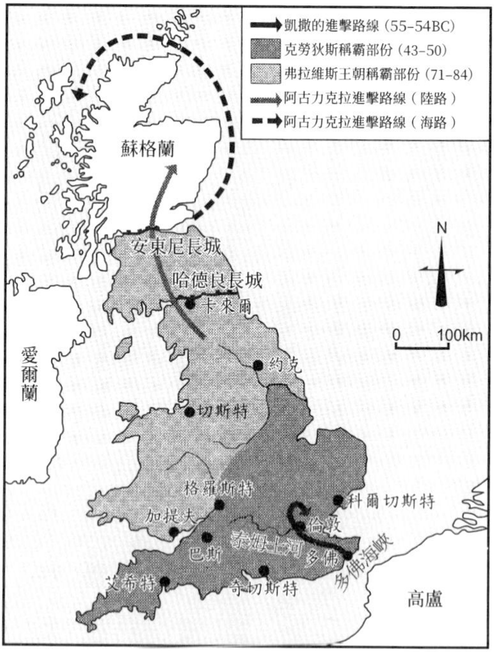

阿古力克拉稱霸蘇格蘭的進擊路線（為方便辨識，加上了後來由哈德良帝與安東尼．派阿斯帝建設的防壁）

「羅馬人是不值得屈服與屈從的民族。他們是世界的掠奪者。因為在陸地上已經沒有可掠奪之處，他們才將魔爪伸向海中。敵人如果富裕，他們就變得貪婪；敵人如果貧困，他們就變得自大。不管東方或西方，都無法滿足這些羅馬人的飢渴。他們以帝國假名義去竊盜、殺人、掠奪，嘴裡喊著是為了世界和平。其實只不過讓世界化為沙漠罷了。」

塔西圖斯被人認定為有良心的知識份子，是因為他雖身為征服者的一份子，但依舊不忘批評母國。而且對於遭羅馬軍攻擊的民族來說，的確也會認為世界和平事不關己，羅馬人應該滾遠一點。在第III冊中，筆者曾以持續反抗羅馬的潘特斯國王米斯里達茲六世的角度探討過當時的情勢。換句話說，雖然程度上不及塔西圖斯，不過筆者也勉強算是有良心的作家了。

不過當閱讀塔西圖斯在其他地方發表的言論，也不禁讓筆者深思所謂有良心的知識份子之心思複雜。我們順便在此介紹一下塔西圖斯《日耳曼》一書的部份文章。從書名可以得知，這是一本談論有關羅馬長年的敵人日耳曼人的著作。而在敘述完共和時代的情勢之後，塔西圖斯這麼寫著：

「從那個時代到圖拉真帝第二次擔任執政官為止，竟然過了二百一十個年頭。真是！要戰勝日耳曼人到底要花多久！在這期間又要付出多少犧牲！

薩謨奈族也好，迦太基人也好；西班牙人也罷，高盧人也罷，甚至連帕提亞人都不會讓羅馬人感到憂心。可是遇到日耳曼人了呢？

光是列舉敗給日耳曼人的執政官，就有這麼多人。卡爾波（西元前一一三年）、加西阿斯（西元前一〇七年）、斯考魯斯與卡比歐和馬留斯（西元前一〇五年）。在這些敗戰之中，羅馬損失了五個執政官軍團（亦即十個軍團）。

在奧古斯都時代發生於條頓布魯格森林的華爾斯軍三個軍團全滅（西元九年）是最大的悲劇。即使是我們獲勝的戰鬥，羅馬所付出的代價也相當慘烈。敵軍攻進義大利後由馬留斯反擊時（西元前一〇一年）、神君凱撒在高盧的戰鬥（西元前五十八年），以及從德爾希斯（西元前一〇一年）起，歷經臺伯留、日耳曼尼克斯等將領進擊敵軍領土日耳曼的戰鬥，羅馬軍都是在激戰之下獲勝的。之後除了卡利古拉的愚蠢行為以外，暫時維持了和平局面。之後巴達維族利用羅馬內亂期間叛變（西元六十九年），引發了高盧帝國之亂。這時日耳曼人甚至破壞了羅馬軍的軍團兵基地進行掠奪。幸好這些事情都得以迅速解決。到了現代（西元一〇〇年），才勉強讓羅馬軍戰勝成為通例，但並未完全讓日耳曼民族屈服。」

有良心的知識份子，在遇到不同對象時也會立即變得好戰，讀來不禁讓人失笑。向來對國政批判甚多的塔西圖斯，對於遭羅馬人征服的不列顛人能寬大，但遇到無法完全征服的日耳曼人時，也不禁將愛國心擺在前頭了。而在西元八〇年代，圖密善皇帝的心中也充滿了對於日耳曼的憂慮。

達其亞戰役

西元八十四年冬季，圖密善命令七年來一手包辦不列顛征服戰的總督阿古力克拉卸任歸國。塔西圖斯之所以在《歷史》的開頭寫著「征服了不列顛卻又宣告放棄」，是因為隨著阿古力克拉歸國，羅馬也放棄了征服蘇格蘭的作戰。不過羅馬雖然沒有繼續進攻卡雷德尼亞，卻並未放棄不列顛地區。

可是圖密善為什麼要在這時候放棄蘇格蘭稱霸戰呢？

可以確定的是，當時圖密善需要兵力用於強化多瑙河防線。在這之前，居住在多瑙河北岸的日耳曼裔部族已經有不穩的動態。如果從不列顛抽調軍隊到多瑙河流域，蘇格蘭稱霸戰就無法繼續進行。而要讓戰役的進行方式變化，最簡單的方法就是更換指揮官。將擅長攻擊的阿古力克拉換下，由擅長防衛的司令接任即可。

我們從圖密善之後的歷任皇帝，尤其哈德良帝的不列顛政策就可得知，圖密善在西元八十四年的對策並非錯誤。不過在進攻途中突然撤退，是容易遭人抨擊的。當年臺伯留帝放棄奧古斯都帝進攻至日耳曼中部，以易北河為國界的計畫，將國界後撤到萊茵河，也曾遭到後世的塔西圖斯大肆抨擊。

筆者認為，圖密善犯的錯誤，並非放棄卡雷德尼亞稱霸戰，而是沒有活用猛將阿古力克拉的才華。當時的多瑙河前線是全國最需要攻擊型武將的地方。如果圖密善將剛歸國的阿古力克拉派往多瑙河前線，任命其為達其亞戰役的指揮官，多瑙河戰線局勢的走向也許會大為不同。而崇敬阿古力克拉不已的塔西圖斯，對圖密善的觀感可能也會有所改善。

圖密善把臺伯留當成治國的模範，然而臺伯留不但有軍事才華，而且實戰經驗豐富。這種才能與經驗不只會發揮在戰鬥指揮上，也會在任用旗下將官的時候產生影響。以下將敘述的達其亞戰役，可說是最能暴露圖密善在軍事方面弱點的事項了。

只要有人想以海盜行為代替通商，以掠奪代替農耕與手工藝獲得生活資源，那麼世上就會需要防衛機制。而防衛機制發動之後，以武力收場的次數比起會談結束的次數要多得多。這是因為雙方的「思想」(concept)，乃至於價值觀不同所致。而羅馬帝國在國內形成命運共同體，讓諸民族得以擁有共通的「思想」，但對國外這些無法共通思想的民族之間可就問題不斷了。我們在學校學到的羅馬史，給我們一種羅馬滅亡於西元五世紀蠻族入侵的印象，其實這是個誤會。縱貫共和、帝政時期的羅馬歷史，可說與外族入侵的歷史相重疊。從西元前三九〇年首都羅馬遭外族入侵後，到西元四一〇年羅馬再度被異族占領為止，前後共八百年。羅馬能支持這麼久，原因在於防衛力量健在。實際上，西元五世紀時，史稱「大移動」的外族入侵行動之中，東羅馬還是躲過了滅亡的命運。因為以拜占庭為首都的東羅馬防衛機制依然有作用，因此外族也避開東羅馬，往防衛機制無法發揮功能的西羅馬進攻。

既然民族之間的衝突起自「思想」不同，要避免淪為戰敗者就只有隨時小心戒備一途。羅馬皇帝的兩大職責在於保障「糧食」與「安全」。而「糧食」的保障，必須先達成「安全」的保障，才有可能實現。眾人對皇帝的評價往往以其在軍事方面的業績為準。這是拉丁文的"Imperator"帶有最高軍事指揮官的意義，也是英文的皇帝 (emperor) 一詞的起源，所以皇帝們也躲不過這種評估法。

西元八十五年秋末冬初，羅馬接獲了一個令人震驚的消息。住在多瑙河下游的達其亞族大舉渡河入侵南岸的羅馬領土。對羅馬人來說，外族入侵並非什麼驚人的消息。讓人驚愕的是快馬傳來的下一個消息：迎擊的羅馬軍團慘敗，指揮作戰的莫埃西亞總督薩比努斯陣亡。

圖密善決定親自出征。他打算現場指揮在第二年春天展開的羅馬軍反擊行動，並且帶著近衛軍長官福斯克斯擔任實戰指揮。我們無從得知福斯克斯的經歷，但近衛軍並非邊防軍隊，入隊時往往不要求有前線經驗。其長官福斯克斯平日只不過帶領一群衣衫華麗的近衛軍罷了。圖密善竟然委派這種人擔任指揮官，真的只有錯誤兩字可以形容。未開化民族往往毫無計畫的大舉入侵，因此使得應對上更加棘手。這就好像正規軍往往覺得游擊隊比敵軍正規軍更難對付一樣。這時應該起用對抗卡雷德尼亞游擊隊六年多的阿古力克拉才是。既然圖密善不討厭阿古力克拉，而且對其有相當的敬意，真令人不解為何這時阿古力克拉不能受到重用。

不過西元八十六年與達其亞族的第一場戰鬥還是以羅馬軍勝利收場。這是因為羅馬軍動用了五個軍團的軍團兵，以及同等數量的輔助兵，還有半個近衛軍團，整體戰力超過六萬人。羅馬人投入了這些兵力，成功將達其亞族趕回了多瑙河北岸。

達其亞族長德賽巴拉斯這時提出了停戰與簽署和平條約的要求，但羅馬拒絕了。因為羅馬將第二戰的目標定為進攻多瑙河北岸的達其亞族根據地。

圖密善對第一戰的結果感到滿意，便將第二戰交給福斯克斯指揮，自己返回了羅馬。這是因為他身上已經累積了許多皇帝的業務要處理。不過就算圖密善繼續留在前線，第二戰的結果只怕也不會有所改變。圖密善既然能提出「日耳曼長城」的構想，戰略方面的眼光也許相當不錯。不過實際戰鬥是由一連串出乎意料的事態構成的，只有隨機應變的能力才能挽救悲劇。

圖密善接獲的第二場戰鬥報告是羅馬軍慘敗。一個軍團與近衛軍全滅，總指揮福斯克斯陣亡。連軍團的銀鷲旗都被敵軍搶走，可說是不名譽至極。當時與達其亞族的戰鬥位置在現今的塞爾維亞與羅馬尼亞一帶。而第二場戰鬥並非進攻達其亞族根據地薩爾米澤特沙時失利，是在剛開始渡河北上時四面遭到包圍殲滅的。

對於圖密善來說，這是個重大打擊。不過他是個羅馬人。羅馬人在失敗時，第一個會想到的，就是如何雪恥。

雪恥作戰花了一整年的時間準備。而羅馬人少有將戰敗軍隊改調後方，另外指派新隊伍進行戰鬥的行為，而是將過去戰敗的士兵重新投入戰場。羅馬軍可說是最適合雪恥一詞的軍隊。

由於司令官陣亡，因此有必要另外推舉繼任的司令官。這次的選擇相當謹慎，圖密善任命了尤利亞努。他曾經擔任莫埃西亞行省的駐軍軍團長，和騎士階層（經濟界）出身的福斯克斯不同，是元老院議員，也曾擔任過執政官。這項人事有明顯避免元老院抨擊的味道，同時又符合人選必須熟悉當地情勢、有豐富對達其亞族作戰經驗的條件。但羅馬並未增強對達其亞族作戰的兵力，只有為了替補陣亡士兵，從迦太基調派一個大隊渡過地中海前往多瑙河而已，因此成為民眾談天的話題。

西元八十八年，尤利亞努率領羅馬軍北渡多瑙河，進擊達其亞族領土。他靈活運用部隊，成功將達其亞族引誘到平原上。若要在寬闊的平原上進行會戰，沒有人是羅馬軍的對手。結果羅馬軍大勝，這次輪到羅馬軍四處追殺敗逃的達其亞兵。因為

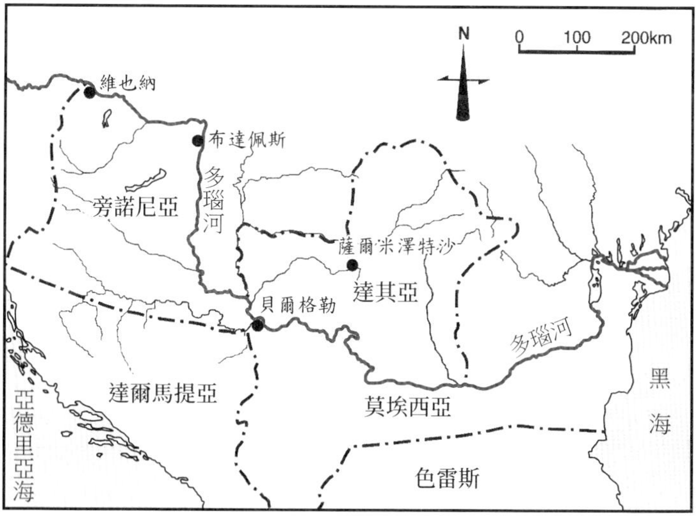

中游與下游地區的多瑙河及其周邊圖（為方便辨識，加上了後世的達其亞行省邊界）

冬季將至，這次戰鬥並未追擊到達其亞族的根據地。尤利亞努司令深知當地的冬季嚴寒程度，因此將部隊帶回多瑙河南岸、拆除小舟並排組成的便橋，讓士兵休養至第二年春天。

反圖密善的動向

一般而言，對現狀的不滿會在情勢惡化的時候爆發。西元八十八、八十九年之際的冬天，對羅馬來說是情勢好轉的時候。所以我們無法理解高地日耳曼司令官薩特盧尼，為何會讓其下的兩個軍團推舉自己稱帝，掀起反圖密善的運動。不過我們可以勉強提出幾個理由。

第一，可能是元老院內的反圖密善派，不滿圖密善毫無掩飾的皇帝獨裁體制作風，因此在背後煽動叛亂。

第二，可能是認為這時圖密善正忙於對付達其亞族，因此打算趁他無暇顧及西邊時背後偷襲。

第三則是帕提亞問題。這時圖密善要應付的不只是多瑙河下游的達其亞族問題，還必須解決與幼發拉底河東岸大國帕提亞之間的糾紛。想必薩特盧尼是打算在東方情勢告急時，藉機在西方興起反圖密善的勢力。因為這時帝國東方出現了僭稱尼祿皇帝名號的人，這個人前往帕提亞要求由他帶頭興起反羅馬的軍事行動。在第VII冊談到尼祿皇帝時，筆者也曾經敘述過。由於尼祿建立起羅馬與帕提亞之間的和平關係，因此帕提亞王對尼祿相當感激。而且如果長年被視為假想敵的帕提亞要對羅馬作戰，打響擁護尼祿皇帝的名號是個相當有效的策略。即使在帝國西方，尼祿是個讓元老院、公民、軍團兵拋棄，最後走上自裁一途的昏君。但在帝國東方，則因為解決帕提亞問題，確立帝國東方的和平，因此尼祿的評價極高。

不過儘管這時元首已經更易，帕提亞仍然希望維持與羅馬間的和平。因此該國應圖密善的要求，將僭稱尼祿的人無條件引渡到敘利亞總督手上。當然，羅馬也迅速將其處決。

所以，如果認為帕提亞有擁立假尼祿起兵的可能，因此隨之在國內引發兵變，那就是對局勢的錯誤判斷。不過，從與圖密善身在同一個年代的塔西圖斯在書上寫著「幾乎整個帕提亞王國都打算擁立僭稱皇帝尼祿名號的人，群起反對羅馬」來看，雖然事情輕鬆落幕，但對當時的羅馬人來說，這事情足以讓人捏把冷汗了。和假尼祿事件一樣，高地日耳曼的兵變最後也輕鬆的解決。

西元八十九年一月十二日，高地日耳曼司令官薩特盧尼接受旗下的軍團兵推舉稱帝。圖密善接獲消息後，立即下令西班牙第七軍團軍團長圖拉真率領軍團前往梅因茲，同時親自帶領剩下的近衛軍北上。不過皇帝與圖拉真都白跑一趟了。低地日耳曼的司令官馬克希姆斯已經自行判斷局勢率軍南下，在波昂與科布連茲的中間地帶擊垮了薩特盧尼軍。到了一月二十五日，整件事情已經落幕。薩特盧尼自裁，支持他的士兵也承認舉措失當，並獲得寬恕。這場混亂中流的血連內戰都稱不上。

不過對於事情解決後才到達梅因茲的圖密善而言，問題一點都沒有克服。對他來說，這是第一次有人膽敢背叛他。薩特盧尼在自裁之前，把可能連累他人的文件全部銷毀了。但是圖密善怒氣未消，在視同兵變共謀者的軍官中還是有數人遭到處決。後來圖密善任命穿越高盧地區行軍至此的圖拉真接任高地日耳曼司令官的空缺。

幸運女神

人的命運真的不知是以什麼為契機轉變的。也難怪有些人要將人的好運、厄運歸於幸運女神的隨興所致。

如果沒有這場兵變鬧劇，當時三十五、六歲的圖拉真也不會升上高地日耳曼司令官，負責從萊茵河畔的波昂，經由「日耳曼長城」至多瑙河流域的重要前線防衛工作。他的父親是在維斯帕先和提圖斯之下擔任軍團長進行猶太戰役的將軍，但本人並非歷經激戰的老練軍官。維斯帕先雖然出身騎士階層（經濟界），但至少是出身義大利的羅馬人。而圖拉真的父親雖然由維斯帕先賜予元老院席次與貴族榮典，卻是西班牙行省出身。圖拉真在九年後以涅爾瓦皇帝養子的身份成為第一個行省出身的皇帝；如果他只是在和平的西班牙指揮一個軍團的話，儘管涅爾瓦帝如何賢明，只怕也不會挑他當繼承人。而正因為圖拉真有這九年的高地日耳曼司令官經歷，才能彌補他出身行省的缺憾，阻擋了既有統治階級的反彈。不只是羅馬軍，在世界任何國家的軍隊都一樣，能擔任最前線的指揮軍官是一種升遷待遇。即使官名同為總督，擔任危險前線勤務與安全後方勤務所具有的威望就有所不同。正因為三十出頭就爬上這個要職，之後圖拉真才有機會走上稱帝的路。

不過幸運女神並未對比圖拉真年長兩歲的圖密善微笑。他雖然在達其亞戰役中大勝，但周邊情勢卻急劇轉變，容不得他利用戰勝的榮銜。

和平協定

現代的奧地利首都維也納、匈牙利首都布達佩斯、塞爾維亞首府貝爾格勒都是由羅馬軍團基地起源的都市。多瑙河從維也納向東緩緩流向布達佩斯，到布達佩斯之後又幾乎轉向正南流往貝爾格勒，之後又以緩緩的曲線流向東方注入黑海。如果不是以純地理的觀點，而是以與時政密切相關的地政觀點來看，則對於古羅馬人來說，到維也納為止是多瑙河的上游；維也納到貝爾格勒算是中游；貝爾格勒以下直到黑海為止算是下游。西元一世紀末期的羅馬皇帝圖密善以東西向為依據，亦即以多瑙河的上下游為劃分依據，將這些地區原有的兩個行省重新劃分為四個行省。原本的旁諾尼亞行省重新分為「遠旁諾尼亞行省」、「近旁諾尼亞行省」；原有的莫埃西亞行省也劃分為「遠莫埃西亞行省」和「近莫埃西亞行省」。很明顯地，這是以強化防衛機制為目的的行政調整。

羅馬人到了一世紀末期，才認識到堅守多瑙河中游至下游防線才是維持帝國命脈的措施。至於多瑙河上游地區，則因為在萊茵河畔的波昂與多瑙河畔的雷根斯堡之間建設了「日耳曼長城」，完成了軍事國界化的工作，所以防衛體制已經相當完備。

不過羅馬人儘管依循著神君凱撒起始，到臺伯留後既定的政策，強化了國界的防衛機制，但並未斷絕國界內外的往來。相反地，羅馬人容許國內外的交流活動，甚至於獎勵人與物之間的交流。如果在防線外的部族對羅馬提供兵力或交易的機會，建構了友好關係，那麼日後即使稱不上朋友，也絕對不是敵人。羅馬一直維持這種在國界外擁有許多友好部族的策略，也就是所謂的「分化支配」政策。

所以對羅馬來說，住在國界外的部族不是威脅，真正威脅的是這些部族的團結。達其亞族會成為羅馬的威脅，原因就在於其族長自稱國王，並成功統合周邊弱小部族。

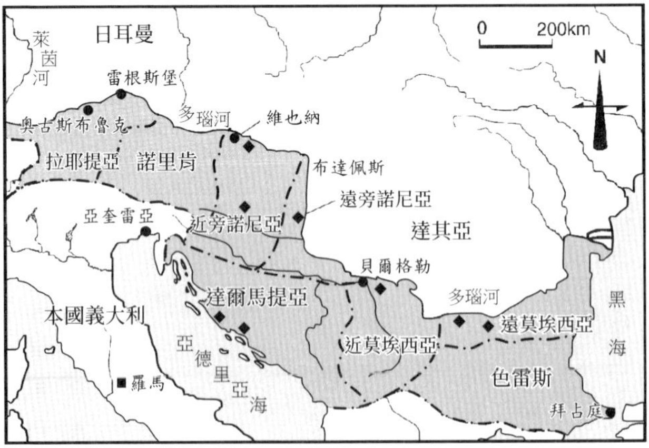

重編行省後的多瑙河軍團配置圖（◆代表軍團基地所在地）

達其亞族自從優秀的領導人德賽巴拉斯登基後國勢蒸蒸日上。德賽巴拉斯不僅希望統領部族所在的多瑙河下游一帶，甚至希望能合併中游的馬爾科曼尼、夸提、亞吉根斯等部族，建構多瑙河北岸的一大王國。馬爾科曼尼、夸提、亞吉根斯等部族都是提供羅馬兵力與物產交易，建構友好關係的部族。居住地點包括維也納西方到貝爾格勒等多瑙河北岸地區，血統則屬於日耳曼民族。

這三個部族後來分別展開了反羅馬的行動。但不是在羅馬敗於達其亞族的時候，而是在羅馬完成雪恥戰之後。也許是他們認為同樣位於多瑙河北岸的達其亞族勢力已經大減的關係吧！不管怎麼說，羅馬雖然戰勝了多瑙河下游的達其亞族，卻必須面對中游的新敵人入侵。

圖密善帝認為同時要對抗多瑙河下游的敵人，將使帝國陷入不利局勢。而且事實上，初期的多戰線嘗試已經宣告失敗。另一方面，達其亞王德賽巴拉斯也正尋求在大敗之後挽回局勢的方法。雙方的利害關係至此一致。羅馬與達其亞簽訂和平協定後能專心反擊中游的三個部族，而達其亞則逼迫大國羅馬採取外交手段與其合作，提升其在多瑙河北岸的威望。

由於圖密善遭處「記錄抹煞刑」，因此無法得知簽署和平協定的詳細日期。不過推測應該是在西元九十四年左右。因為這時羅馬軍在多瑙河中游的反擊行動突然變得積極，而且圖密善也以友好國君主的待遇，招待這段時期代理國王訪問羅馬的王子。

由於「記錄抹煞刑」的關係，後世也無法得知和平協定的內容。唯一知道的是，羅馬以每人每年二亞西銅幣的金額贖回大敗時期受俘於達其亞的士兵。

目前無法得知確實的俘虜人數，以及每年二亞西銅幣的金額是年年支付，還是有個既定的年限。

對於圖密善來說，既然進攻達其亞根據地的可能性變小了，那要救出困於達其亞根據地的士兵，也只有花錢一途。而二亞西銅幣相當於四次公共浴場入場費；如果以市售的小麥粉來算，則約值五百公克；也相當於士兵年薪的四百五十分之一。如果這樣就能消除多瑙河下游的隱憂，那還算是便宜的代價。

可是這項對策卻使得羅馬人大感不滿。羅馬人可以接受一個軍團六千名士兵遭殲滅的事實。不過若是花錢買和平，儘管只是象徵性的價格，不，或者說就是因為如此，才更令人無法接受。因為這種支出，就好像是戰敗者支付給戰勝者的年貢一樣。如果要問羅馬人是否願意為和平支付一切代價？即使到了帝政時代的中期，答案還是一樣不須多加思索的。

不過在簽訂和平協定之後的數年間，這個犧牲尊嚴換來的和平效果還是不可抹滅。達其亞王持續守著協定，羅馬軍則進擊多瑙河北岸，徹底懲治這三個儘管長年交好，卻昏了頭侵略羅馬領土的部族。

在這段期間裡，圖密善經常視察前線，強化軍團基地的建設。多瑙河南岸的軍團基地也就是在這個時期更換成石材建築都市的。即使在下游地區維持著與達其亞族之間的和平，羅馬同樣推動軍團基地的都市化，亦即防衛強化作業。對羅馬人來說，即使與對方簽署了和平條約，但加強軍防不但不矛盾，而且是理所當然的事情。在維持友好關係的帕提亞與亞美尼亞國界上維持軍團駐軍，也是基於同樣的道理。

所以，圖密善明知會引起元老院與民眾不悅，依然決定與達其亞族簽署和平協定，是以最高統治者的角度做出的正確決斷。

帝王尺度

筆者在大學時代主修哲學而不是歷史。因此不管著作的內容是文藝復興時代的義大利，或是古代的羅馬帝國，都算是業餘作品。所以筆者寫的羅馬史，不是學者的羅馬史，而是作家筆下的羅馬。話說回來，從布雷希特 (Bertolt Brecht) 或尤瑟娜 (Marguerite Yourcenar) 等人的著作就可發現，儘管身為作家，也不是想寫什麼就寫什麼的。既然選擇了寫作題材，就必須進行相關的調查與研究。作家與學者間在調查的必要程度上並沒有差距，只不過處理資料的態度不同。簡單來說，學者有相信史料的傾向，但作家則未必會輕信史料。

至於不會輕信史料的原因，有兩項不可忽視的要素。史料大致可分為歷史記述和考古研究的成果兩大類。而歷史記述是經由人類的手記述原本應當客觀描述的史實；考古學的成果又只能以目前所得的遺物為限。歷史記述中的史實，已經被記述者的觀點過濾一次。至於考古學的成果嘛……，我們拿羅馬當例子好了。現代的羅馬坐落在古代羅馬上面，如果想要徹底探究羅馬帝國時代的「世界首都」，則必須將羅馬市所有的居民都移居外地，將整個城鎮徹底挖掘研究。龐貝城之所以重要，就是因為當地遭到掩埋，已經無法住人，因此不必將居民遷走就能進行全面挖掘。

史料充滿了不確定要素，而在探討歷史時，又必須以這些資料為立足點。對於立足點抱持懷疑與否，所產生的效果也會有所不同。也許這關係到對於人性的看法吧。

筆者並非學術界出身，而在敘述羅馬史時，筆者也有個獨創的判斷基準。

在判斷身為最高統治者的皇帝所作所為是否有益於國家、有益於共同體時，筆者認為與其相信塔西圖斯等史學家的評論，不如以其後繼任的皇帝是否繼承這個皇帝的政策路線或事業。

運用這個「尺度」衡量的話，羅馬史上最佳統治者還是凱撒與奧古斯都。羅馬帝國是由這兩個人所創建，而羅馬人始終稱呼這兩個元首為「神君」，想必是因為與筆者有相同的感受。這兩人之後的臺伯留與克勞狄斯在塔西圖斯與蘇埃托尼烏斯筆下被評為昏君。不過以筆者的尺度來衡量的話，還是可以挽回不少顏面。那麼典型的羅馬帝國暴君尼祿又如何呢？

與帕提亞建立恆久友好關係的策略，儘管是由科普洛奠下基礎，不過下令完成的還是尼祿皇帝。結果使當時的兩大強國維持了半世紀的友好關係。而且打破和平的還不是帕提亞，而是羅馬的圖拉真皇帝。在這友好的半個世紀中登基的皇帝，除了內亂時期的三皇帝之外，歷經維斯帕先、提圖斯、圖密善和涅爾瓦四任。這些皇帝都守著當初尼祿與帕提亞簽署的和平協定。在攻擊型的圖拉真帝之後，繼任的防衛型皇帝哈德良、安東尼·派阿斯又繼承了尼祿的路線，維繫了半個世紀的和平。在外交方面，尼祿功不可沒。

那麼，對於同樣由尼祿興建的「黃金宮殿」又該如何評價呢？

這項事業的大致內容，是崇拜希臘文化的尼祿打算在羅馬中心建立綠意盎然的希臘式理想國。動機相當良善，也足以贏得現代環保份子的支持。不過動機良善的事情，未必一定會有好下場。當年凱撒就說過「一敗塗地收場的事情，往往出發動機是良好的」。尼祿一心想要綠化的羅馬市中心，在歷經維斯帕先興建圓形競技場、提圖斯建設大浴場、圖拉真建設第二座浴場，以及哈德良興建神殿之後，整個黃金宮殿化為烏有。這是因為尼祿和一般羅馬人之間，對於首都市中心的運用方式概念不同。羅馬人認為市中心就是聚集居民一同舉辦活動的地方。而尼祿在決策時不顧羅馬人的心理，犯下了最高統治者不該犯的錯誤。

圖密善和尼祿一樣，在死後遭判處「記錄抹煞刑」。那麼我們又該如何評斷他的政績呢？

在之前筆者敘述的事業之中，除了過度嚴厲執法的部份立即改善以外，其他的事業後任皇帝都繼承了。嚴禁雛妓的法律之後同樣沿用多年。而在各項事業中，最值得大書特書的，就是提升萊茵河、多瑙河防線功能的「日耳曼長城」事業了。塔西圖斯等文人忽視這項功績，但圖密善之後的歷任皇帝，無不費心補強這道防線。這項工程和阿庇亞大道一樣，只要最初建設的目的明確、選擇的施工地點正確，後人只需要負責維修與補強即可。筆者認為「日耳曼長城」是圖密善最大的功績。

至於和達其亞族之間的和平協議又該如何評價呢？

圖密善在西元九十六年逝世之後，由涅爾瓦繼位。涅爾瓦登基不到一年，就收圖拉真為養子，確認繼位人選。而涅爾瓦隨即逝世，由圖拉真在西元九十八年繼位。圖拉真登基後，依舊待在登基之前的赴任地點高地日耳曼（包括日耳曼長城在內），為即將於西元一〇一年開始的達其亞戰役作準備。亦即，圖密善逝世不到五年後，圖密善皇帝與達其亞族簽署的和平協定就被圖拉真皇帝推翻了。

畢竟羅馬人不能接受用錢買來的和平。塔西圖斯筆下的「達其亞族敗給了羅馬卻聲勢高漲」，想必是西元一世紀末時羅馬人的心聲。而史學家塔西圖斯只比圖密善小四、五歲，和這名皇帝是同一個時代的人。

想必在戰役之後，民眾看待圖密善的眼神頓時冷漠了下來。不過圖密善大概不怎麼在意。也許，他真的相信皇權的優越性吧。在這方面，還有喜好孤獨的孤僻個性上，圖密善和他視為模範的臺伯留真的很像。

圖密善和臺伯留一樣，當心中認為有什麼應該由統領帝國的皇帝進行的工作時，會隨即下令，事前不與人商量。在這些事務中，其中一項是教育改革方案。這項改革和「日耳曼長城」一樣，由其後的皇帝繼承，而且在羅馬滅亡後還由後人延續，也許可算是比日耳曼長城更長壽的政策。

教育課程

馬爾克斯·法比斯·昆提利亞和尼祿皇帝同樣，生於西元三十七年。如果從姓名來判斷，那麼他是生於義大利本國的羅馬人。其實他生於西班牙北部，由撒拉格撒沿艾布洛河逆流而上的卡拉歐拉鎮，因此原本是行省出身。不過他擔任教師的父親在他年幼時帶著他遷居到羅馬，因此可以算得上是在羅馬長大的。根據朱利斯·凱撒制定的法律，醫師與教師可以享有羅馬公民權。羅馬公民權是世襲的權利，因此成年後的昆提利亞同樣是羅馬公民。而他在羅馬時受到父親的照料，接受了高過家庭經濟實力以上的教育。

當他二十二歲時，回到了西班牙。這時他父親可能已經過世了。昆提利亞回到故鄉後和父親一樣擔任教師，不過任職地點似乎不是故鄉卡拉歐拉，而是行省總督派駐地塔拉格那。因為當噶爾巴舉兵稱帝，前往羅馬取代尼祿時，昆提利亞也隨行東進。昆提利亞成了西元六十八、六十九年在羅馬眼見三名皇帝上臺又下臺的證人之一。帶著昆提利亞來到羅馬的噶爾巴死後，這名三十二歲的西班牙人依舊滯留在羅馬，重新在帝國首都擔任教師工作。在教師事業方面，昆提利亞比他的父親還要成功。不到四十歲就已經在首都開設了辯論術學校。他開設的學校算是高等教育機構，應該相當於現代的哈佛大學法學院。而他教過的學生表現非凡，塔西圖斯、小普林尼都是昆提利亞「法學院」的畢業生。就連後來的哈德良皇帝，青年時也在這間學校待過。昆提利亞不僅擔任教育工作，同時也親自到法庭擔任辯護律師，因此教學時想必適當地結合了理論與實際。

儘管同時兼差教學與律師事業，昆提利亞卻以清貧聞名。這是因為他深信「律師是發揮多數人沒有的智能為大眾服務的工作」，並身體力行。有這種人當父親，家人也只好跟著辛苦。幸好小普林尼看不過去，捐錢幫助昆提利亞把女兒嫁出門。而喜好刻苦的維斯帕先帝也對昆提利亞有好感，為他安排了每年十萬塞斯泰契斯的薪資。昆提利亞於是成為第一個向國家支領薪水的教職人員。

即使皇帝換成了提圖斯和圖密善，昆提利亞的年薪依舊不變。不過圖密善打算以不同的途徑運用這位德高望重的教育家。我們無法得知這是皇帝本人的想法，還是在屢次召見談心後產生的結果。總之古代第一本有體系的教育論就此誕生。

拉丁文"eloquentia"（英文 eloquence、義大利文 eloquenza）直譯的意思是雄辯或辯論，這是一種將自己的思想傳達給他人的技術，一般多譯為雄辯術或辯論術。然而"eloquentia"還包括了有效運用語言、適當表達意念的修辭術涵義在內，所以也是一種修辭學。筆者在翻譯時，因此多半不是譯成雄辯或辯論，而是譯成說服力。

學習"eloquentia"的目的，當然首要在於有效將思想傳達給他人。不過既然使用的「工具」是語言，那麼應該還有可視為第二個目的的功效在內。

也就是藉由語言表現思想的過程，將思想整理得更為明確。於是"eloquentia"也成為形成人格的一種方法。古羅馬人認為“eloquentia”是最重要的科目，換句話說，就是將修辭學視為不可或缺的教育課程。除了期待能藉此成為優秀的政治人物或律師之外，還期待“eloquentia”教育帶來的整理思想功效。我們從凱撒和塔西圖斯的著作可以得知，羅馬人的文體特徵在於簡潔明快，這也就是重視“eloquentia”的結果。

昆提利亞著作了十二卷的“*Institutio Oratoria*”。如果照字面翻譯，書名是《辯論術大全》。不過如果考慮到書中的內容，筆者認為應該譯為《教育論大全》。因為昆提利亞以二十多年的教育經驗，在書中告誡後世的教師應當如何指導青少年接受不可或缺的教育。

書中的內容是關於“eloquentia”的實際形式“oratoria”，其歷史、意義、教學法，以及在法庭上的實例等等。設定的讀者階層完全是以教學者為主。因為委託著作的圖密善以及昆提利亞本人都已經明瞭國家應有什麼樣的教育。簡單來說，教育並非針對可以無師自通的天才，而應該以提升社會全體智能為目的。當年凱撒不論人種、民族，賜給教職人員羅馬公民權，免除了直接的行省稅負擔。而在凱撒之後，圖密善是第一個著眼國家級教育重要性的皇帝，在此應給與讚賞。

這本著作在西元九十五年完稿，於翌年在羅馬出版，而數個月後圖密善便遭到刺殺了。不過這本集羅馬帝國菁英教育課程大全的著作，在多年之後依舊是教育工作者的必讀書籍之一。這本書在出版千年之後，到了中世紀後期還繼續再版。西歐中世紀有位知識份子曾說「*Institutio*

Oratoria 是拉丁文書寫會話的最佳說明手冊」，的確不是浪得虛名。附帶一提，羅馬帝國滅亡之後，西歐基督教世界的官方語言就是羅馬人的拉丁文，之後並沿用了將近千年。

不過同時代的人批評往往相當嚴厲。這本書剛出版時，並非廣受大眾好評。有名的諷刺詩人馬爾提亞里斯對於昆提利亞費盡苦心的大作是如此評論的：

「作為一本將教堂椅子都坐不住的學生，以及以惡毒聞名的羅馬律師的形象永留後世的指南書，它是成功的，而且再沒有比這本書更完美的了。」

筆者在讀完此書之後，也認為書中的內容就像學校用書一樣沉悶，頗能認同馬爾提亞里斯嘲諷的有趣之處。只是，教育論原本就不是引人入勝的主題，期待能從中獲得閱讀樂趣本就不切實際。不過筆者倒是可以保證，書中的內容絕對比教育部的教學指導綱領來得有趣，要不然不會到了二千年後的現代，還有人將這本書當成拉丁文散文出版。

恐怖政治

在本書的開頭，筆者曾經介紹過塔西圖斯的《歷史》序文。在此將引用其部份內容。

「獻祭諸神的祭典遭人視若無物，民眾將通姦當成風流。海上充滿了流放可憐人到遠方的船隻；岩礁上流滿了這些犧牲者的鮮血。首都羅馬裡小人跋扈的模樣，勝過帝國內部任何地方。不管是身世高貴、財富或是功勞，甚至拒絕就任公職，都被視為罪行。即使付錢給告發者，想要躲過他們的攻擊，也只是助長更重大的惡行而已。因為這些告發者不只追求祭司或執政官等名譽職，甚至覬覦皇帝財務官等掌握實權的職位，藉此在社會散播憎惡與恐懼。奴隸受人收買，出賣服侍多年的主人；解放奴隸起而反抗他們的舊主；就連沒有樹敵的人，也被自己的朋友毀滅。」

根據塔西圖斯的說法，這些內容全發生在西元八十一年到九十六年的圖密善時代裡。筆者向來佩服塔西圖斯的文筆，可是事實到底如何呢？

首先關於「獻祭諸神的祭典遭人視若無物」這一節，如果用來評論因內戰而無暇舉辦祭典的噶爾巴、歐圖、維特里斯三皇帝還好，用於形容圖密善則不恰當。他為了舉辦由奧古斯都奠定的「世紀祝祭」，特地由多瑙河前線趕回首都。在滯留首都的期間裡，充分盡了神祇官的職責。

圖密善會讓懷古派的塔西圖斯不滿，可能是因為他熱心於修建阿波羅或埃西斯(Isis)等外來神祇的神殿吧！因為圖密善熱心於贊助發源於希臘的體育、詩歌、辯論等競賽，在這一方面和尼祿有些相近。他在占據半個帕拉提諾丘的皇宮中興建競技場，每隔四年舉辦一次由皇帝主辦的羅馬式奧林匹克賽。唯一和希臘的奧林匹亞不同的是，羅馬的競賽是以獻給最高神祇朱比特為名義。

這種競賽在皇帝獎勵下，不僅在羅馬與義大利本國，連行省都有人開辦。競賽項目包括標槍、鐵餅、賽跑、拳擊、雙頭或四頭馬車賽等等，據說沒有參賽資格限制。

可是羅馬的知識份子雖然喜好希臘的文藝，卻不喜歡希臘式的競賽。小普林尼和他所尊敬的塔西圖斯不同，並非頑固的反圖密善份子。然而他在滯留南法的時候，曾留下一封為了當地競賽停辦感到高興的信件。也許對於當時的「媒體」階級來說，圖密善就算沒有將羅馬的傳統視若無物，看來也實在相差無幾。

塔西圖斯以「海上充滿了流放可憐人到遠方的船隻；岩礁上流滿了這些犧牲者的鮮血」一節開始批判圖密善的恐怖政治。我們首先必須了解當時有多少犧牲者。這時反圖密善派的史學家留下的數字應該足以採信。因為這部份正是圖密善被處「記錄抹煞刑」的主要原因。

在圖密善治國的十五年中，尤其集中在任期後半，遭處死刑的有八到九人、遭判流放刑的有五到六人、對公共生活絕望而退隱的有三到四人。

這些人幾乎全是元老院議員。對於身在元老院的塔西圖斯來說，也是他的同事。除此之外被逐出義大利的，還有占星術師和希臘哲學家集團。將占星術師驅逐出境的理由是，他們藉口能預測未來，蠱弄人心、騙取金錢。羅馬的統治階層對占星術師向來冷漠，使他們在羅馬難以生存。但是畢竟羅馬是「世界首都」，所有的經濟資源都集中在這裡。而俗人喜好占卜的心性，古今中外沒有不同。儘管從臺伯留時代就開始驅逐占星術師的措施，但是不管如何驅趕，不知何時這些人又會流入首都。

要討論將希臘哲學家逐出義大利的行為前，首先我們必須知道當時的哲學家是什麼樣的階層。

希臘哲學充滿創造性的年代，也只到西元前三世紀為止。其後的哲學家，套句當時羅馬人的話，就是「靠陸續變賣過去累積的資產為業的人」。不過羅馬人在奪下地中海霸權之後，儘管輕視希臘人的政治能力，但還是相當尊重希臘人的文藝。因此羅馬統治以後，希臘哲學家的市場急速擴大。羅馬人若能雇用希臘出身的哲學家當家庭教師，就證明了本身的家境富裕。西比奧・亞非利加努斯和格拉古兄弟都是在希臘學者教育下長大的。在共和時期，像凱撒家一樣雇用在埃及的亞歷山大留學過的高盧人當家教，反而算是異類。

然而當步入帝政之後，各地的人才開始聚集到羅馬。而凱撒的教師優待政策打破了教育界由希臘人獨占的局面。圖密善委託著作教育課程的對象，是出身西班牙的昆提利亞。由希臘人擔任教職的時代已經成為歷史。儘管希臘文和拉丁文一樣，還是共通的國際語言。但是已經走入由高盧人、西班牙人、北非人教導希臘文的時代了。

當市場縮減時，當事人最先考慮到的就是如何創造別人沒有的特色。這些自稱哲學家的希臘人開始高談民主政治與暴君的對立關係。而關於這兩個要素，從希臘鼎盛期的史書裡要多少題材就有多少題材。

這些人聲稱民主政治就是元老院與公民握有主導權的共和羅馬，暴君則是帝政時期的羅馬皇帝。對皇帝來說，希臘哲學家根本是「不受歡迎人物」。現代的政府在對付這種人時，通常是拒絕入境／不發給入境簽證。而羅馬從臺伯留的時代起，就已經展開了驅逐哲學家出境的措施。不過若只從事希臘哲學和語言的教學活動，並不違反社會規範，而市場上又一直有這方面的需求。因此和占星術師一樣，不管驅逐出境多少次都只算是臨時措施，只有一直重複逐出又流入的過程而已。一般民眾之所以對於驅逐哲學家的措施不抱反感，是因為羅馬人本質上是討厭玩弄空論的民族。其實圖密善與其為了驅逐哲學家而得罪羅馬知識份子，還不如像他的父親維斯帕先一樣說：

「你好像為了讓我處決你，什麼話都說得出口。不過我可不會為了一隻狗開口亂叫就殺了牠。」

圖密善驅逐的，正是從此以後被稱為「犬儒派」的希臘哲學家。只可惜儘管親如父子，性格的差異還是無可避免。

不過筆者認為，塔西圖斯批判的，並非恐怖政治的犧牲者人數，而是站在恐怖政治第一線的告發者，以及允許這些人活躍的圖密善皇帝。在此之前，我們必須先了解帝政時代的“Delator”，後世史學家譯為「密告者」、「間諜」、「告發者」的職業究竟為何物。

“Delator”

古羅馬的法庭由以下四種要素構成：審判長是由元老院選舉產生的該年度法務官擔任。名為“Orator”的律師通常擔任被告的辯護人，只有在控訴前任行省總督時，才會代理原告擔任檢察官。“Delator”正如譯名「告發者」一樣，當然是以告發為專職，不會擔任被告的辯護。

陪審團則稱為“Centumviri”，直譯是「百位男士」。圖拉真帝的時代將其增額至一百八十人，不過陪審團的名稱則維持「百位男士」。陪審團每年從元老院、騎士階層（經濟界）、平民三個階級的資格者中抽選而出。為了確保判斷的客觀性，陪審團員資格是以某個水準以上的資產所有人為條件。

我們在此以首都羅馬的審判為例。通常審判在朱利斯．凱撒興建的「朱利斯公會堂」舉行。這個會堂形狀為長一百零一公尺、寬四十九公尺的長方形。在進行審判的日子裡，由布幕區隔成四個區域，同時進行四場審判。也許正因為羅馬人創建了法治體系，因此鬧上法庭的案例相當多。一百名陪審團也在此分成四隊，每個判決都由二十五名陪審團裁決。

「朱利斯公會堂」四面開放，因此任何想旁聽裁決的人都可以自由聽審。羅馬的律師往往

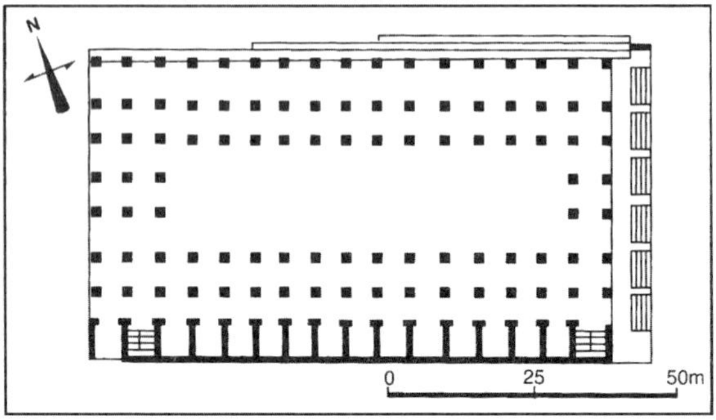

朱利斯公會堂平面圖

當庭高聲競爭辯論功夫，旁聽的群眾也不會保持沉默。如果是西塞羅這類名聲響亮的律師擔任告發或辯護，往往吸引大批群眾旁聽。群眾的歡呼和掌聲甚至會鬧得其他三場審判無法進行。不過要是審判過程冗長無趣，旁聽者也會失去注意力，坐在會堂的階梯上拿小刀刻出棋盤，一邊拿小石頭下著棋一邊等審判結果。

昆提利亞曾經讚許西塞羅是羅馬律師的極致，但他也在文章中表示西塞羅鼓動了旁聽人的情緒後，也會因此影響到陪審團的判決。讀來好像執法者親自暴露法律不公正的一面，不過這也許正是古今中外不變的人性。

和兼任檢察官與辯護律師的“Orator”不同，“Delator”以檢察官為專職。在羅馬帝國中，檢察官和律師一樣並非公職，而是私人職業。換句話說，是以獲得酬勞為前提的工作。而“Orator”名義上是菁英份子的職責，酬勞上限為一萬塞斯泰契斯銅幣。“Delator”的酬勞則往往是有罪判決後，罪人遭沒收資產的一部份。“Delator”因此被人視為搶奪資產的職業，也是這項行業惹人厭的原因之一。至於酬勞占沒收資產的多少比例，目前沒有確實的數字可證實，甚至有學者認為占四分之一。

不過“Delator”最惹人厭惡的，是他們不擇手段，甚至動用緝捕圈套、恐嚇等手段取得證詞、證人，並以此將被告拉上法庭。不過“Delator”並非匿名的情報提供者。他們必須出庭陳述告訴理由，既不是公職，也不是完全隱密的存在。英文中的 delate 和 delation 就是以此為起源。前者是動詞「控告」，後者則是名詞「控告、告發」。

因此將“Delator”譯為「密告者」或「間諜」，還不如意譯為「檢察官」來得妥當。只要記住雖然到了現代已經屬於公職，但在羅馬時代，這些職業都算私人職業。雖然這是個惹人厭的職業，但也不過是程度問題。因為“Delator”將攻擊的矛頭指向元老院議員，塔西圖斯和小普林尼等元老院議員自然也厭惡這些人。至於在攻擊範圍外的人，恐怕也不認為和檢察官扯上關係是好事。到了現代，一般人同樣也會希望能儘可能離檢察官遠一點。在小普林尼的書信中，曾留下「這次的 Delator 很難纏」的辭句。而在其他書信中也曾記載“Delator”和“Orator”在法庭上針鋒相對的辯論內容。身兼「律師」的塔西圖斯和小普林尼會敵視「檢察官」，也是很自然的。

在此必須說明一件事。“Orator”中不乏由元老院議員兼任的人，然而沒有元老院議員擔任“Delator”。亦即儘管“Delator”是法治社會不可或缺的職業，但並非受人尊敬的工作。雖然接下來的比喻不是很恰當，不過如果當初使盡辦法要把柯林頓總統送上法庭的獨立檢察官斯塔 (Ken Starr)，將攻擊目標從總統轉到參眾兩院的任何議員身上，這情形就有點像羅馬帝國的

“Delator”。美國的總統與參眾兩院議員都是選舉產生，還能期待因對方落選而排除敵人。可是羅馬皇帝與元老院議員都是終身職，因此雙方的鬥爭會更加激烈。

不過，雖然“Delator”受到敵對的元老院厭惡，在社會上又沒有出頭的機會，但並非被排擠在人類社會之外。當圖密善帝過世後，繼任的皇帝涅爾瓦在皇宮的晚宴上曾經有過這麼一段小故事。有一天的晚宴主客是在圖密善時代成名的“Delator”維因特內。個性溫文的涅爾瓦依舊將晚宴舉辦得順利又愉快。不過皇帝突然說「如果梅薩利努斯還在世，不知道現在會怎麼樣？」梅薩利努斯雖然晚年苦於失明與窮困，但在圖密善時代是與維因特內齊名的“Delator”。當涅爾瓦皇帝說完之後，會上立刻有人回答說「會被招待來參加這場晚宴」。

到了五賢君時代，“Delator”制度依舊沒有廢除。可見這是羅馬人可以容許的制度。因此問題不在犧牲者的人數，而在於皇帝是否利用這個制度剷除元老院內的異己。前任的提圖斯根本不理會這些人的告發，但圖密善卻大加利用。不過塔西圖斯的「海上充滿了流放可憐人到遠方的船隻；岩礁上流滿了這些犧牲者的鮮血」描述，未免過於誇張。確實，塔西圖斯身兼律師與元老院議員，並深信元老院是共和政體的象徵，因此圖密善對他來說是不共戴天的仇人。因為圖密善做出了其父兄維斯帕先、提圖斯，甚至從奧古斯都起始到尼祿為止的「朱利斯·克勞狄斯王朝」諸位皇帝都不敢擔任的終身財務官。

「終身財務官」

財務官是共和時期就存在的官名。在共和時期裡，財務官是從有執政官經驗的人之中選出，具有高過執政官的權威。其他官職任期都是一年，財務官卻是一年半。這是因為原本的職責在於進行國勢調查，因此將任期拉長。由於國勢調查就是資產與役男的調查，因此公認應該以歷任所有官職的老練人士擔任財務官，才能期待調查的公正性。

不過財務官除了國勢調查之外，還具有其他的權限。其中之一是配合國家政策發包公共事業工程。第一條羅馬街道阿庇亞大道，就是在西元前三一二年，由當年的財務官阿庇斯・克勞狄斯鋪設。這個人也是羅馬第一個建造上水道的財務官。另外，財務官還有端正國家風紀的權限。羅馬人認為社會風氣並非由下向上，而是在上位者影響在下位者。所以負責端正風紀的財務官，也自然將目標針對國家的上位者——元老院階層。財務官擁有當認為議員不適於領導國家時，剝奪該議員元老院席位的權力。也就是說，儘管元老院議員一旦就任，到死都不必擔心失去席位，不過還是有可能被財務官趕出議會。這是共和時期的羅馬政府為了避免在位者濫用權力，布下的多重監督體制之一。根據同樣的理由，財務官的名額定為兩名。

而到了帝政時代，自從奧古斯都開了與繼承人臺伯留同時擔任財務官的先例以後，財務官就轉為由皇帝兼任了。不過奧古斯都、臺伯留、克勞狄斯，以及維斯帕先和提圖斯，即使就任財務官，表面上都以進行國勢調查任務為由，直到任期結束，這把可以剝奪元老院議員席位的「寶劍」一直沒有出鞘。畢竟真正的武力就是未曾行使的武力。

到了圖密善的時代，這個慣例卻被打破了。在登基不久之後，西元八十三年秋季，圖密善與一名同事共同就任財務官。結束了一年半的財務官任期後，在西元八十五年春季就職終身財務官。當初「終身獨裁官」是朱利斯．凱撒創立的官名；而圖密善則創立了「終身財務官」。當然，這是個沒有同事的單人官職。

元老院當然會為此緊張。大規模的公共建設可以利用皇帝的名義與地位推動，而十年前才剛完成了國勢調查。羅馬的國勢調查，有如現代的賦稅財產申報，不同之處在於是由國家進行或私人辦理。由於調查難度甚高，因此當時的人認為國勢調查應該是每三十年一次。

即使不是元老院議員，這下也猜得出來圖密善會執著於財務官的位置，並非為了公共建設或國勢調查的需要。儘管在就任終身財務官之後，圖密善一直沒有拿這項武器打擊議員。不過元老院議員們都知道，現在圖密善已經是利刃在手了。

圖密善第一次動用這個武器，是在西元八十七年時。他以反皇帝的嫌疑，在被告缺席的情況下審判亞細亞行省總督凱利阿里斯，並將其處決。而在兩年後，又爆發了旋即敉平的高地日耳曼司令官薩特盧尼兵變。據說這兩件事件，都是元老院內的反皇帝派在幕後唆使具有軍團指揮權限的總督階級所致。而這段時期中，圖密善正忙著建設「日耳曼長城」和對付多瑙河北岸的外族，經常在前線和首都間來回奔波。

也許對年約四十的皇帝來說，克制憤怒是件困難的事情。他開始動用這項「武器」了。而圖密善對付元老院內的反皇帝派時，擔任其幫手的就是“Delator”。請各位想像一下，如果斯塔檢察官將窮追猛打的目標轉向參眾兩院的共和黨議員，美國政壇會是個什麼模樣？那麼各位也就能理解：西元九〇年代在圖密善之下工作的“Delator”和元老院議員間劍拔弩張的氣氛。身為元老院議員的塔西圖斯筆下自然也會充滿了對圖密善的憎惡。

而且圖密善並非貴族出身。人們不知為什麼對於出身高貴的人總是較為寬容，而對於並非生養在上流階層的人要行使強權，卻又經常歇斯底里地反抗。塔西圖斯在抨擊圖密善時，筆下「將身世高貴視為罪行」一文的涵義其實相當深遠。出身不高貴卻當上皇帝的人，必須像提圖斯一樣，一天沒有處理政務就感嘆「朕失一日」；也必須像維斯帕先一樣，即使再怎麼熱愛故鄉列提，也不會動用皇帝的權力特別為這個小鎮謀取利益。

弗拉維斯家和朱利斯與克勞狄斯等名門貴族不能相比。在兩代之前，他們連以何營生都未曾留下記載，只是個地方出身的家門。而這個地方出身的家系，竟然想以就任終身財務官的方式將元老院納入掌中。元老院雖然勢力日衰，但名門貴族出身的議員仍然為數不少。

圖密善不只在位於首都中心、土地有限的帕拉提諾丘上建設了壯麗的皇宮。他還在阿爾巴建了山莊、在奇爾喬蓋了海濱別墅。也許是因為當時地少人稀，從今日的奇爾喬遺蹟中可以推測的別墅依舊規模龐大，讓人不禁感嘆這才是皇帝的氣派。想必內部也富麗堂皇，與其稱為別墅還不如說是皇帝的別宮。皇帝也常常帶著口無遮攔、隨時能嘲弄兩句的諷刺詩人馬爾提亞里斯到這裡渡假。就連臺伯留的卡布里別墅，和奇爾喬別墅比較之下也相形見絀。規模能比圖密善別墅更加華麗的皇帝別墅，只有四十年後的哈德良皇帝在臺伯利興建的別墅而已。

也許圖密善會抗議，說他並未耽誤任何為了公民奉獻的公共事業。確實如此，但並非盡了公共義務之後，私下就可以為所欲為。當年朱利斯·凱撒比現在的圖密善年輕時，就曾經這麼說過「地位愈是高的人，言行的自由也就愈是跟著受限」。

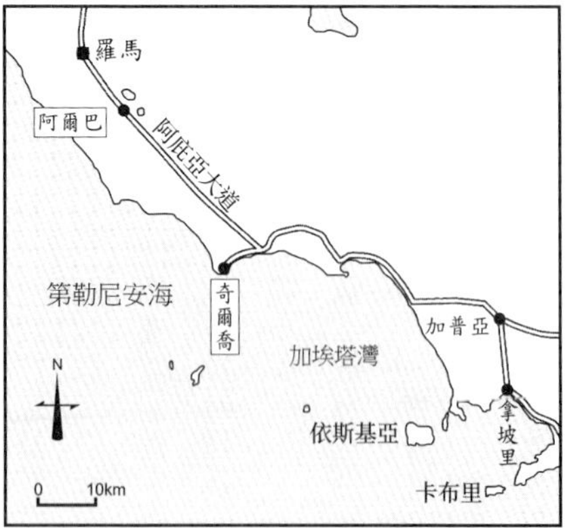

圖密善的別墅所在地（有□的地方）

暗殺

西元九十六年九月十八日，皇帝圖密善遭到暗殺。這時他已經治國十五年又五天，再過一個月就是他的四十五歲生日。

這並非元老院內的反圖密善派策動的陰謀。

也不像尼祿執政末期時，高盧行省總督維恩德克斯彈劾皇帝一樣，是從行省冒出的不滿聲浪。

軍團對皇帝忠心耿耿，當初造成尼祿失勢的軍團兵擁立司令官稱帝的情形，除了七年前隨即救平的梅因茲兵變以外，之後沒有再度發生。

安全與糧食都受到保障，在娛樂方面，包括偶爾舉辦的夜間賽在內，都充分提供，因此一般民眾對皇帝沒什麼不滿。儘管圖密善利用"Delator"打壓元老院，但對於羅馬的平民來說，就好像現代人在冷眼旁觀政客鬥爭一樣，這只不過是在事不關己的地方發生的權力鬥爭，因此沒有構成對皇帝不滿的理由。

也就是說，元老院、公民、軍團、行省都和圖密善暗殺事件無關。那麼到底是誰敢大膽企畫暗殺現任元首，並付諸實行？

在之前筆者也敘述過，當圖密善只是個皇子時，愛上了尼祿時代首席名將科普洛的女兒多密提亞。據說多密提亞與他同年或較年長，而圖密善成功地追求到當時已經嫁為人婦的多密提亞，將其迎娶回家。在喪妻後維持單身的維斯帕先；為貫徹對猶太公主的愛情而終身不娶的提圖斯；還有三十歲登基的圖密善三個朝代中，美麗大方、舉止高雅的多密提亞一直是羅馬宮廷的女性代表。當時就算找遍全羅馬，只怕也沒有比她更完美的第一夫人了。她既不依恃權力作威作福，也不故意裝出一副平民作風，是個態度從容、教養良好，與圖密善賜給的「皇后」稱號絕配的完美女人。圖密善也打從心中愛著妻子，儘管兩人所生的兒子夭折，兩人間的愛情也沒有任何陰影覆蓋。

尤利亞

多密提亞

可是第一道陰影在圖密善登基後三年出現了。當時圖密善忙於建設「日耳曼長城」，長期滯留萊茵河前線不歸，再加上要與加締族作戰，因此經常不在羅馬。然而當皇帝好不容易返鄉以後，等待著的卻是皇后偷情的謠言。據說皇后的偷情對象是悲劇演員帕利斯。當時圖密善年僅三十二歲，未曾細加考察馬上相信了這個謠言。帕利斯遭處決，皇后多密提亞則離婚逐出宮外。據說史學家筆下圖密善在晚餐後到就寢前長時間的散步習慣，就是這個時期開始的。也有史學家認為，自從臺伯留逝世後，卡布里上的別墅無人問津，只有圖密善是唯一的房客。不過這項說法無從查證。唯一確定的是，孤獨成了皇帝唯一的伴侶。然而，與孤獨為伍的不只皇帝一個人。

在位僅兩年就逝世的提圖斯有個女兒，名叫尤利亞·弗拉維亞，也就是圖密善的姪女。尤利亞自從喪夫之後便返回娘家。由於母親也已經逝世，所以她回到皇宮與叔父圖密善同住。

當時尤利亞年近二十，不管外貌、個性或教養，都與多密提亞皇后相反。據說她是個貌不驚人，帶點落寞感覺的女性。

不知這兩個人從何時起跨越叔姪關係，發展成男女之情。明明兩個人住在躲不過侍者眼光的皇宮裡，卻沒有人發覺到這兩個人的感情進展。

可是圖密善並不認為事情應該這樣發展下去。不知後來事情進展如何，總之事隔不到一年，圖密善又將皇后迎回宮內。可是尤利亞依舊住在皇宮的一角，如果尤利亞想再婚的話，其實隨時都有可能，可是她偏偏沒有。

自從尤利亞過世以後，妻妾同居的傳言開始經由侍者的嘴傳開來。據說是因為圖密善讓尤利亞墮胎才害死了她。

如果多密提亞是帶著憤怒與屈辱忍受丈夫的婚外情，那麼情敵逝去事情也就解決了。尤利亞·弗拉維亞死於西元八十八年左右，距離圖密善遇害的西元九十六年足足有八年之久。在這八年之中，圖密善除了妻子之外，身邊沒有任何女性。

然而人的心理包含著不可理解的複雜部份。如果情敵還在，則是兩個活女人之間的問題。要是其中一方過世，情敵就不再是活人，而是活在男人心中的回憶。對於家教良好、個性強悍、舉止高貴的女性來說，活在男人心中的情敵是最難應付的對手。而在這種情況下從女人心中冒出的恨意，則會指向胸中還藏著情敵影子的男人。而且自從尤利亞死後，原本內向的圖密善更是不願敞開心胸，經常一個人前往別墅。讓人懷疑他在阿爾巴山莊的湖邊、在奇爾喬別墅的海邊到底一個人在想些什麼。

皇后住在這種丈夫身邊時，心中的感受有如苦惱與憎惡糾結成塊。然而這只是她個人的感情，根據太過薄弱，不足以說服周圍的人向皇后效忠。當尤利亞逝世七年後，西元九十五年時，發生一件足以引起周圍人們共鳴的事件。不同的是，皇后心中充滿了苦惱與憎惡，而親信與其他周邊的人心中卻充滿恐怖。

維斯帕先帝除了提圖斯與圖密善兩名兒子之外，另外還有一名女兒弗拉維亞。據說三個子女之中是女兒年齡最大。因為弗拉維亞早在父親稱帝之前，亦即身份還是羅馬的十餘名護國將軍之一時出嫁，所以我們目前無法得知弗拉維亞的丈夫是誰。不過我們可以得知弗拉維亞育有一個同名的女兒。然而當維斯帕先要將外孫女嫁出時已經身為皇帝，因此選擇通婚對象時務必謹慎。後來弗拉維亞嫁給了維斯帕先在內亂時遇害的哥哥薩比努斯之孫克雷門斯。附帶一提，尤利亞的丈夫則是克雷門斯的哥哥。換句話說，弗拉維斯一門盛行同族通婚。可見這是維斯帕先帝企圖讓弗拉維斯一門掌握帝位的措施。

圖密善的姪女弗拉維亞和丈夫克雷門斯之間生有兩個兒子。由於提圖斯沒有留下兒子便過世了，而圖密善的兒子又早夭。因此圖密善在登基後，決定讓這兩個姪孫擔任皇位繼承人。因此收這兩個姪孫為養子，並改名為維斯帕先和圖密善。同時聘請負責撰寫帝國統治階級下一代教育課程的昆提利亞擔任教師。

可是儘管當時羅馬有充分的宗教自由，但這兩個皇位繼承人的親生父母克雷門斯與弗拉維亞同時皈依當時諸多宗教之一以後，問題就發生了。初期的基督教會堅稱他們皈依的就是基督教，不過目前無法求證。不過我們可以得知，他們信奉的不是羅馬國教——希臘、羅馬多神教，而是由東方傳來的一神教。

圖密善皇帝模仿開國皇帝奧古斯都舉行「世紀祝祭」，打算藉振興羅馬的傳統宗教以協助帝國統合。因此對他來說，這件事有如腳底失火一樣。雖然羅馬承認宗教自由，但若下一任皇帝的親生父母選擇異教神明，放棄傳統神祇信仰，那問題就不在宗教自由，也無法置之不理。

到了西元九十五年入秋之際，克雷門斯與弗拉維亞夫婦被送上了法庭。當然，這是"Delator"四處掌握證據的結果。經由正式審判之後，克雷門斯判處死刑，妻子弗拉維亞則遭流放。流放地點在古稱旁德塔利亞、今日名為芬多帖拿的小島上。也就是開國皇帝奧古斯都流放浪蕩的女兒尤利亞、第二任皇帝臺伯留流放媳婦大阿古力琵娜的地方。這個小島位於奇爾喬東南方五十公里處，並不是孤立荒蕪的小島。自從成為皇族流放地之後，這裡甚至建設了儲水設備和養魚用的大規模魚池，生活上沒有什麼不自由。以隔離危險份子的處置來說，這待遇算是好的了。

問題在於皇帝的親戚克雷門斯遭處死。弗拉維斯一門屬於新興階級，不能適應一族中有人遭處死的現實。而且殺人者與被殺者又同為族人，無疑使得弗拉維斯一門陷入恐懼之中。這個恐懼和皇后的憎惡相融合，就釀成了新的悲劇。而恐怖活動如果是由親近者策畫，成功率也會因此提高。

趁圖密善在睡夢中襲擊的，是皇后多密提亞身邊的解放奴隸斯提法納斯。不過皇帝當時只有四十五歲，又以體格壯碩聞名。想必斯提法納斯一定與同伙共同行事，只不過現代已經無法得知其人數與姓名。當暗殺者入侵寢室後，立刻從內部將門反鎖。

我們無從得知在緊閉的門另一邊的打鬥持續了多久。唯一可以得知的是，數百名的宮殿衛士與奴僕可能遭人阻礙，因此無人馳援。在毫無防備的狀況下被眾人圍攻，圖密善力盡身亡也只是時間的問題罷了。

事成之後處置的速度也相當快。這時才趕到現場的衛兵將在場的暗殺者全體斬殺，並立刻派人恭迎曾與圖密善同時擔任執政官的元老院議員涅爾瓦。

元老院在接獲圖密善的死訊以後，想必認為自己撿到便宜了。他們立即召開院會，當場通過所有的決策。由於已逝的圖密善在近衛軍與邊境軍團中人望甚高，因此元老院必須迅速行事。

我們無從得知是由誰提案，但元老院立即將所有皇帝應有的權限賜給被指名的涅爾瓦。因為羅馬皇帝的正式就職必須由元老院承認，因此元老院也儘早承認涅爾瓦的帝位。另外又通過了對已逝的圖密善處以「記錄抹煞刑」的決議。這項處罰的真正意圖，想必是在封鎖近衛軍與邊境軍團的動態。甚至沒有人追究暗殺現任皇帝的主謀者是誰。

既然圖密善和尼祿一樣遭處「記錄抹煞刑」，因此死後也無法入葬皇帝廟。皇帝的遺體無人處理，最後是由圖密善的奶媽悄悄火化的。這名女奴隸在圖密善少年時代替母親扶養他，待他成年後又隨侍在身邊。耐人尋味的是，圖密善生前曾為祭祀神格化的父親維斯帕先興建了弗拉維斯神殿，而奶媽就將他的骨灰埋在神殿的一角。在下葬時，圖密善的骨灰是和八年前逝世的尤利亞骨灰混在一起的。儘管圖密善因為受了「記錄抹煞刑」，無法建立墓碑。不過他可以和尤利亞在九泉下長相廝守。

至此，繼朱利斯．克勞狄斯王朝後，第二個世襲皇朝弗拉維斯也宣布告終，前後歷時二十七年。從維斯帕先登基到圖密善逝世為止的二十七年中，歷經三任皇帝。現在大多數的史學家認為，弗拉維斯朝皇帝最大的功績，就是解決羅馬帝國面臨的危機，讓帝國重新走上軌道；並施行「日耳曼長城」等諸多政策，恢復了帝國的活力，為羅馬帝國奠定下一個繁榮盛世的基礎。這項評價不是著眼在皇帝的人性弱點上，而是以這些人物為「國家」(Res publica) 做了哪些事情為基準。

第八章

皇帝涅爾瓦

從涅爾瓦起的五名皇帝，被後人稱為五賢君。因此自從涅爾瓦登基的西元九十六年起，到馬庫斯．奧理略逝世的西元一八〇年為止，在羅馬史上稱為「五賢君時代」。

「過渡政權」

馬爾克斯．克薩斯．涅爾瓦 (M. Cocceius Nerva) 生於位在弗拉米尼亞大道旁，離羅馬不遠的小鎮奈爾尼亞（今奈爾尼），家系屬於傳統的元老院階級。出生於臺伯留任內的西元二十六年。當他躲過四十三歲時發生的內亂後，在維斯帕先任內渡過四十四歲到五十三歲的時光。而提圖斯逝世後，在圖密善任內渡過五十五歲到七十歲的年月。當他四十四歲時，曾與維斯帕先以同事身份共同擔任執政官。第二次擔任執政官時，則是在西元九〇年與圖密善皇帝共同就任。他的家門，屬於少數歷經共和時期，並存續到帝政時代的元老院貴族。然而他既不親圖密善，也不屬於反圖密善派，是個圓融的紳士。不知道是因為他沒有野心，或是他才能並不出眾，他既未曾擔任行省總督，也從未指揮過軍團作戰。在整個人生中，只是純粹擔任上流社會中的菁英份子罷了。

當時不知是誰、又是為何推舉涅爾瓦登基稱帝。因為涅爾瓦是絕對不會主動搶著出頭的人物。不過這是個正確的選擇。因為涅爾瓦不屬於親圖密善派，所以不必擔心登基會激起反圖密善派的不滿。而他也非反圖密善派，自然也不會刺激到支持圖密善的人士。而且他又具有塔西圖斯等中流知識份子喜好的「高貴身世」。另外，對於經歷朱利斯・克勞狄斯王朝與弗拉維斯王朝兩個世襲王朝的人來說，涅爾瓦沒有子嗣，而這時已經高齡七十，今後更不可能有親生的子嗣，正是條件極佳的皇帝人選。

新任皇帝涅爾瓦是元老院議員，登基當然也受到元老院的歡迎。而被視為親圖密善的近衛軍，以及邊境軍團兵又輕易的向新皇帝宣誓效忠。一般民眾也只把這次事件當成常有的權力者輪替罷了。新皇帝涅爾瓦並未忘記以與民共享登基喜悅為名義發放獎金。不過近衛軍、軍團兵以及一般民眾並非積極支持涅爾瓦皇帝，而是僅給與消極支持並靜觀待變。這是因為二十七年前軍團互相爭鬥的內亂景象還留在大眾的心中，因此各個邊境軍團都保持審慎態度。所以，在圖密善遇刺之後，帝國還能保持表面上的平靜。然而這只是架構在微妙平衡上的和平。涅爾瓦不僅年事已高，健康狀況也不大好。想必大多數人都認為，涅爾瓦皇帝只是個「過渡政權」。

因為圖密善意外死亡，元老院體制派又恢復了活力。當然他們也認為涅爾瓦是個「過渡政權」。不過這些人打算趁著典型的元老院議員涅爾瓦登基的這段期間，試著奪回帝國統治的主導權。但並非恢復像共和時期一樣的元老院主導體制，而是改善由皇帝主導的現狀，修正為由皇帝與元老院並行帝國統治的路線，而涅爾瓦皇帝也願意全力配合。

在登基後召開的第一次元老院會議，涅爾瓦通過了讓元老院位於皇帝司法權之外的決議，亦即所謂的治外法權法案。如此一來，不管皇帝如何動用“Delator”進行審判，也無法處死元老院議員。不過，雖說是治外法權，有效範圍僅止於皇帝的司法權。其他一般民法與刑法同樣適用於元老院議員。

而後涅爾瓦制定了真正能夠減弱“Delator”實力的法律。這項法律規定解放奴隸與奴隸不得提出對主人不利的證詞。而由於圖密善遭處「記錄抹煞刑」，因此在圖密善任內遭放逐與沒收資產刑的人可以歸國或由國家歸還資產。不過涅爾瓦並未更動圖密善的其他施政。相反地，他還繼承了圖密善的政策。

然而元老院並未對涅爾瓦有所不滿。人類真是奇怪的生物，只要成功排擠掉厭惡的對象，即使那個人物的政策被後任者繼承也毫不在意。

涅爾瓦是個處事圓滑的人物，他並未對親圖密善派施行任何報復措施，也沒有優待反圖密善派。他決定人事的時候，唯一的基準就在於是否合於需求。他任命弗隆提努擔任相當於水道廳長官的“curator aquarum”，後來弗隆提努結合在任內的經驗，完成了《羅馬水道相關論考》(*De aquae ductu urbis Romae*) 一書。小普林尼也是受涅爾瓦重用的人才之一。小普林尼不追求富貴，但也不輕視財富，因此適合擔任相當於現代國稅局長官的職位。

涅爾瓦是個幸運的人。他一來沒有必要和維斯帕先一樣重建帝國財政；二來在大量的工程與軍事行動之後，圖密善還是留下了健全的財政環境。而由圖密善興建，但在涅爾瓦繼位之後不久完工的兩棟建築因此冠上了他的名字。一個是「涅爾瓦廣場」，另一個則是從奧斯提亞沿臺伯河而上，在船隻停泊的港口附近興建的「涅爾瓦倉庫」(Horrea Nervae)。

不過消極的支持，也就代表隨時有轉為反對方的風險。當涅爾瓦在位一年後，眾人都認為必須在事前拿出補救對策。因為這時崇敬圖密善的近衛軍開始有不穩的動態了。

但繼任者的選擇好像沒受到元老院的意見影響，而是涅爾瓦的個人抉擇。當西元九十七年十月，涅爾瓦突然發表繼承人時，眾人都感到訝異。讓人驚訝的不是指名繼承人的行為，而是繼任人選出乎大眾意料之外。

圖拉真抬頭

被涅爾瓦收為養子，指定為繼承人的人選，是馬爾克斯·烏比斯·圖拉真。他出身於伊比利半島南端，換句話說出身於行省。但話說回來，其父老圖拉真在維斯帕先麾下擔任軍團長，當維斯帕先登基後被提拔到元老院，並獲頒貴族榮銜。儘管屬於新興份子，依舊是既有的領導階層。而在西元九十七年時，圖拉真擔任包括「日耳曼長城」在內的高地日耳曼司令，當年四十四歲。不管是社會地位、軍事經歷，以及年齡，圖拉真的條件都相當良好，連頑固的共和主義者都無法挑剔。而且邊境的各個軍團原本只消極支持具有濃厚元老院色彩的涅爾瓦，當人選換成圖拉真時則是大為歡迎。有個以嘲諷出名的史學家說，涅爾瓦之所以能名列五賢君，只因為他選了圖拉真當繼承人。

高齡七十一的涅爾瓦不單單指定圖拉真擔任繼承人。在指名的同時，還允許圖拉真使用和涅爾瓦相同的"Imperator"稱號，並賜予皇帝權限之一的「護民官特權」。另外又決定讓圖拉真和涅爾瓦皇帝一同參選任期由次年一月一日起的西元九十八年執政官。雖說選舉在元老院中舉行，不過要是與皇帝搭檔競選，那可以保證是絕對當選。換句話說，涅爾瓦不只指定圖拉真擔任繼承人，同時也指名其為共同統治者。形勢至此，羅馬已經完全確定走上了即使打倒皇帝後，還是換上新皇帝統治的帝政體制。

涅爾瓦皇帝駕崩於西元九十八年一月二十七日，死因為自然死亡，在位期間一年又四個月。骨灰則葬於有奧古斯都等歷代皇帝長眠的皇帝廟。

在涅爾瓦死後，由多瑙河流域快馬前往科隆尼亞（今科隆）通知死訊的，是涅爾瓦的親戚，當年二十二歲的哈德良。

然而圖拉真不但在一月一日執政官就職時沒有回到首都，登基繼位後也沒有立即趕回羅馬。當年四十五歲的圖拉真皇帝知道，他身為武將出身的皇帝，第一件應當做的事情和涅爾瓦的行事風格不同。他應該先完成的，是圖密善唯一未完成，或說唯一未做到的事情。當圖拉真回到首都時，已經是登基一年多之後，西元九十九年夏天的事情了。

羅馬的人事

盛者必衰是人世間的常理，羅馬人的歷史自然也不會例外。不過在探討羅馬人的歷史時，筆者並未陷於感嘆興衰的情懷中，而是發展出另一套想法。那就是羅馬的歷史好像接力賽一樣。即使既有的領導者能力衰退，也一定會有新的人才等在交棒線上。

權力者之所以能維持權勢，很少是因為無人可以取代，因此勉強維持存續。那只是一種因為後繼無人，所以不得不讓失去能力的統治者繼續霸占權力的狀況。而其結果，往往是在持續衰退後造成整個國家崩盤。這就好像沒有可以交棒的人，因此只有不停的向前衝，最後累死在跑道上一樣。

羅馬的歷史走勢則不同。雖說國政以營運國家為任務，和純粹競爭體能的接力賽跑不同。在施行國政時，當事者必須親自決定下一個接棒的人選。因為權力之中，也包括繼承人人事的決策權在內。羅馬的歷史會像是接力賽，是因為現在擁有權力的人，會積極的錄用、培育繼任人選。

眾所周知，維斯帕先出身於臺伯留門生。而圖拉真的父親受維斯帕先重用，其本人又由圖密善提拔。而當年朱利斯．凱撒從行省廣徵人才；奧古斯都活用帝國的第二階級「騎士階層」

（經濟界）營運國家。這些都可說是培養後續可造之才，用於培育接棒人選，亦即領導者階層的措施。

也理所當然地，他們都是因為在統治國家時需要人幫助，所以錄用新進人員，並給與機會進行培育。不過對人來說，最大的幸運就是為了自身所作的事情，同時也合乎自身所屬共同體的利益，也就是私人利益與公益的結合。所以，不管是私人利益等同公眾利益的行為也好，或像是克勞狄斯帝的門戶開放政策（見第VII冊）一樣純為公益的行為也罷，問題不在於動機，而在於結果。至於結果，羅馬的領導者也的確成功培育了新世代的領導者。事到如今，甚至出現了第一個行省出身的皇帝。如果最熱心於錄用行省人才的朱利斯．凱撒和克勞狄斯帝在地下有知，真不知道他們會怎麼說。

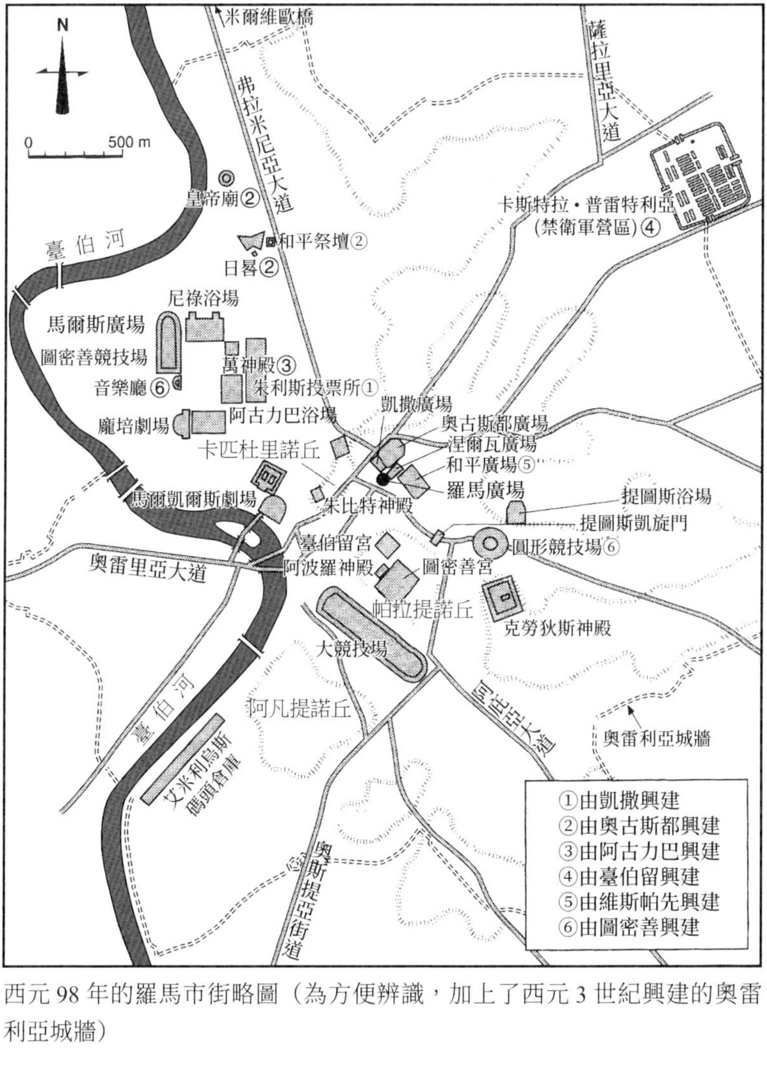

西元 98 年的羅馬市街略圖（為方便辨識，加上了西元 3 世紀興建的奧雷利亞城牆）

附記

一個羅馬詩人的生與死

馬爾克斯．發雷流斯．馬爾提亞里斯 (M. Valerius Martialis)，約在西元四〇年左右生於西班牙北部。他生長於比爾比利斯，是夾在撒拉格撒與特雷德之間，位於羅馬街道沿線上的小鎮。當地位於撒拉格撒西南約一百公里。距離同樣出身西班牙的教育家昆提利亞故鄉卡拉歐拉也約有一百公里。這個詩人在故鄉接受了初、中級教育。至於高等教育學業，則可能是在塔拉哥南西斯行省首府塔拉格那完成的。既然他能接受這個水準的教育，那麼就算不是富貴之家出身，家境也應該不錯。當二十四歲那年，這個年輕充滿野心的行省人為了出人頭地，前往首都羅馬。在共和時期，義大利的地方青年，例如西塞羅、維吉爾或禾拉提烏斯之流，會為了追尋成功而前往首都。到了帝政時期，這個現象擴散到整個帝國。只要是想出人頭地的青年，一般而言都會流入首都羅馬。西班牙出身的馬爾提亞里斯也不過是其中一人罷了。而且在尼祿時代，已經有西班牙出身的賽涅卡在帝國大放異彩。

雖然抵達了「世界首都」羅馬，然而馬爾提亞里斯並不像賽涅卡一樣有個當元老院議員的父親，也不是能遊手好閒的富貴人家。為了維持生活，他必須自己設法賺錢。他既然受過教育，大可像昆提利亞一樣成為教師，或者應徵帝國首都必定會有的中央公務員空缺。再不然也可以和塔西圖斯及小普林尼一樣成為律師。可是馬爾提亞里斯沒有這種「意願」，而打算靠寫作維生。然而古代並沒有所謂的著作權。如果能寫出暢銷作品，出版商當然會大為歡迎，下次要出版著作時也會更為方便，可是作家的收入並非與銷售量成正比。因此這名詩人打算尋求贊助人。當年維吉爾與禾拉提烏斯能遇到像馬爾凱斯這樣的贊助人，可是西元一世紀後半並沒有這種人存在。而且馬爾提亞里斯寫出的文章，又讓有權有錢的人感到不便贊助。生在奧古斯都時代的維吉爾與禾拉提烏斯，擅長莊重漫長的敘事詩，以及讚揚諸神的祭詞。馬爾提亞里斯的作品風格，則是以機智、幽默、諷刺為刀刃，將現實人生切割下來呈現給讀者。若說維吉爾與禾拉提烏斯的風格是「莊重」，則馬爾提亞里斯的文風則是「輕薄」。

文學史上將馬爾提亞里斯定位為"Epigram"的高手。而拉丁文裡的"Epigramma"是由墓誌銘衍生出來的文體。儘管"Epigram"（英文）已經跳脫了墓誌銘的範疇（墓誌銘的英文是epigraph），是一種短詩形式的文體。因此以往在翻譯時，往往意譯為警句或諷刺詩。至於其長度，通常在十句以內，甚至有三行便結束的。不管怎麼說，因為必須短短數句話就表現出完整的內容，所以"Epigramma"的創作比想像中要困難。各位只要閱讀幾篇馬爾提亞里斯的"Epigramma"，就能了解古代羅馬的"Epigramma"是什麼。

給律師內烏爾斯

只有在旁聽席喧囂時，你才會拉高你的音量。內烏爾斯，你到底是個律師，還是個冒牌貨？在這喧囂中不管你怎麼高聲辯駁，也沒有人分得出來你是不是正牌律師。可現在旁聽席安靜了。內烏爾斯，你現在開口吧。讓我們知道你的本質。

給批評家雷利烏斯

自己不出版著作，光顧著批評我作品的雷利烏斯呀，請停止你的批評。你先讓自己的作品暴露在大眾目光下吧。

給發布爾斯

真是香氣四溢啊，你在昨天的晚宴上灑在客人身上的香水。可是晚餐的內容，只足以餵飽一隻小鳥。真是風流的款待啊，忍著飢餓享受香水的味道。可是我的朋友，身上充滿不能吃的香水味道，在我看來有如剛泡完香料的木乃伊。

給三流醫生

以前當眼醫的你，現在以鬥劍士為業。可話說回來，你現在在競技場上做的，正是當年在診療室裡的行為。

當然，上流階級為了顧及體面，實在不敢贊助這種文人。在羅馬求職二十年，會成為馬爾提亞里斯贊助人的，也只有不懂文學的暴發戶。儘管他四處尋求贊助以獲得糧食與靈感，然而似乎金錢方面的資助依舊相當微薄。到後來依舊住在公寓的三樓。羅馬的「茵斯拉（島）」公寓愈上層的房租愈是低廉。然而馬爾提亞里斯的創作意願火熱，從未放棄寫作。後來他似乎成了暢銷作家，連遠在不列顛都有人閱讀他的著作。因此他留下了這段話：

給夫拉克斯

有許多人向我說，漫長悲壯的文學能受眾人尊敬、讚賞、崇拜。我又何嘗不知呢？可是我的文章受到廣大群眾的愛讀啊。

後來成為馬爾提亞里斯贊助人的，就是圖密善皇帝。

在之前已經敘述過，諷刺詩作家馬爾提亞里斯和教育家昆提利亞同為西班牙出身。昆提利亞只年長三歲，兩個人可說是同輩。而圖密善比馬爾提亞里斯年輕十一歲，與昆提利亞則有

十四、五歲之差。

昆提利亞雖然出身行省，但父親是教師。根據朱利斯．凱撒制定的法律，醫師與教師不論出身，都能獲得羅馬公民權。由於公民權為世襲制度，因此昆提利亞年滿十七歲時，也自動成為羅馬公民。換句話說，不須繳交直接稅。

然而馬爾提亞里斯既不是教師子女也不願意擔任教職。儘管在羅馬滯留超過二十年，依舊是行省民眾身份。不管日子過得多苦，也無法獲得由「小麥法」保障，每天一公斤麥子的免費配給。當然也不能免費參觀出示免費配給證就能自由進場的各種競技與表演活動。因為這兩項都是羅馬公民才能享有的社會福利。簡單來說，馬爾提亞里斯是個長年滯留在羅馬的外國人。

之前筆者曾經敘述過，圖密善皇帝每年支付十萬塞斯泰契斯銅幣給昆提利亞，並委託他著作專門提供辯論、修辭的教師參考教本《辯論術大全》。然而圖密善給馬爾提亞里斯的待遇，則沒有如此正式隆重。皇帝與諷刺詩作家之間，比較接近贊助人與藝術家的關係。馬爾提亞里斯是個暢銷作家，因此出版新書不須皇帝幫助。這個年長十一歲的詩人理想中與皇帝的關係，是希望能與皇帝共同進餐，在皇帝前往阿爾巴與奇爾喬別墅時能帶他同行。讓人感到有趣的是，皇帝竟然能信任同為西班牙出身的這兩個人。一個是嚴謹的教育家；另一個則是出言不遜的諷刺詩作家。皇帝委託昆提利亞擔任兩位繼承人的教師；而要求馬爾提亞里斯成為自己閒聊時的伙伴。這個詩人的拉丁文並不會輸給昆提利亞，他的拉丁文其實功力相當深厚。關鍵在於運用語言所表現的內容上。馬爾提亞里斯也曾經寫道，他身為作家，並非以兒童和少女為對象，而是以成熟的大人為讀者。也就是說，馬爾提亞里斯關心的不是人「應有的姿態」，而是「現在的樣子」。

沒有任何記載證實皇帝給與這名詩人年薪。不過圖密善不但賜給了行省出身的馬爾提亞里斯羅馬公民權，還將其列入騎士階層（經濟界）。在羅馬社會中，要進入次於元老院階級的騎士階層（經濟界），必須要擁有四十萬塞斯泰契斯的資產。借住在廉價公寓的詩人當然沒有這個經濟實力，想必是皇帝贈與的。而馬爾提亞里斯在這個時期買了一棟小庭院住宅，資金也可能是皇帝賜予的。總之，年輕但內向，喜好一個人散步的圖密善皇帝，在休閒時總喜好找這個口無遮攔、逼人苦笑的諷刺詩人陪伴。這個詩人曾經向皇帝獻上這些文章：

致凱撒・圖密善

皇帝啊，在此獻上我的第五本著作。我在書中諷刺所有出現的人，但他們之中想必沒有人會向我抱怨。不但不會抱怨，甚至應該感到欣喜。因為我的作品為他們博得了知名度，使他們獲得了永遠的生命。

你會對我說：我知道你的作品受眾人愛讀，可是你又有什麼好處？收入根本不算一回事。如果我能寫出讓自己滿意的作品的話。

也許就是這種直率的個性，使得圖密善帝感到滿意。而詩人也曾對皇帝撒嬌祈求。

致凱撒・圖密善
在您統治的羅馬市中，有著我小小的房舍。然而這房舍位在狹隘谷地前的高臺上，經常面臨缺水。馬爾奇亞水道的水就在附近喧囂流過，我家中卻彷彿沒有水的沙漠。為了這個現狀，皇帝陛下 (Augustus)，請賜給寒舍水源。當這個願望實現的那天，對我就好像朱比特神賜雨了一樣。

由於獨棟的房屋得以申請付費接通水道，也許技師馬上就前往馬爾提亞里斯家中，利用獨特的技術為他裝上了水道也不一定。畢竟這只需要皇帝一聲令下。不過關於其後的發展，沒有任何史料可以證實。

致凱撒
（通常只有士兵稱皇帝為"Imperator"，稱奧古斯都又過度莊重，所以一般都稱皇帝為「凱撒」。）
凱撒啊，若您手邊有我的作品，勸您務必一讀。為統治世界而緊繃的面容，也會為之鬆緩。我保證您緊緊糾結的眉間也會因此鬆弛。就連凱旋儀式之中，也都允許人開玩笑；

就連凱旋將軍，讓士兵喊上兩句風涼話也並非不名譽。所以請您務必一讀我所寫的字字珠璣。

您也並非拒絕玩笑和幽默存在的人。即使您的檢閱（與圖密善的「終身」財務官諧音），

讓我今後只能說出無害的字句。

是的，我的書頁上充滿淫辭戲謔，但我的作家靈魂健全！

西元九十六年九月十八日之後，詩人舒適的生活就此告終。因為圖密善皇帝遭暗殺了。新任的皇帝涅爾瓦禁止報復，因此與先帝圖密善交情好的馬爾提亞里斯才得以免於兇險。然而他的生活依靠卻一去不回了。

他試圖攏絡涅爾瓦皇帝，發表〈所有的恐怖與圖密善共同消逝，自由、幸福與美德歸來〉一詩，期望能獲得涅爾瓦帝的贊助。不過溫文的涅爾瓦連考慮都沒考慮過要當下流諷刺詩人的贊助者。不久之後涅爾瓦帝病逝，皇帝換成了圖拉真。他對圖拉真帝做同樣的努力，然而皇帝忙著與達其亞人作戰，根本沒回到首都。況且圖拉真帝並不喜歡詩人這一行。

到了西元九十八年，馬爾提亞里斯認為自己已經走到極限了。這時他已年近六十。而他和圖密善帝的交情太有名，沒有人願意冒險贊助這個與「記錄抹煞刑」犯人親近的作家。

馬爾提亞里斯決定返回故鄉西班牙。因為他接受故鄉稍有資產的女性讀者提供吃住和生活費的贊助。簡單來說，這個一直維持單身的諷刺詩高手，終於決定要結婚了。

當馬爾提亞里斯要離開住了三十四年的羅馬返鄉時，小普林尼以盤纏的名義，送了一些資金給他。這兩個人雖然同為作家，但個性、文風、出身與經濟狀況卻完全相反。和排斥所有異議者的塔西圖斯不同的是，小普林尼精神開放、個性沉穩。對待馬爾提亞里斯時，能夠不帶社會及文學界常有的偏見。

然而當他在故鄉西班牙過著安穩日子以後，作家的命根子——創作意願卻急速衰減。馬爾提亞里斯的創作源泉，就是現實人生。當他離開飽經他嘲弄、充滿五光十色的國際都市羅馬以後，公然號稱「作家靈魂健全」的創作意願也跟著衰竭了。確實，在鄉下的生活安穩。然而鄉間的安穩生活，無法為他帶來創作時所需的、大都會獨有的「毒素」。他接受小普林尼的建議，將出版第十二卷《諷刺詩》，然而其中的作品多半是定居在羅馬時所作。就在作家靈魂一去不回，亦即離羅馬一去不回、悲嘆失去了羅馬帶給自己的一切之中，這名詩人逝世了。馬爾提亞里斯死於西元一〇二年，在圖密善遇刺後六年。

這時首都的權勢者想必已經忘記馬爾提亞里斯是誰。後人會知道有這麼一個人，是從小普林尼寫給朋友的信中得知的。信中寫著：

「充滿創意、強烈火爆、辛辣至極、鹹味苦味也很充分，只多了一點天真。這就是馬爾提亞里斯其人，以及馬爾提亞里斯的諷刺詩。」

這真是敏銳至極的文藝批評。當時的知識份子認為這種無聊作品會馬上消失，但時隔二千年，馬爾提亞里斯的著作依舊在現代流傳。如果有機會遇上譯本，勸各位最好試著一讀。就算是為了暫時讓嚴肅的表情變得和緩，讓緊皺的眉頭鬆開。最後，請再次欣賞馬爾提亞里斯。

給波斯特姆

你說明天起享受人生？那太遲了，波斯特姆。人生應該從今天開始享受。不，更聰明的作法，是早在昨天起就開始享受人生囉。

大事年表

西元	羅馬帝國：本國	羅馬帝國：西方行省	羅馬帝國：東方行省	其他世界
六〇		尼祿任命噶爾巴為西班牙東北部塔拉哥南西斯行省總督		
六十二			維斯帕先任非洲行省總督	
六十五				克山納王朝的克鷲拉・卡德菲入侵西北印度
六十六			六月，猶太長官弗洛魯斯從耶路撒冷大神殿沒收十七泰連的金幣，因此引發暴動 弗洛魯斯決定強行鎮壓 猶太激進派殘殺羅馬護衛隊 馬薩達要塞落入激進派手中 至秋季，反羅馬暴動擴散到猶太西部、南部 各地希臘裔居民與猶太人對立加深 十一月，敘利亞總督凱斯提烏斯率羅馬軍進攻耶路撒冷失敗，撤軍途中遭猶太軍襲擊 尼祿任命維斯帕先負責鎮壓猶太暴動	
六十七		尼祿將敘利亞總督科普洛召至希臘命其自裁，任命穆夏納斯接任	五月維斯帕先開始進軍 七月攻陷約塔巴塔	中國人於洛陽城西建白馬寺

六十八	元老院通過尼祿為「國家公敵」 近衛軍決定擁立噶爾巴為「皇帝」 六月九日尼祿自裁，享年三十歲 秋，噶爾巴與歐圖共同進入羅馬 噶爾巴指定威尼亞斯為次年執政官	高盧行省總督維恩德克斯起兵反尼祿 初夏，塔拉哥南西斯行省總督噶爾巴受軍團兵擁立稱帝 維恩德克斯表示支持噶爾巴 盧吉塔尼亞行省總督歐圖表示支持噶爾巴 高地日耳曼軍司令官魯夫斯遭噶爾巴解任召回羅馬。由夫拉克斯接任。維特里斯轉任低地日耳曼軍司令官，反噶爾巴氣勢高漲	夏，羅馬軍包圍耶路撒冷城東、西、北三面 因尼祿駕崩，猶太的羅馬軍停戰 維斯帕先長子提圖斯身攜維斯帕先與穆夏納斯的宣誓書西行前往羅馬	
六十九	一月一日，噶爾巴與心腹威尼亞斯同時就任執政官 一月上旬噶爾巴指定皮索為繼承人 一月十五日，歐圖下令刺殺噶爾巴，同時殺害威尼亞斯與皮索 歐圖得近衛軍支持稱帝，元老院追認 歐圖為阻止日耳曼軍團南下，向維特里斯提出共享帝位建議遭拒 三月初，歐圖皇帝派遣一萬三千人迎擊西西納軍，堅守波河南岸要地庇亞伽札西西納軍進駐北岸要地克雷摩納	一月一日，萊茵河防衛軍團於梅因茲決議拒絕宣誓效忠噶爾巴皇帝，表明反噶爾巴態度 一月二日，該軍團決議撤回前日委由元老院挑選新任「第一公民」的決議，改擁立維特里斯 維特里斯派十萬日耳曼軍團分三路南下。由西西納、瓦連斯、維特里斯率領 七個多瑙河軍團表明支持歐圖 為阻止西西納軍與瓦連斯軍會合而派往南法的軍團遭擊敗	提圖斯於科林斯得知噶爾巴遇刺、歐圖登基、維特里斯舉兵。派遣使者前往羅馬表示支持歐圖，本人返回東方 六月，敘利亞總督穆夏納斯婉拒多瑙河軍團稱帝提議，並推薦維斯帕先 六月底，維斯帕先、穆夏納斯、亞歷山卓於貝魯特會談。確保兵力、武器、資金來源。重新確認與帕提亞的友好關係。帝國東方各軍團與同盟國表態反對維特里斯。穆夏納斯率軍前往義大利，維斯帕先於埃及伺機而動。亞歷山卓陪同提圖斯前往猶太準備進行猶太戰役	（中國）後漢的王景治理黃河

歐圖軍於波河北岸包圍殲滅西西納軍失敗。西西納與瓦連斯成功會合

四月十五日第一次貝德里亞克會戰。維特里斯軍戰勝歐圖軍。歐圖自裁，享年三十七歲

四月十六日，元老院承認維特里斯就任「第一公民」

五月十五日新任皇帝維特里斯到達北義大利。解雇歐圖派的近衛軍士兵，改由萊茵河軍團抽調士兵擔任。其他歐圖派士兵全部遣返崗位

五月二十四日，維特里斯到達克雷摩納，視察貝德里亞克戰場

七月十八日，維特里斯與旗下六萬大軍入羅馬城

十月二十四日，第二次貝德里亞克會戰。維特里斯派「萊茵河軍團」與維斯帕先派「多瑙河軍團」正面衝突。多瑙河軍團將敗軍窩藏地克雷摩納夷為平地

維特里斯下令處決歐圖軍的百夫長，命歐圖軍士兵興建克雷摩納圓形競技場

夏，朱利斯率巴達維族與萊茵河一帶日耳曼人作亂

奇維里斯奪下萊茵河艦隊

九月，安東尼•普里姆斯率多瑙河軍團擁立維斯帕先。未等待穆夏納斯到達便率軍西行。達其亞族趁多瑙河防衛空虛南下入侵，遭穆夏納斯擊退

穆夏納斯再度啟程

西西納率軍北上。於拉溫納說服萊茵河軍團投敵失敗被捕（後遭維斯帕先釋放）

瓦連斯前往南法重組兵力，遭維斯帕先派的高盧人俘虜（後遭處刑）

奇維里斯攻擊羅馬占田基地

西班牙與不列顛五個軍團表態支持維斯帕先

萊茵河軍團接獲維特里斯軍敗北消息後陷入恐慌，殺害司令官夫拉克斯

萊茵河東岸日耳曼人襲擊梅因茲軍團基地遭擊退

奇維里斯協同日耳曼人與日耳曼裔高盧人領袖於科隆會談，決議創設「高盧帝國」—渥克拉前往占田解圍，於諾依斯遇害

七月初，埃及、猶太、敘利亞等地軍團與小亞細亞各省駐軍推舉維斯帕先稱帝。同盟各國元首表示贊同

七〇	維特里斯派士兵逃回羅馬 普里姆斯率多瑙河軍團南渡波河，經艾米里亞、弗拉米尼亞兩大道前往羅馬 十二月十五日，為阻止多瑙河軍團而北上的維特里斯派士兵投降 十二月十六日，維特里斯於羅馬宣布將退位 十二月十九日，卡匹杜里諾丘的朱比特神殿遭維特里斯派士兵投入火把縱火 十二月二十日，羅馬巷戰。維特里斯死於羅馬廣場。時年五十四歲 十二月二十一日，維斯帕先的統治實質開始 十二月下旬，穆夏納斯入羅馬城。於提拉其納擊破維特里斯之弟魯其烏斯，將其處刑 成立〈維斯帕先皇帝法〉 一月一日，元老院承認維斯帕先為「第一公民」 穆夏納斯決定派九個軍團鎮壓「高盧帝國」 穆夏納斯動工重建朱比特神殿	諾依斯軍團基地羅馬兵受奇維里斯逼迫向「高盧帝國」宣誓效忠。占田、梅因茲相繼失陷，萊茵河岸軍團基地全落叛軍之手 高盧裔高盧人決定不加入「高盧帝國」 春，羅馬軍由義大利、西班牙、不列顛三地往萊茵河進軍 凱利阿里斯率羅馬軍攻打多利亞 日耳曼裔高盧人重回羅馬旗下	春，提圖斯指揮羅馬軍於耶路撒冷前布陣。展開耶路撒冷攻防戰 八月十日，耶路撒冷大神殿遭焚毀	

	十月，維斯帕先於南義大利布林迪西港登陸 維斯帕先開工興建「和平廣場」	秋，叛亂終結。「高盧帝國」崩潰	九月二十六日，耶路撒冷淪陷	
七十一	提圖斯結束猶太戰役凱旋歸來，轉任近衛軍長官 維斯帕先著手建造圓形競技場			
七十三	維斯帕先與提圖斯就任財務官實施國勢調查，為大幅增加稅收奠基		攻陷馬薩達要塞	
七十四				（中國）班超征西域
七十九	六月二十四日，維斯帕先駕崩。享年七十歲 提圖斯登基 八月二十四日，維蘇威火山爆發。淹沒龐貝等城鎮，死傷無數 大普林尼殉職 提圖斯親自前往災區，於救災指揮總部親自坐鎮			
八〇	羅馬市中心大火 維斯帕先興建的圓形競技場完工			

八十一	義大利全國發生流行病，多人病死。提圖斯設置對策委員會 九月十三日，提圖斯駕崩。享年四十歲 十四日，其弟圖密善繼位 圖密善於其後十五年中進行圖密善競技場等大量公共工程、整頓國家基礎建設	
八十三	秋，圖密善就任財務官	圖密善著手建設日耳曼長城，鎮壓於高盧地方反抗的加諦族
八十四		冬，命執行不列顛征服戰七年的阿古力克拉總督歸國。中斷蘇格蘭征服戰
八十五	春，圖密善任終身財務官	晚秋，達其亞人南渡多瑙河入侵。羅馬軍迎擊失利，指揮官莫埃西亞行省總督薩比努斯陣亡

八十六		圖密善率近衛軍長官福斯克斯前往多瑙河前線 羅馬軍隊達其亞族初戰獲勝，將達其亞族逐回多瑙河北岸。圖密善返回羅馬 羅馬軍第二次戰鬥大敗，福斯克斯戰死		
八十七			亞細亞行省總督凱利阿里斯以陰謀暗算圖密善罪行遭處決	
八十八		尤利亞努率羅馬軍於多瑙河北岸戰勝達其亞族		
八十九	高地日耳曼軍司令官薩特盧尼兵變遭鎮壓 高地日耳曼軍司令官由西班牙駐軍第七軍團長圖拉真接任 多瑙河中游三日耳曼裔部族起兵反抗羅馬 羅馬與達其亞族締結和平協定 羅馬軍擊倒三部族			班超任西域都護（西元九十一年）
九十五	圖密善委託教育家昆提利亞著作 *“Institutio Oratoria”*，並於次年出版			

九十六	九月十八日，圖密善遭暗殺，時年四十四歲 元老院承認涅爾瓦繼任皇帝 元老院通過將圖密善處以「記錄抹煞刑」			
九十七	十月，涅爾瓦指定圖拉真為繼承人 圖拉真初次擔任執政官			班超遣甘英出使大秦（羅馬帝國）
九十八	一月二十七日，涅爾瓦駕崩，享年七十一歲 圖拉真登基繼位			

帝政初期皇帝一覽

皇帝	生年～卒年	在位期間
奧古斯都	前六十三～後十四	前二十七～後十四
臺伯留	前四十二～後三十七	後十四～三十七
卡利古拉	後十二～四十一	三十七～四十一
克勞狄斯	前十～後五十四	四十一～五十四
尼祿	後三十七～六十八	五十四～六十八
噶爾巴	前三～後六十九	六十八～六十九
歐圖	後三十二～六十九	六十九
維特里斯	十五～六十九	六十九
維斯帕先	九～七十九	六十九～七十九
提圖斯	四〇～八十一	七十九～八十一
圖密善	五十一～九十六	八十一～九十六
涅爾瓦	二十六～九十八	九十六～九十八
圖拉真	五十三～一一七	九十八～一一七

*未註明西元前、後者，皆為西元後紀年

弗拉維斯王朝家譜

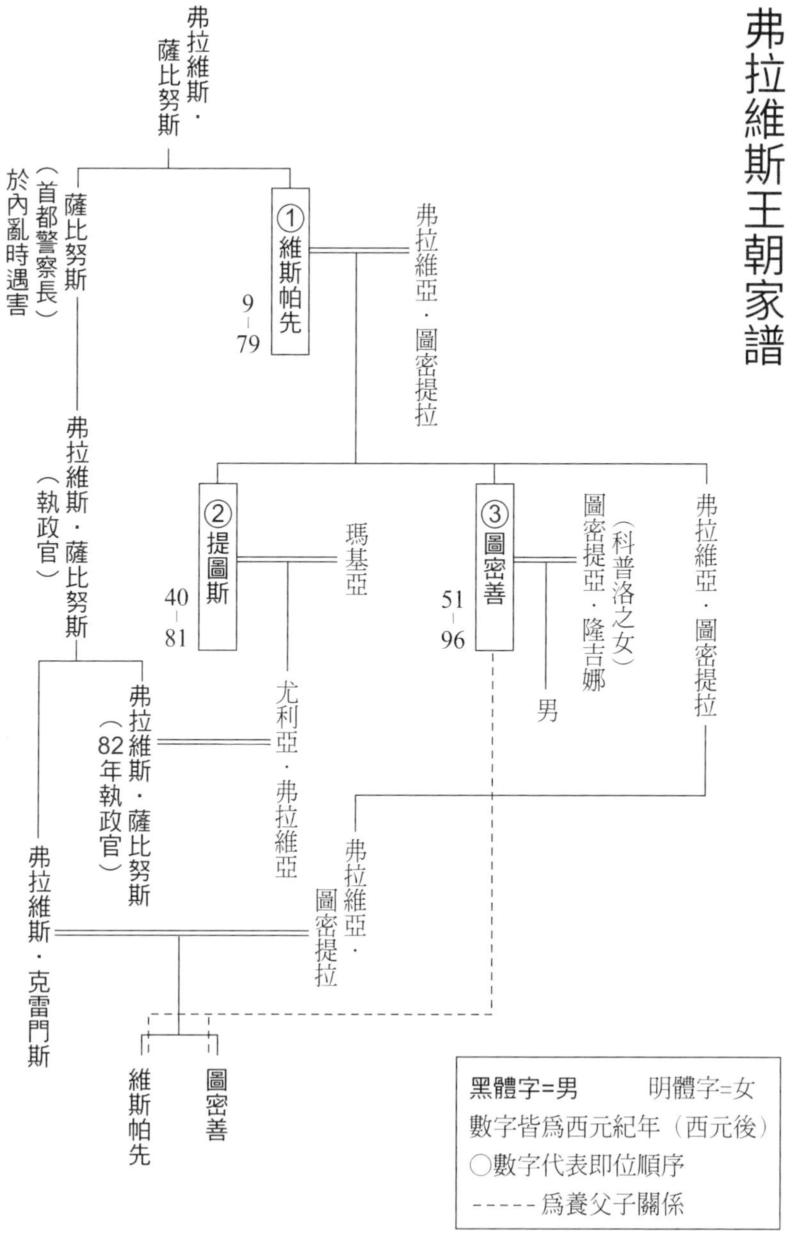
弗拉維斯・薩比努斯
薩比努斯（首都警察長）於內亂時遇害
①維斯帕先 9–79
弗拉維亞・圖密提拉
弗拉維斯・薩比努斯（執政官）
②提圖斯 40–81
瑪基亞
③圖密善 51–96
圖密提亞・隆吉娜（科普洛之女）
男
弗拉維亞・圖密提拉
弗拉維斯・薩比努斯（82年執政官）
尤利亞・弗拉維亞
弗拉維斯・克雷門斯
弗拉維亞・圖密提拉
維斯帕先
圖密善
黑體字=男　明體字=女
數字皆爲西元紀年（西元後）
○數字代表即位順序
-----爲養父子關係

參考文獻

原始資料（以下列出皆為譯本，提供讀者參考）

塔西圖斯 (Publius Cornelius Tacitus, 56–120)

Annales, Historiae, De origine et situ Germanorum, De vita Julii Agricolae, Dialogus de oratoribus

《編年史上・下》，國原吉之助譯，岩波文庫，1981

《當代史》（《歷史》），國原吉之助譯，筑摩書房，1996

《阿格里科拉傳》，（《阿古力克拉傳》），國原吉之助譯，筑摩學藝文庫，1996

蘇埃托尼烏斯 (Gaius Svetonius Tranquillus, 69–after 122)

De vita Caesarum, De viris illustribus

《羅馬皇帝傳上・下》，國原吉之助譯，岩波文庫，1986

大普林尼 (Gaius Plinius Secundus, 23–79)

Naturalis Historia（《博物誌》）

《普林尼斯博物誌》，大槻真一郎編，八坂書房，1994

小普林尼 (Gaius Plinius Caecilius Secundus, 61 or 62–113)

Epistolae, Panegyricus

《普林尼書簡集》，國原吉之助譯，講談社學術文庫，1999

昆提利亞 (Marcus Fabius Quintilianus, 37 or 38–100)

Institutio Oratoria（《辯論術大全》）

馬爾提亞里斯 (Marcus Valerius Martialis, between 38 and 41–103)

Epigrammata, Liber spectaculorum, Xenia

約瑟夫·弗拉維斯 (Josephus Flavius, 37 or 38–100)

Bellum Judaicum, Antiquitates Judaicae, Contra Apionem, Vita

《猶太戰記 1・2》，新見宏譯，山本書店，1975-1981

《猶太戰記 3》，秦剛平譯，山本書店，1982

《猶太古代誌》（全十一卷），秦剛平譯，山本書店，1977

《對亞皮翁的反駁》，秦剛平譯，山本書店，1977

《自傳》，秦剛平譯，山本書店，1978

加西阿斯·迪奧 (Cassius Dio, 150–235)

Romaika（《羅馬史》）

日文資料

《龐貝亡城之日》，金子史朗，原書房，1988

《馬薩他》，Y. Addin，田丸德善譯，山本書店，1975

《龐貝城》，淺香正，藝艸堂，1995

《西塞羅選集第八卷》，岩波書店，1999

後世的歷史書、研究書

ABBOTT, F. F. & A. C. JOHNSON. *Municipal Administration in the Roman Empire*. Princeton, N.J.: 1926.

ALFÖLDI, A. "The Moral Barrier on Rhine and Danube." *Third Congress of Roman Frontier Studies*, 1949.

ANDERSON, J. G. C. "The Road System of Eastern Asia Minor." *Journal of Hellenic Studies* 17, 1897.

ARIAS, P. E. *Domiziano: Saggi e ricerche No. 9*. Catania: G. Crisafulli, 1945.

BACHRACH, P. & M. S. BARAIZ. "Two Faces of Power." *American Political Science Review* 56, 1962.

BALLANTI, A. "Documenti sull'opposizione degli intellettuali a Domiziano." *Ann. Fac. Lett. Napoli* 4, 1954.

van BERCHEM, D. "On Some Chapters of the Notitia Dignitatum Relating to the Defense of Gaul and Britain." *American Journal of Philology* vol. 76, no. 302, 1955.

BERETTA, I. *La romanizzazione della valle d'Aosta*. Milano-Varese, 1954.

BERSANETTI, G. M. *Vespasiano*. Roma, 1941.

BIRLEY, E. B. "The Brigantian Problem and the First Roman Contact with Scotland." *Roman Britain and the Roman Army*. Kendal, 1953.

——. "Britain after Agricola and the End of the Ninth Legion." *Roman Britain and the Roman Army*. Kendal, 1953.

——. "Britain under the Flavians: Agricola and His Predecessor." *Durham University Journal*, 1946.

——. "Britain under the Flavians: Agricola and His Predecessors." *Roman Britain and the Roman Army*. Kendal, 1953.

——. *The Congress of Roman Frontier Studies 1949*. pp. 41-54, Durham, 1952.

——. "Senators in the Emperor's Service." *Proceedings of the British Academy* 39, 1953.

BLAU, P. *Exchange and Power in Social Life*, New York: John Wiley, 1964.

BRAND, C. E. *Roman Military Law*. Austin: University of Texas Press, 1968.

BREEZE, D. J. "The Organization of the Legion: The First Cohort and the Equites Legions." *Journal of Roman Studies* 59, 1969.

BROGAN, O. "The Roman Limes in Germany." *Archaelogical Journal* 92, 1935.

BURN, A. R. *Agricola and Roman Britain*. London, 1953.

BURR, V. "Tiberius Iulius Alexander." nella serie *Antiquitas* I, Bonn, 1955.

BURY, J. B. *A History of the Roman Empire from its Foundations to the death of Marcus Aurelius* (27 a.C.-180 d.C.). London. 1913.

BUTLER, R. M. "The Roman Walls of Le Mans." *Journal of Roman Studies* 48, 1958.

CAGNAT, R. "Les Frontières militaires de l'empire romain." *Journal des savants*, 1901.

——. "Le colonie romaine de Djemila." *Mus. B.* 27, 1923.

CANTARELLI, L. "La Lex de imperio Vespasiani." *Studi Romani e Bizantini*, Roma, 1915.

CASSON, L. *Ships and Seamanship in the Ancient World*. Princeton: Princeton University Press, 1971.

CAVAIGNAC, E. "Les Effectifs de l'armée d'Auguste." *Revue des ètudes latines* 30, 1952.

CHARLESWORTH, M. P. *Trade Routes and the Commerce of the Roman Empire*. Cambridge: University Press, 1926.

CHEVALLIER, R. "Rome et la Germanie au siècle: Problèmes de colonisation." *Latomus* 20, 1961.

CHILVER, G. E. F. "The Army in Politics A.D. 68-70." *Journal of Roman Studies* 47, 1957.

COLINI, A. M. *Stadium Domitiani*. Roma, 1943.

COLLINGWOOD, R. G. *The Archaeology of Roman Britain*. London, 1930.

CROOK, J. A., *Consilium Principis*. Cambridge, 1955.

FABRICIUS, E. *Der obergermanisch–rätische Limes des Römerreiches*.

FORNI, G. *Il reclutamento delle legioni da Augusto a Diocleziano*. Milano-Roma: Università di Pavia, 1953.

FORNI, G., "Contributo alla storia della Dacia romana." *Athenaeum* n.s., vol.36, 1958-1959.

——. "Limes." *Dizionario Epigrafico* vol.4.

——. "Estrazione etnica e sociale dei soldati delle legioni nei primi tre secoli dell'impero." *Aufstieg und Niedergang der Römischen Welt* pt. 2, vol. 1.

FORTINA, M. *Un generale romano del primo secolo dell'impero*. C. Licinio Muciano, Novara, 1955.

——. *L'imperatore Tito*. Torino, 1955.

FRANK, T. *An Economic History of Rome*. Baltimore, 1927.

FRERE, S. S. *Britannia: A History of Roman Britain*. London, 1967.

FROVA, A. "The Danubian Limes in Bulgaria and Excavations at Oescue." *Third Congress of Roman Frontier Studies*, 1949.

GARZETTI, A. "L'Impero da Tiberio agli Antonini, Istituto di studi romani." *Storia di Roma* vol. 6, Bologna, 1960.

GROSSO, F. *Tendenziosità dell' Agricola*. Genova. 1954.

GSELL, S. *Essai sur le règne de l'empereur Domitien*. Paris, 1894.

HAMMOND, M. "The Transmission of the Powers of the Roman Emperor from the Death of Nero in A.D. 68 to that of Alexander Severus in A.D. 235." *Memoirs of American Academy in Rome* 24, 1956.

HAMMOND, M. "Composition of the Senate, A.D. 68-235." *Journal of Roman Studies* 47, 1957.

HARMAND, L. *L'Occident romain: Gaule, Espagne, Bretagne, Afrique du Nord (31 av. J. C. à 235 ap. J. C)*. Parigi, 1960.

HARRER, A. "Studies in the History of the Roman province of Syria." PhD diss., *Princeton*, 1915.

HATT, J. J. *Histoire de la Gaule romaine*. Parigi, 1966.

HAVERFIELD, F. *Military Aspects of Roman Wales*. London, 1910.

HAVERFIELD, F. & G. MACDONALD. *The Roman Occupation of Britain*. Oxford, 1924.

HENDERSON, B. W. *Five Roman Emperors: Vespasian, Titus, Domitian, Nerva, Trajan, A.D. 69–117*. Cambridge, 1927.

——. *Five Roman Emperors: Vespasian, Titus, Domitian, Nerva, Trajan A.D. 69–117*. New York: Barnes and Noble, 1969.

HOGARTH, D. B. & J. A. R. MUNRO."Modern and Ancient Roads in Eastern Asia Minor." *Supp.*

Papers of the Roy. Georg. Soc. 3, 1893.

HOMO, L."Une leçon d'outretombe: Vespasien financier." *Revue des Études Anciennes* 42, 1940.

——. *Vespasien, l'empereur du bon sens*. Paris, 1949.

KAHRSTEDT, U. "Domitians Politik zwischen Donau und Main." *Bonner Jahrbücher* 145, 1940.

KLOSE, J. "Roms Klientel-Randstaaten am Rhein und an der Donau." *Historische Untersuchungen* 14, Breslau, 1934.

KRAFT, K. *Zur Rekrutierung der Alen und Kohorten an Rhein und Donau*. Bern, 1951.

KRUEGER, P. *Codex Justinianus*. Berlin, 1915.

LANCIANI, R. *Forma Urbis Romae*. Roma, 1989.

LAST, H. "Lex de imperio Vespasiani." *Cambridge Ancient History* 11, 1936.

LAUR-BELART, R. "The Late Limes from Basel to the Lake of Constance." *Third Congress of Roman Frontier Studies*, 1949.

LEMOSSE, M. "Le Régime des relationes internationales dans le haut-empire romain." *Publications de l'Institut de droit romain de l'Université de Paris* vol. 23, Parigi, 1967.

LEVI, M. A. *La legge dell'iscrizione*. CIL, 6, 1930.

——. *La Politica estera di Roma antica*. Milano: Istituto per gli studi di politica internazionale, 1942.

——. "La clemenza di Tito". *Par. Pass.* 9, 1954.

LUGLI, G. "La villa di Domiziano sui colli Albani." *Bull. Comm. Arch.* 45, 1918.

——. "Nuove forme dell'architettura romana nell'età dei Flavi." *Atti 30 Convegno naz. di st. dell'Architett,* Roma, 1939.

MACDONALD, sir G. *The Roman Wall in Scotland*. Oxford, 1934.

MANFRÈ, G. *La crisi politica dell'anno 68–69 d. C.* Bologna, 1947.

MANN, J. C. "A Note on the Numeri." *Hermes* 82, 1954.

MANNI, E. "Latta politica e guerra civile nel 68-69 d.C." *Riv. Fil*, 24, 1946.

MARSDEN, E.W. *Greek and Roman Artillery, Historical Development*. Oxford: Clarendon Press, 1969.

MATTINGLY, H. & E. A. SYDENHAM. *The Roman Imperial Coinage, vol. 2*. London, 1926. Vol. 3, London, 1930.

MATTINGLY, H. *British Museum Catalogue of the Coins of the Roman Empire, vol. 2*. London, 1930. Vol. 3, London, 1936.

MICHEL, A. *Tacite et le destin de l'Empire*. Paris, 1966.

MILNE, J. G. *Catalogue of Alexandrian Coins in the Ashmolean Museum*. Oxford, 1932.

MOMIGLIANO, A. *Contributo alla storia degli studi classici*. Roma: Edizioni di Storia e Letteratura, 1955.

——. *Terzo Contributo alla storia degli studi classici e del mondo antico*. Roma: Edizioni di Storia e Letteratura, 1966.

——. *Ricerche sull'organizzazione della Giudea sotto il dominio romano (63 a.C.–70 d.C.)*. Amsterdam: A. M. Hakkert, 1967.

——. *Quarto Contributo alla storia degli studi classici e del mondo antico*. Roma: Edizioni di Storia e Letteratura, 1969.

MOMMSEN, Th. *Römisches Staatsrecht, vol. 5*. Leipzig, 1887-1888.

MUNRO, J. A. R. "Roads in Pontus, Royal and Roman." *Journal of Hellenic Studies* 21, 1901.

NEWTON, H. C. "The Epigraphical Evidence for the Reigns of Vespasian and Titus." *Cornell Studies in Classical Philology* 16, 1901.

PARKER, H. M. D. *The Roman Legions*. Cambridge: W. Heffer and Sons, 1958.

PASSERINI, A. *Le coortipretorie*. Roma. 1939.

——. *Le Coorti Pretorie*. Roma, 1969.

——. "Le due battaglie presso Betriacum." *St. Ant. Class. offerti a E. Ciaceri*, Roma, 1940.

PIGANIOL, A."La Notion de Limes." *Quintus Congressus Internationalis Limitis Romani Studiosorum*.

PLATNER, S. B. *A Topographical Dictionary of Ancient Rome*. Oxford, 1929.

RACHET, M. "Rome et les Berbères: Un Problème militaire d'Auguste à Dioclétien." *Collection Latomus* vol. 110. Bruxelles: Latomus, 1970.

RAMSAY, A. M. "The Speed of the Roman Imperial Post." *Journal of Roman Studies* 15, 1925.

RITTERLING, E. "Zu den Germanenkreige Domitians am Rhein und an der Donau." *Jahreshefte* 7, 1904.

ROMANELLI, P. *La Cirenaica Romana 96 A.C.–642 D.C.* Verbania: A. Airoldi, 1943.

ROSTOVTZEFF, M. *Storia economica e sociale dell'Impero Romano*. Firenze. 1933.

SCHLEIERMACHER, W. "Römische Archäologie am Rhein 1940 bis 1950." *Historia* 2, 1953.

SCHÖNBERGER, H. "The Roman Frontier in Germany: An Archaeological Survey." *Journal of Roman Studies* 59, 1969.

van SICKLE, C. E. "The Repair of Roads in Spain." *Classical Philology* 24, 1929.

SOLARI, A. *La Crisi dell'impero romano*. Milano: Soc. Ed. Dante Alighieri. 1933.

——. *Il Rinnovamento dell'impero romano*. Milano: Soc. Ed. Dante Alighieri. 1938.

STARR, C. G. Jr. "The Roman Imperial Navy, 31 B.C.–A.D. 324." *Cornell Studies in Classical Philology* vol. 26. Ithaca: Cornell University Press, 1941.

SYME, R. "Rhine and Danube Legions under Domitian." *Journal of Roman Studies* 18, 1928.

——. "The Imperial Finances under Domitian, Nerva and Trajan." *Journal of Roman Studies* 20,

1930.

——. "Notes sur la légion III Augusta." *Revue des Études Anciennes* 38, 1936.

——. *The Roman Revolution*. Oxford: Clarendon Press, 1939.

——. "The Lower Danube under Trajan." *Journal of Roman Studies* 49, 1959.

——. *Tacitus*. Oxford: Clarendon Press, 1958.

SZILÁGYI, J. "Les Variations des centres de prépondérance militaire dans les provinces frontiéres de l'émpire romain." *Acta Antiqua Academiae Scientiarum Hungaricae* 2, 1953.

THOMPSON, E. A. *The Early Germans*. Oxford: Clarendon Press, 1965.

TOUTAIN, J. "L'origine historique des grandes cités rhénanes." *Mémorial d'un voyage d'études en Rhénanie de la Societe Nationale des Antiquires de France*. Paris, 1953.

TREU, M. "M. Antonius Primus in der taciteischen Darstellung." *Würzburger Jahrbücher für die Altertumswiss* 3, 1948.

TURNER, E. G. "Tiberius Iulius Alexander." *Journal of Roman Studies* 44, 1954.

WALTON, C. S. "Oriental Senators in the Service of Rome." *Journal of Roman Studies* 19, 1929.

WATSON, G. R. "The Pay of the Roman Army: The Auxiliary Forces." *Historia* 8, 1959.

——. *The Roman Soldier*. London: Thames and Hudson, 1969.

WEBSTER, G. *The Roman Imperial Army of the First and Second Centuries A.D.* London: Adam and

Charles Black, 1969.

WHITE, L. T. *The Transformation of the Roman World: Gibbon's Problems after Two Centuries.* Berkeley: University of California Press, 1966.

WILKES, J. J. *Dalmatia: History of the Provinces of the Roman Empire*. London: Routledge and Kegan Paul, 1969.

ZANCAN, P. "La crisi del Principato nell'anno 69 D.C. Università di Padova." *Pubblicazioni della Facoltà di Lettere e Filosofia* vol. 16. Padova, 1939.

羅馬人的故事IX——賢君的世紀

西元二世紀是當代羅馬人口中的「黃金世紀」，圖拉真、哈德良和安東尼奧·派阿斯三位皇帝為羅馬鞠躬盡瘁，為保障帝國的自由、繁榮與安定，盡心盡力扮演好自己的角色。在龐大的帝國之前，他們不是唯我獨尊的「皇帝」，而是當仁不讓的「第一公民」！

羅馬人的故事X——條條大道通羅馬

羅馬種種質、量兼具的建設，被史家讚為羅馬文明偉大的紀念碑。羅馬人為何如此致力於公共建設？為什麼已有踩踏形成的道路，還要鋪設大道？為什麼立國於臺伯河旁、不必擔憂用水問題，還要建設水道？眾多建設的目的，竟只是「為了讓人的生活過得像人」？

羅馬人的故事XI——結局的開始

告別賢君的世紀，羅馬帝國的光環褪色了嗎？「哲學家皇帝」馬庫斯·奧理略，實現了柏拉圖的理想。然而高尚的品德和絕佳的能力卻無法力挽狂瀾，夕陽的餘暉漸籠罩帝國。奧理略過世後，羅馬面臨重大轉捩點，等在道路盡頭的是更寬廣的前程，還是帝國的終點？

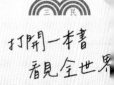

國家圖書館出版品預行編目資料

羅馬人的故事VIII：危機與克服／塩野七生著;鄭維欣譯.——修訂二版一刷.——臺北市：三民，2023
面； 公分.——(羅馬人的故事系列)

ISBN 978-957-14-7534-9 （平裝）
1.歷史 2.羅馬帝國

740.222 111014304

羅馬人的故事

羅馬人的故事VIII——危機與克服

著作人 塩野七生
譯者 鄭維欣

發行人 劉振強
出版者 三民書局股份有限公司
地址 臺北市復興北路 386 號 (復北門市)
臺北市重慶南路一段 61 號 (重南門市)
電話 (02)25006600
網址 三民網路書店 https://www.sanmin.com.tw

出版日期 初版一刷 2002 年 9 月
初版四刷 2018 年 2 月
修訂二版一刷 2023 年 7 月
書籍編號 S740300
ISBN 978-957-14-7534-9